동아 평전

동아 평전

초판1쇄 펴낸 날 · 2021년 3월 22일

지은이 · 손석춘
펴낸이 · 이부영
펴낸곳 · 재단법인 자유언론실천재단
주소 · 서울시 종로구 자하문로5길 37 1층
전화 · (02) 6101-1024 / 팩스 · (02) 6101-1025
홈페이지 · www.kopf.kr

제작 배급 · ㈜디자인커서
출판등록 · 2008년 2월 18일 제300-2015-122호
전화 · 02) 312-9047 / 팩스 · (02) 6101-1025

ISBN 979-11-968105-7-3 03070
책값은 뒤표지에 있습니다.

동아 평전

손석춘 지음

자유언론실천재단

"100년 넘게 신문을 만들었습니다."

창간 백돌을 맞은 날, 그가 기념호 전면에 큼직하게 쓴 첫 문장이다. 동아일보의 자부심이 듬뿍 들어 있다.

실제로 동아일보는 '언론 명가'로 불렸다. 출생부터 '친일 트라우마'를 지닌 조선일보와 달랐다. 더구나 한국 언론사에 빛나는 기념비들을 세웠다. 조선일보는 처음부터 줄곧 동아를 '경쟁지'로 여겨왔지만, 그는 아니었다. 적어도 창간 이후 70년 내내 그는 조선일보를 경쟁 관계로 생각하지 않았다. 조선일보를 '한수 아래'라고 확신했었기 때문이다.

젊은 네티즌들로서는 동아일보에 과연 그런 시절이 있었을까 싶겠지만, 1980년대 말까지 그가 지닌 권위는 감히 어떤 언론도 넘볼 수 없었다. 이승만 정부 수립 이후 1990년대 중반까지 기자생활을 한 기자라면 누구나 동의할 터다. 1970년대 초반에 조선일보에서 일했던 기자도 당시 "동아일보는 동아일보 외에 모든 한국의 신문을 합친 것 이상의 권위가 있었다"고 회고했다. 그 또한 스스로 "미국의 The New York Times, 일본의 朝日新聞, 영국의 The Times, 중국의 人民日報, 러시아의 이즈베스티야와 기사 제휴"를 과시해왔다. 각각 그 나라를 대표한 권위지와 제휴하면서 동아일보는 자신이 한국을 대표하는 권위지임을 자부해왔다.

하지만 2020년 한국기자협회가 전국 기자들을 대상으로 한 여론조사에서 '가장 신뢰하는 언론사'를 묻는 질문에 100년 넘게 신문을 만든 그는 10위권 밖으로 한참 밀려났다. 과거에 그가 '한 수 아래'로 여겼던 조선일보가 10.1%, 그가 해직한 기자들이 주도해 창간한 한겨레와 경향신문이 각각 7.4%였다. 그 뒤로 연합뉴스 7.2%, JTBC 6.3%, SBS 6.1%, KBS 5.6%, 한국일보 4.8%, 중앙일보 3.6%, MBC와 뉴스타파가 각각 3.4%, YTN 1.6%, CBS 0.4% 순이었다. 비록 조선일보를 꼽은 기자들이 대구·경북에서 많이 나왔고, 언론진흥재단 조사에선 조선일보와 TV조선이 불신하는 매체 1, 2위로 선정됐다고 하더라도 그의 '보이지 않는 순위'는 조선일보와 크게 대비된다.

그가 등장한 1920년 4월 이후 100년은 내내 역사적 격동기였다. 3·1혁명이 불 지핀 독립운동, 8·15 해방과 분단, 그 귀결인 한국전쟁, 이승만의 장기집권과 4월 혁명, 박정희의 쿠데타와 3선 개헌, 유신체제와 10·26 정변, 전두환의 쿠데타와 5월 항쟁, 민주화운동과 6월대항쟁, 7·8·9월 노동대투쟁까지 동아일보는 긍정적이든 부정적이든 한국 언론의 '중심'이었다. 하지만 2000년대 들어 동아의 위상은 언론계 안팎에서 '명가의 몰락'이라는 말이 나돌 만큼 추락했다.

이 책은 그의 영광과 몰락을 담은 평전이다. 무릇 '평전'은 한 사람에 대한 평가의 의미를 담고 있다. 그럼에도 동아일보 평전을 쓰는 이유는 '법인'이라는 사실에 주목해서이다. 법인法人은 기업을 '법적 인격체'로 보는 근대적 개념이다.

동아평전을 통해 우리는 근현대사 100년을 거울로 그를 보는 동시에 그를 거울로 근현대사 100년을 새롭게 인식할 수 있다. 평전을 제안한 자유언론실천재단 이부영 이사장과 동아투위에 감사드린다. 투위의 박종만, 김동현 선배는 초고를 읽고 날카로운 논평을 보내주셨다. 일일이 출처를 밝히지 않았지만 앞선 이들의 연구와 저작들에도 빚지고 있다. 저자가 발표한 논문과 책에서도 지면 분석 사례들을 인용했다. 모두 동아일보 100년의 맥락에서 의미를 되새겨볼 수 있다.

모쪼록 신뢰를 잃고 '기레기'로 모욕당하는 우리 언론계가 기자정신을 곧추 세우는 길에 이 책이 작은 디딤돌 되기를 소망한다.

차례

1

백년의 위기,
언론의 생명

2020년 4월 1일 창간 100돌을 맞은 날, 동아일보는 신문 1면에 '사장 김재호' 이름으로 글을 실었다. 김재호는 창간을 주도한 김성수의 증손이다. 앞으로 차례차례 살펴보겠지만 김성수는 일제강점기, 그의 맏아들 김상만은 군부독재 시대, 다시 김상만의 맏아들 김병관은 민주화시대에 대표이사 사장으로 동아를 소유해왔다. 김병관의 맏아들 김재호는 1996년 편집국 기자로 들어와 3년 만에 사장실 실장으로 상무이사, 1년 뒤 전무, 다시 1년이 지나 37세로 대표이사가 되었다. 채널A 대표이사 사장과 고려중앙학원 이사장을 겸하는 김재호로선 동아일보의 존재가 더없이 고마울 수밖에 없을 터다.

김재호 사장은 "동아일보 창간 100주년… 고맙고 감사합니다" 제하에 다음과 같이 썼다.

고맙고 감사합니다. 동아일보 창간 100주년을 맞은 오늘, 그 어떤 말보다 이렇게 인사를 드리고 싶었습니다. 100년 동안 신문을 만들었습니다. 하루하루 펼쳐지는 현실과 성실하게 마주하면서 차곡차곡 쌓아올린 시간이 100년이 되었습니다. 지치고 힘들 때마다 따뜻하게 등을 두드려주던 독자 여러분이 계셨기에 가능한 일이었습니다.

고마움을 전하는 방법을 오래전부터 생각했습니다. 대형 창간 행사를 하지 않는 대신, 아낀 비용을 의미 있는 곳에 기부하기로 지난해 일찌감치 결정했고 올해 신년사에서 이런 뜻을 자세히 설명 드렸습니다. 기부금은 장애를 안고 있는 청년들이 좋은 일자리를 통해 자립하는 데 쓰이도록 전달했습니다.

새로운 100년을 시작한다는 것이 무겁기도 하고 설레기도 합니다. 저는 매년 신입 기자와 직원들을 새로 맞이하는 자리에서 "세상을 이롭게 하는 일을 함께 하자"고 항상 말해 왔습니다. 중심을 잃지 않고 '우리 아이들이 보다 나은 세상에서 살게 하는 것', 그것이 동아일보가 꾸는 꿈입니다. 반듯한 마음으로 꿈을 향해 뚜벅뚜벅 가겠습니다. 새로운 100년도 변함없이 함께해 주시기를 소망합니다. 동아일보를 사랑해 주신 모든 분들께 건강과 행복이 함께하기를 기원합니다.

사뭇 정중하고 겸손해 보인다. 해마다 수습기자들을 새로 맞이하는 자리에서 "세상을 이롭게 하는 일을 함께 하자"고 말해 왔다면, '우리 아이들이 보다 나은 세상에서 살게 하는 것이 동아일보가 꾸는 꿈'이라면 좋은 일이다. 다만 그 말이 진정이라면 지면에서 구체화되어야 한다. 과연 창간 백돌을 맞은 동아일보 지면이 '우리 아이들이 더 나은 세상에서 살게 하는 꿈'을 구현해가고 있는가. 김재호 사장은 물론, 새로 입사해 사주에게 그 말을 들은 기자들이 반드시 짚어볼 문제이다.

창간 백돌 기념호는 '언론 명가'로서 추락한 동아의 위상을 되찾으려는 나름대로 고민의 흔적이 보인다. 2020년 4월 1일자 사설은 "100년 전 청년의 꿈으로 다시 '젊은 100년' 열어가겠습니다" 제하에 "가장 오랜 신문 아닌 가장 새로운 신문으로"를 부제로 달았다.

동아일보는 100년 전 오늘, 나라 잃은 민족의 표현기관임을 자임하며 창간됐습니다. 망국亡國의 황량한 터에서 태어나 광복, 분단, 전쟁, 가난과의 싸움, 독재와의 투쟁을 겪었습니다. 길고 험한 길 성원해 주시고, 또 질책해 주신 독자와 국민 여러분이 없었다면 한 세기의 동아일보는 없었을 것입니다.

100년 전 8개 면으로 만들어진 동아일보 창간호를 손에 쥔 "서울의 시민들 가운데는 거리를 뛰어다니며 '동아일보 만세'를 외치는 이들도 있었다"(국어학자 일석 이희승)고 합니다. **1960년 3·15 정·부통령 선거 때 시민들은 이승만 정권의 부정선거 실상을 앞장서 보도하는 동아일보 기자와 취재 차량이 가는 곳마다 박수와 환호로 격려해 줬습니다. 1974년 박정희 정권을 비판하다가 정권의 탄압으로 광고 해약 사태를 겪었을 때는 텅 빈 광고 지면을 독자들이 채워 주셨습니다. 1987년 박종철 고문치사 사건 보도를 주도해 6월 민주항쟁의 물꼬를 틀 수 있었던 것도 국민의 민주화 열망 덕분입니다.**

다시 새로운 100년을 열어 나갈 오늘, 100년 전 창간의 주역이었던 청년들을 생각합니다. 창립자이자 발기인 대표였던 인촌 김성수는 당시 29세였습니다. 인촌과 함께한 창간의 주역들 모두 신학문을 배운 청년들이었습니다. 국권國權을 빼앗긴 일제 암흑기였지만 청년들은 민족독립과 민주주의에의 꿈을 버리지 않았습니다. 그 꿈은 '민중의 표현기관' '민주주의 지지' '문화주의 제창'이라는 3대 사시社是로 압축됐습니다. **'조선 민중'을 대변코자 했던 청년들의 꿈**은 독립과 건국에의 열망이었고, 마침내 현실이 됐습니다. 엄혹한 식민

동아 평전

통치에도 우리의 민족혼은 이어졌고, 광복 후엔 극심한 좌우 대립과 혼돈 속에서도 대한민국을 건국했습니다. 그 숱한 역사의 고비마다 동아일보가 나침반 역할을 했다고 자부할 수 있는 것은 창간 주역들이 품었던 민족 자주自主라는 꿈이 있었기 때문입니다.

민주주의라는 개념 자체가 생소하던 식민 치하에서 청년들이 품었던 민주주의에의 꿈 역시 이뤄졌습니다. 우리 국민은 장기집권과 군부독재 등 권력의 역류를 이겨내고 민주혁명을 이뤄냈습니다. 그러나 그 민주주의가 다시 새로운 도전에 직면하고 있습니다. 100년 전부터 그래왔듯, 동아일보는 진정한 민주주의 정착을 위해 독자와 국민과 함께 나아갈 것입니다. 봉건적 남녀차별이 횡행하고 남녀유별男女有別이 강조되던 1923년, 동아일보는 국내 최초의 여성 스포츠 행사인 '전조선여자연식정구대회'를 열었습니다. 남들보다 수십 년을 앞서 '문화주의'라는 꿈을 꾸지 않았다면 엄두도 내지 못할 일이었습니다. 우리 영화가 아카데미상을 휩쓸고, 방탄소년단BTS을 비롯해 한국의 젊은이들이 세계 청소년을 매혹시키고 있습니다. 변방의 작은 나라에서 세계 문화의 주류를 뒤흔드는 문화강국으로 자라난 오늘의 성취는 100년 전 청년들의 꿈이 상상의 산물이 아니라 시대를 앞선 비전이었음을 보여줍니다.

오늘날 변화의 속도는 갈수록 빨라지고 있지만, 사람과 사람이 모여 국가라는 공동체를 이뤄 살아가는 일의 본질은 변하지 않습니다. **100년 전 창간 주역들이, 지금 이 순간 우리가, 그리고 미래의 동아일보가 품을 꿈의 본질도 변하지 않을 것입니다. 그 꿈은 바로 '더 나은 미래', 즉 우리 아이들이 더 나은 세상에서 살 수 있도록 하자는 것입니다. 그런 세상을 앞당길 수 있도록 사회적 공기公器로서 책임과**

의무를 다하고, 대안도 함께 제시하겠습니다.

지금 언론이 위기라지만 그럴수록 언론의 역할이 중요한 시대입니다. 가짜뉴스의 범람은 누구나 쉽게 뉴스의 발신자가 될 수 있는 인터넷 시대의 어두운 면입니다. 하지만 가짜뉴스나 풍문, 궤변은 결코 팩트(사실)를 이길 수 없습니다. 단단한 팩트를 찾고 알리기 위해 부지런히 뛰겠습니다. 100년간 쌓아온 **한국 대표 신문으로서의 권위와 역량을 토대로 '무엇이 진짜 뉴스인지 궁금할 때면 눈을 들어 동아일보를 보라'**고 말할 수 있는 준거準據 신문이 될 것입니다. 동아일보 사옥은 대한민국의 중심부인 서울 광화문 사거리에 있습니다. 일제 때 조선총독부를 감시한다는 상징적 의미로 이곳에 터를 잡았고, 지금은 청와대가 보입니다. 우리는 앞으로도 이곳에서 권력을 감시하고, 광화문광장의 함성을 들으며, 광장에 미치지 못하는 작은 목소리까지 귀 기울이겠습니다. 성숙한 자유민주주의와 상식이 통하는 정치가 뿌리내리도록 불편부당不偏不黨 시시비비是是非非의 자세를 지켜 가겠습니다.

100년의 역사는 쉽게 만들어지지 않습니다. 창간 2주 만에 첫 발매 금지를 당한 후 1940년 8월 강제 폐간되기까지 무려 63회의 발매 금지, 489회의 압수, 2400여 회의 기사 삭제, 4회의 정간을 겪었습니다. 마지막 정간은 9개월여 간 이어졌는데 1936년 베를린 올림픽 마라톤 우승자 손기정 선수의 사진에서 일장기를 지웠다는 이유였습니다. 광복 이후에는 권력에 눌려 목소리를 내지 못한 시민의 대변자 역할을 했습니다. **앞으로도 그것이 정치권력이든, 권력을 등에 업고 호가호위狐假虎威하는 세력이든 자신의 주장을 펴기 위해 남의 입을 막는, 어떠한 외압에도 분연히 맞서고 비판할 것**입니다.

하지만 일본 군국주의의 광기가 극에 달했던 **일제 말 강제폐간을 앞둔 시기, 조선총독부의 집요한 압박으로 저들의 요구가 반영된 지면이 제작된 것은 100년 동아일보의 아픔입니다. 정중히 사과드립니다.**

다시 위기입니다. 무엇보다 요즘은 전 세계적인 감염병 사태로 온 국민이 고통을 겪고 있습니다. 이런 미증유未曾有의 복합 위기는 국민과 정부가 하나가 돼 나아갈 때만 극복할 수 있습니다. 국민의 통합과 민의民意를 존중하는 정부의 구현을 위해 100년의 둔필鈍筆을 다시 날카롭게 갈겠습니다. 언제나 그랬듯, 우리는 이번에도 이겨낼 것입니다.

새로운 100년의 출발점에 서서, 동아일보는 가장 오랜 신문사가 아니라 가장 젊은 신문이 되고자 합니다. 100년 전 당시로서는 첨단 기업이었던 신문사를 설립한 그 도전 정신으로 다시 혁신의 새로운 100년을 시작하겠습니다. 동아일보의 100년을 가능케 한 것은 국민들의 성원이었고, 그 성원은 100년 전 창간 주역들이 품었던 꿈과 열정이 국민의 지지와 공감을 받았기에 가능했습니다. 앞으로 100년도 독자와 국민 여러분과 함께 꿈을 꾸고 열정을 나눠 가겠습니다.

사설에서 먼저 눈에 띠는 것은 "일제 말 강제폐간을 앞둔 시기, 조선총독부의 집요한 압박으로 저들의 요구가 반영된 지면이 제작된 것은 100년 동아일보의 아픔"이라며 "정중히 사과"한 대목이다. 조선일보가 100돌 기념 사설에서 자신이 일제강점기에 "민족의 등불"이었음을 과시하고 "암흑기에 민족의 표현 기관으로서 일제 강압과 신문 발행 사이에서 고뇌했던 흔적은 조선일보의 오점으로

남아 있다. 100년 비바람을 버텨온 나무에 남은 크고 작은 상흔"이
라고만 언급한 대목과 견주면, 자못 진지한 사과로 볼 수 있다. 다
만 "일제 말 강제폐간을 앞둔 시기, 조선총독부의 집요한 압박으로
저들의 요구가 반영된 지면"을 제작했다는 서술이 온전한 진실인
지 부분적 진실인지는 더 촘촘히 들여다 볼 문제이다.

더 큰 문제는 "1974년 박정희 정권을 비판하다가 정권의 탄압으
로 광고 해약 사태를 겪었을 때는 텅 빈 광고 지면을 독자들이 채
워 주셨"다는 대목이다. 텅 빈 광고 지면을 독자들이 채워 주며 독
재정권과 싸우던 기자들을 격려할 때, 정작 사주 김상만은 그들을
대량 해고했기 때문이다.

100년 사설에 나타난 문제점은 문재인 대통령이 보낸 '100년 축
사'에서도 고스란히 반복된다. 동아는 "문재인 대통령이 영상 메
시지를 통해 동아일보 창간 100주년을 축하했다"며 "동아일보 100
년은 국민과 함께한 100년" 제하에 전문을 실었다.

동아일보 창간 100주년을 축하합니다. 동아일보 100년은 기자정
신이 아로새겨진 100년입니다. 동아일보는 3·1독립운동의 민족 자
강과 자각에서 탄생했고, 기자들은 우리 민족이 겪은 수난의 현장을
지켰습니다. 간도참변 취재 중 일본군에 의해 피살된 동아일보 장덕
준 기자는 언론인 최초의 순직이었으며, 강직한 동아일보 기자들은
민주주의와 언론 자유를 위해서도 가장 앞장섰습니다.

동아일보 100년은 또한, 국민들과 함께해온 100년입니다. 동아일
보는 물산장려운동과 민립대학 설립운동, 조선체육회 설립과 같이
민심이 요구하는 일에 적극적으로 함께했으며 손기정, 남승룡 선수

의 가슴에서 **일장기를 지운 일은 국민들에게 커다란 독립 의지를 전해준 용기 있는 행동**이었습니다.

국민들도 동아일보를 응원했습니다. 6·10만세운동과 광주학생운동, 윤봉길 의사의 의거 등 독립운동을 알리면서 판매 금지와 정간, 폐간에 이르기까지 일제의 숱한 탄압을 받았지만 그때마다 국민들은 함께 울분을 토했고 **독재와 검열의 시대, 기사 삭제, 광고 철회로 인한 동아일보의 '백지白紙'까지 국민들은 사랑**했습니다. 1975년 1월 1일, '언론의 자유를 지키자'는 제목의 익명 유료 광고를 시작으로 학생들과 시장의 상인, 종교인들, 젊은 부부와 고국의 민주주의를 염원한 해외 동포들까지 돼지 저금통을 깨며 동아일보에 힘을 주었습니다.

동아일보 100년, 국민들과 동행한 경험은 한국 언론사의 큰 족적이며 민족 전체의 자산입니다. 100년 언론의 상징에 걸맞은 큰 책임도 돌아보아야 할 것입니다. 지금 온 국민이 코로나19를 극복하고 새로운 희망을 만들기 위해 공감과 연대의 힘을 모으고 있습니다. 국민과 함께 호흡하며, 시대적 소명을 다하기 위해 노력해온 동아일보 100년의 저력이 위기를 이겨내는 데 큰 동력이 될 것이라 믿습니다. 동아일보의 제호에는 동아시아 전체를 활동무대로 하겠다는 꿈이 담겨 있습니다. 새로운 100년, 진실을 담는 특별한 그릇으로서의 동아일보가 '민족·민주·문화 언론'의 창간 정신으로 한반도 평화를 넘어 동아시아 평화와 번영의 주역이 되어주길 바랍니다. 감사합니다.

창간 100년을 맞은 신문에 대통령이 얼마든지 축사를 보낼 수 있다. 조선일보에도 보냈는데 동아일보에 보내지 않을 이유가 없다. 하지만 '조선일보 축사'에서도 나타난 문제, 일방적인 높은 평가는 '주례사'처럼 다가올 수밖에 없다. 대통령이 언급한 '일장기를 지운 사건'과 '백지광고' 사건 모두 그 주체였던 기자들은 해고되었기 때문이다.

실제로 백지광고를 불러온 자유언론실천선언에 나섰다가 해고된 기자들의 조직인 '동아자유언론수호투쟁위원회(동아투위)'는 창간 100돌을 맞아 동아일보사 앞에서 집회를 갖고 다음과 같이 통렬히 비판했다.

> 우리는 동아일보가 지난 100년 동안 잘한 일은 아무것도 없고 모든 것을 잘못했다고 주장하지 않는다. 그래도 우리 민족이 외세의 압제로 수난을 겪고 있을 때 일제의 주구 노릇을 했던 역사와, 시민이 군사독재의 억압 아래 고통을 겪고 있을 때 독재자에게 찬양과 아부를 일삼은 행적에 대해서는 반성과 사죄를 해야 마땅하지 않겠는가. 지난 100년 동안 우리 민족공동체에 저지른 부끄러운 행적에 대해 추호의 뉘우침도 없이 우리 사회를 대표하는 주류언론을 자처하는 것이 정녕 털끝만큼도 부끄럽지 않단 말인가.

일제 강점기 말에 조선총독부의 "집요한 압박으로 저들의 요구가 반영된 지면"을 제작한 아픔에 "정중히 사과"한 것으로 충분하다고 생각한 동아일보사와 동아투위 사이에는 그가 걸어온 100년에 대한 시각 차이가 여전히 크다. 그 차이는 100돌을 맞은 그가 조선일보와 함께 '수구언론'으로 비판받고 있는 현실과 무관하지 않다.

동아 평전

100년을 맞은 그는 기자사회에서 신뢰도만이 아니라 영향력도 미미한 매체로 평가받고 있다. 기자협회 조사(2020)에서 가장 영향력 있는 언론사는 조선일보(32.5%), KBS (18.4%), 연합뉴스(11%), JTBC(8.2%), MBC(3.9%), 중앙일보(3.8%), SBS(3%), 한겨레(1.2%), YTN (0.4%) 순이다. 그는 '기타'로 분류되었다. 한때 한국을 대표하는 언론이었던 그의 위상은 신뢰도나 영향력에서 '기타 언론'이 된 셈이다.

그가 몰락을 벗어나 과거의 위상을 되찾기 위해서는 물론, 현직의 젊은 기자들이 해직된 대선배들과 더는 늦지 않게―2021년 1월 현재 이미 서른두 분이 별세해서 지금도 너무 늦었지만―소통할 수 있는 기반을 마련하기 위해서도 지난 100년을 평가할 기준을 엄밀하게 세울 필요가 있다.

우리가 동아를 평가할 때 자칫 빠지기 쉬운 함정은 '보수와 진보'라는 이념적 차원이나 특정 정당의 이해관계와 맞물린 정파적 수준에서 비평하는 안이함이다. 예컨대 그를 '보수'라고 단정하거나 특정 정당의 시각에서 비판하는 비평들이 그것이다. 그런 비평은 스스로 정파주의에 갇혀 있기에 그만큼 설득력이 약할 수밖에 없다.

기실 언론학계는 오래 전부터 한국 저널리즘의 심각한 병폐로 '정파성'을 꼽는 논문들을 생산해왔다. 최근에도 언론학자 박영흠·김균은 과도한 정파성이 저널리즘에 대한 신뢰의 하락, 나아가 저널리즘의 근본적 위기를 불러오고 있는데도 문제가 개선되기보다 오히려 심화된다고 분석했다. 그 결과 자신과 대립되는 정권이나 정파에 대해 무조건적 비판과 극단적 저주를 퍼붓는 저널리즘의 모습은 어느새 우리에게 익숙한 풍경이 되었다면서 가장 큰 문제는 비판에 귀 막는 언론에 있겠지만 학계와 시민사회도 실효성을 갖지 못하는 기존의 비판에 대해 점검해 볼 필요가 있다고 주장했다.

또 다른 언론학자 이정훈·이상기는 노무현 정부가 집권과 함께 '보수언론'과의 전쟁을 선포하면서 보수언론과 진보언론 사이에는 더욱 선명하고 날카로운 정파적 대립 구도가 만들어졌다고 보았다. 집권 기간 내내 보수언론과 노무현 정부 사이에는 고소 고발이 그치지 않았고 보수언론과 진보언론은 사사건건 부딪치며 서로에게 어깃장을 놓았다는 것이다.

하지만 언론을 평가할 때 정파나 이념의 구분을 넘어 저널리즘의 생명이라는 보편적 가치를 기준으로 삼을 때가 되었다. 신문이 어느 정도 편집 경향성을 지닐 수밖에 없더라도 저널리즘을 분석할 때 정파나 '보수 대 진보'의 틀로 나누는 것은 옳지도 않고 생산적이지도 않다.

가령 동아일보는 '보수언론'이고 경향신문은 '진보언론'으로 규정하면 서로의 이념 차이를 인정하는 수준에서 머물게 되고, 둘 모두를 정파성의 틀로 바라보면 옳고 그름에 대한 판단이 실종되기 쉽다. 이념적 접근이나 정파적 비평은 의도와 무관하게 어떤 신문이 저널리즘 가치에 충실한지 또는 저널리즘 퇴락에 책임이 있는지 살피는 수고를 건너뛰기 마련이다.

따라서 보수든 진보든, 어떤 정파든 모두 동의하는 저널리즘 가치에 근거해 언론을 평가하고 견인해가야 한다. 국제적으로 언론학계에서 누구나 인정하는 저널리즘 가치를 세 가지 꼽으라면, 진실과 공정, 권력 감시로 간추릴 수 있다.

21세기 지구촌의 어떤 나라도 민주주의를 내놓고 부정하지 않기에 더 그렇다. 진실과 공정, 권력 감시라는 저널리즘의 가치는 곧장 민주주의의 유지와 성숙과 직결된다.

먼저 진실부터 살펴보자. 진실은 저널리즘의 기본윤리이자 생명으로 언론학자들 사이에서도 '거의 완전에 가까운 합의'가 이뤄진 가치다. 미국 언론학계에서도 "진실truth은 언론과 커뮤니케이션 활동에서 가장 으뜸가는 표어"라고 아무 머뭇거림 없이 단언한다.

진실은 저널리즘의 윤리 이전에 저널리즘의 정의와도 곧장 이어진다. 저널리즘을 "지금까지 알려지지 않은, 새로운 실제 세계의 모습에 관한 진실한 진술 또는 기록이라고 주장하는 문자, 음성, 영상 형식의 저작된 텍스트"로 규정할 때, 진실은 저널리즘의 기본 조건이다.

언론의 생명인 진실은 일차적으로 사실에 기반을 두어야 한다. 사실fact 추구를 전제로 하지 않은 글은 저널리즘이 아니다. 특히 스마트폰을 통해 가짜 뉴스가 빠르게 퍼져가는 시대에 사실 확인은 저널리즘에서 가장 기본적인 가치다. 저널리즘과 다른 글의 결정적 차이가 바로 사실을 확인했는가에 있다.

미국 언론학자 코바치와 로젠스틸이 『저널리즘의 기본원칙』을 집필하기 위해 인터뷰한 기자들은 단 한명의 예외도 없이 저널리즘의 가장 중요한 가치로 '사실을 정확하게 전하는 것'을 꼽았다.

한국의 독자·시청자들도 저널리즘을 충분히 이해하고 있다. 한국언론진흥재단의 설문조사(2019년)에서 우리 사회 구성원들은 '뉴스의 가장 본질적 요소를 고르라'는 질문에 압도적 다수인 73%가 '사실성'을 꼽았다.

언론에서 사실 확인이 얼마나 중요한가를 단적으로 입증해준 보도가 '세월호 참사'에서 나타났다. 2014년 4월 16일 세월호가 침몰했을 때 '속보 경쟁'에 몰입한 언론사들은 "전원 구조"를 잇따라 보도했다. 수학여행 떠난 학생들의 부모는 '전원 구조' 뉴스에 환호하며 안도했다. 다른 언론사보다 먼저 특종을 터뜨려야 한다는 조급함으로 사실 확인을 않고 치명적 오보를 줄이어갔다. 결국 '기자'와 '쓰레기'를 합친 '기레기'라는 유행어를 낳고 말았다.

유튜브가 넘쳐나는 시대에 사실 확인은 더 주목받아 마땅하다. 하지만 저널리즘의 생명은 사실 확인에 그치지 않는다. 사실에서 더 나아가 진실을 보도해야 한다.

그렇다면 무엇이 사실이고 무엇이 진실일까. 미국 언론학의 토대를 놓은 월터 리프만이 언급했듯이 진실은 숨어 있는 사실을 규명하는 것, 그 사실들의 연관성을 드러내주는 것, 그리고 사람들이 그에 근거해서 행동할 수 있는 현실의 상ᵃ picture of reality을 보여주는 것이다.

무릇 언론은 '보수'든 '진보'든 얼마나 숨겨진 사실을 드러내고 사실들의 연관성을 짚어 현실의 상을 보여주고 있는지 질문하고 그에 따라 평가해야 한다. 동아일보, 그가 걸어온 100년을 톺아볼 때도 마찬가지다. 그를 비롯해 모든 언론은 진실을 보도한다고 선언 또는 자임한다. 하지만 실제로 진실이 보도되는 것은 아니다. 기자들이 진실을 캐내기 위해 노력하고 있다지만 그리 녹록한 일이 아니다. 일어난 일 가운데 일부만 취재되고, 그렇게 취재된 기사도 편집 과정을 거칠 수밖에 없기에 더 그렇다. 진실은 저널리즘의 가장 중요한 가치이므로 구체적으로 보기를 들어 확실하게 이해하고 갈 필요가 있다.

동아가 사회면 머리기사로 부각한 기사 한 편(2008년 8월 2일자 11면)을 짚어보자. "14년 무파업 선물"과 "7년 파업의 눈물"을 큼직한 제목으로 대조해 편집했다. 각각 사진까지 맞물렸다. "14년 무파업 선물" 기사에는 일터에서 환하게 웃으며 씩씩하게 일하는 모습을, "7년 파업의 눈물" 기사에는 '임투 승리' 현수막을 외벽에 붙인 썰렁한 풍경을 담았다.

"7년 파업의 '눈물'/ 전기-통기타 매출 세계1위 흔들… 부평공장 문 닫기로" 제하의 기사는 다음과 같다.

지난달 31일 오전 11시경 인천 부평구 갈산동 콜트악기㈜ 부평공장. 회사 정문에는 경영진을 비난하는 현수막과 대자보가 어지럽게 널려 있었다. 회사에 들어가 보니 정리해고자들이 농성하는 천막이 설치됐고, 공장 곳곳에 경영진에 대한 욕설과 투쟁구호가 스프레이로 적혀 있었다. 이한수 생산부장은 "노조의 강경투쟁 때문에 직원 120여 명이 평생직장을 잃고 모두 거리로 나앉게 됐다"며 씁쓸해했다.

콜트악기는 전기기타와 통기타 매출 부문(1500억 원·지난해 말 기준)에서 세계 1위를 달리던 기업이다. 국내 첫 피아노와 기타 생산업체인 수도피아노사를 운영하던 부친에게 경영수업을 받은 박영호(62)

사장이 1973년 설립했다. 부평공장을 포함해 인도네시아와 중국에도 현지공장을 세워 '콜트'라는 브랜드와 주문자상표부착생산OEM 방식으로 전 세계에 기타를 공급하는 수출업체로 키웠다.

그러나 콜트악기의 모기업인 부평공장은 이달 31일 문을 닫는다. 노조의 장기 파업에 따른 경영압박과 적자가 누적돼 더는 회사를 경영하기 힘들게 된 것. 노조는 2002년 금속노조연맹에 가입한 뒤 매년 임금인상, 노조활동시간 연장 등을 요구하며 잦은 파업을 했다. 박 사장은 노조가 44일간이나 파업을 벌인 2005년 8월 사실상 공장에 대한 미련을 접었다. 세계적인 전기기타업체이자 최대 바이어인 미국 팬더사 관계자가 공장을 방문하기로 해 파업하던 노조에 "하루만이라도 좋은 모습을 보여 달라"고 애원했으나 노조는 이를 묵살했다. 일부 노조원은 그에게 욕설과 함께 승용차에 침을 뱉는 등 모욕을 줬다.

노조의 파업으로 생산성이 떨어져 수출 납기를 맞추지 못하는 일이 반복되자 해외 바이어들이 고개를 돌렸다. 팬더사를 비롯한 주요 바이어들이 거래처를 다른 회사로 바꿨다. 경영은 적자로 돌아서 2006년 18억 원, 2007년 25억 원으로 적자액이 늘어났다. 2002년 이후 지난해까지 누적 적자액은 52억 원에 이른다. 결국 박 사장은 지난달 경영진 회의를 소집해 해외공장은 놔두고 부평공장은 폐업하기로 했다.

이 기사와 나란히 사회면 머리로 편집된 '14년 무파업 선물' 제하의 기사는 동국제강 인천제강소에선 파업이 없어 초고속 성장으로 성과급 잔치를 벌였다고 적었다. 반면에 '전기-통기타 매출 세계 1위 기업'인 콜트악기는 파업을 벌인 탓에 공장 문을 닫는다고 보도했다.

기사를 읽은 독자들은 누구나 콜트악기 노조, 더 나아가 노동운동과 노동조합 일반에 격한 반감이 일어날 수밖에 없다. 아울러 절대로 파업을 해서는 안 된다고 생각하기 십상이다. 특히 콜트악기 "노조의 강경 투쟁 때문에 직원 120여명이 평생직장을 잃고 모두 거리로 나앉게 됐다"거나 "노조의 파업으로 생산성이 떨어져 수출 납기를 맞추지 못하는 일이 반복되자 해외 바이어들이 고개를 돌렸다"는 대목은 독자들에게 노동조합이 해도 너무했다는 인식을 심어줄 터다. 더구나 바로 옆에 소개된 같은 지역의 '무파업 회사'에서 노사가 축배를 나누는 기사는 노동운동에 대한 우리 사회의 왜곡된 시선을 한층 강화해주었을 게 분명하다. 큼직한 기사 제목 '눈물'과 '선물'도 극적인 대비 효과를 이뤘다.

문제의 기사는 얼마나 진실일까? 콜트악기 노동조합은 기사가 진실을 왜곡했다며 법원에 소송을 걸었다. 결국 콜트악기 노동조합과 가족들의 가슴을 피멍들게 하고 노동운동에 혐오감을 마냥 부추겼을 기사를 내보낸 동아는 3년만인 2011년 9월 19일자에 정정 보도를 실어야 했다.

정정보도 기사의 크기는 2면 하단의 1단으로 사회면 머리기사와는 비교가 되지 않았다. 아주 작게 편집한 정정보도에서 동아는 "콜트악기 부평공장의 폐업은 노조의 파업 때문이라기보다는 사용자 측의 생산기지 해외 이전 등의 다른 사정이 있었기 때문이고, 노조의 파업은 대부분 부분 파업이어서 회사 전체의 매출에 큰 영향을 미치지 않은 사실이 밝혀졌으므로 이를 바로 잡습니다"라고 짧게 썼다.

법원은 판결문에서 "회사의 폐업을 노조의 잦은 파업 때문이라고 보도한 것은 허위로 봐야 한다"면서 정정보도와 위자료 500만 원을 지급하라고 판결했다. 콜트악기 노동조합 방종운 위원장은 재판에서 이긴 뒤 "명백히 잘못된 기사를 썼다는 걸 입증하고 싶었다"고 말했다. 그는 "자본이 더 많은 이익을 찾아 떠나면서 노동자들에게 책임을 떠넘기고 언론이 이를 거들어 파업 때문에 회사가 망했다고 왜곡 보도를 쏟아냈다"면서 "단 몇 줄이라도 이를 바로 잡아야겠다고 생각했다"고 심경을 밝혔다.

실제로 콜트악기의 사장은 폐업 1년 전부터 대규모 정리해고를 단행했다. 그 과정에서 한 노동인—언론계가 앞장서서 '노동자'를 '노동인'으로 표기하자는 제안이 나왔고, 실제 'worker'의 더 적절한 옮김이라 판단해 이하에서 모두 노동인으로 표기한다—이 억울함을 항의하며 분신자살을 시도했다. 콜트악기 노동인들은 동아의 왜곡보도 이후 법원의 판결을 받아내기까지 건설업 일용직을 전전하면서 힘겹게 살아갔다.

콜트악기 노조 위원장은 "인건비가 싼 중국이나 동남아시아로 기업체를 옮겨가고 있는 게 현실"이라며 "힘겨운 싸움이지만 우리가 이 싸움에서 진다면 우리나라에 공장이 남아나지 않겠기에 우리 모두에게 중요한 싸움"이라고 강조했다.

콜트악기 노동자들의 싸움은 영화로도 만들어졌다. '꿈의 공장'이 그것이다. 콜트악기의 자회사인 콜텍 대전공장에 노조가 설립되기 이전에 사장이 "꿈의 공장"이라고 불렀다고 해서 지은 제목이다. 영화에서 기타리스트 톰 모렐로는 "기타는 착취가 아니라 해방의 수단이 되어야 한다. 한국 노동자들의 요구를 전폭적으로 지지한다. 그 누구도 스스로의 권리를 지키기 위해 일어섰다는 이유만으로 일자리를 잃어서는 안 된다"고 말한다. 기타에 배어 있는 노동의 슬픔 이야기다. 영화를 본 한 네티즌은 "음악을 사랑한다면, 당신의 악기를 만드는 손을 기억해 주시라"는 평을 남겼다. 동아의 보도와 참 대조적이다.

그런데 문제의 기사는 비단 진실만 위배한 것은 아니다. 우리가 언론을 평가할 때 판단의 또 다른 핵심가치는 공정이다. 그 가치도 모든 언론이 추구한다고 자임한다. 어떤 언론도 자신이 불공정하다고 인정하지 않는다. 언제나 스스로 공정 언론임을 공언한다.

더러는 공정이란 주장하는 사람에 따라 다른 개념이라고 장담한다. 포스트모더니즘의 세례를 받은 사람들은 사뭇 진지하게 공정 개념의 상대주의를 강조하기도 한다. 물론, 무엇이 공정인가를 정의하는 일은 쉬운 일이 아니다. 하지만 그렇다고 해서 동아일보식 공정이 있고 한겨레식 공정이 별개로 있는 것은 결코 아니다. 언론학에서 말하는 공정의 의미에는 보수와 진보를 넘어 '보편적 합의'가 있다.

먼저 공정公正의 국어사전적 의미에서 출발해보자. 적어도 사전은 사회적 합의를 풀이해놓은 것이기에 학술논문에서도 종종 논쟁이 벌어지는 개념은 사전적 정의에서 해결의 실마리를 찾는다. 공정의 사전적 뜻은 '공평하고 올바름'이다. 여기서 '공평'은 갈등 당사자 양쪽의 의견을 균형 있게 반영한다는 의미를 지닌다. 공평이란 한자어公平나 영어impartiality 뜻 그대로 어느 한 쪽에 치우침이 없음을 이른다.

그런데 공정의 사전 정의에는 공평에 더해 '올바름'이 있다. 올바름은 무엇이 옳은 것인가를 판단하는 정의^{justice}의 개념과 이어진다. 따라서 공정은 공평과 올바름을 아우르는 개념이다. 공평에 머물고 있는 보도나 논평을 소극적 공정으로, 공평에 더해 올바름까지 숙의한 보도나 논평을 적극적 공정으로 개념화할 수 있다. 올바름에 대해서는 여러 정의가 가능하다. 그만큼 합의도 쉽지 않다. 하지만 저널리즘 윤리로서 공정에 대해서는 언론 현장에서 오랫동안 내려온 전통과 '최소한의 합의'가 있다. '억강부약抑强扶弱'이 그것이다.

억강부약의 가치는 그와 조선일보·중앙일보 편집국 간부들이 주축인 관훈클럽이 발간한 『한국 언론의 좌표: 한국 언론 2000년 위원회 보고서』에서도 다음과 같이 명확하게 강조하고 있다.

> 언론의 공정성은 어떠한 편견이나 선입관 또는 잘못된 관점을 지녀서는 안 된다는 것을 의미하는 동시에 사회 소수계층의 의견을 대변하고 그들의 이익을 옹호해 주어야 한다는 것을 뜻한다. 특히 한국 언론은 중산층을 주된 소비자로 상정하고 있는 한편 언론인 자신들도 중산층에 편입되어 있어 주로 중산층의 의견을 대변하고 그들의 이익을 옹호하고 있다는 평가를 받기도 한다. 그 결과 자연스럽게 소수 계층의 의견과 이익은 구조적으로 배제되고 있는 것이다.

다름 아닌 관훈클럽이 언론계 안팎의 전문가들과 더불어 21세기 한국 저널리즘의 바람직한 방향을 모색한 결과를 담은 보고서에서

"한국 언론은 중산층을 주된 소비자로 상정하고 있는 한편 언론인 자신들도 중산층에 편입되어 있어 주로 중산층의 의견을 대변하고 그들의 이익을 옹호"한다고 단정한 대목이다. 그 결과 '소수 계층의 의견과 이익은 자연스럽게 구조적으로 배제되어 있다'고 비판한 지점은 언론을 평가할 때 유의해야 할 판단 기준이다.

그렇다면 왜일까. 관훈클럽 보고서가 보여주듯이 왜 억강부약이 '최소한의 공정'이라는 데 보수와 진보를 떠나 합의가 이뤄져 있을까. 중산층이 아닌 사회경제적 약자에 연민을 느끼거나 동정해서가 결코 아니다. 사회경제적 약자를 무조건 옹호하는 게 정의라는 뜻도 아니다.

사회경제적 약자들은 자신이 연민이나 동정의 대상이기를 바라지 않는다. 말 그대로 '사회경제적' 약자이지 그들은 결코 '인간적 약자'는 아니다. 사회경제적 소수이지 결코 인구학적 소수도 아니다.

사회경제적 약자나 '소수계층'을 대변하고 옹호해야 할 가장 큰 이유는 다름 아닌 민주주의 사회의 기본권에서 비롯한다. 민주주의 사회에서 표현의 자유와 커뮤니케이션권(소통권)은 모든 사회구성원에게 기본권이다. 대한민국 헌법도 모든 국민은 양심의 자유(제19조)와 언론의 자유(제21조)를 가진다고 명문화하고 있다.

하지만 현실은 다르다. 정치권력이나 경제 권력(자본)을 지닌 사람들과 비교할 때, 소통권이 거의 없는 사람들이 대다수다. 인구로는 다수이면서도 사회경제적 약자들은 소통에서 소수다. 물론, 인구 비율에서 소수인 약자들도 있다.

인터넷이 새로운 시대를 열었다고 하지만 기존 언론이 '의제'를 설정하는 힘은 여전히 강력하다. 바로 그래서다. 우리가 민주주의를 지향한다면 소통권 약한 사람들의 목소리를 누군가 담아내야 한다. 그렇게 해야 비로소 소통권이 상대적으로 고를 수 있기 때문이다. 바로 그 임무를 맡은 사회적 제도가 언론이고 저널리즘이다.

그 점에서 "7년 파업의 눈물" 제하의 기사는 진실의 가치 못지않게 공정의 가치와도 어긋난다. 순익을 내는 기업에서 집단해고를 당한 노동인들의 목소리를 전혀 담고 있지 않기 때문이다. 더구나 노동조합에 따르면 해고되기 전에도 저임금 장시간 노동을 강요받았다. 산업재해마저 비일비재한 사업장이라서 노동부로부터 '산재 관리 기업'으로 과태료를 받기도 했다. 노동조합 방종운 지회장은 "우리는 안전을 지키기 위해 노동조합을 결성했는데, 이것을 강성 노조라고 하는 것은 우리들에 대한 명백한 명예훼손"이라고 토로했다. "천민자본주의가 지배하는 곳에 가장 필요한 것은 혐오와 배제가 아니라 대화와 협력"이라는 노조의 목소리는 동아의 지면에 전혀 반영되지 않았다.

무릇 공정은 민주주의 사회를 이루는 최소한의 조건이다. 사회경제적 약자를 대변하고 옹호하는 일이 저널리즘의 가치로 뿌리내리기까지는 그것이 기본권임을 누구도 부정할 수 없을 만큼 끊임없이 성숙해온 민주주의가 밑절미로 깔려 있다. 아래로부터 민주주의를 구현하려는 수많은 사람들이 일궈낸 가치가 공정이다.

주의할 것은 보수 진보의 틀(프레임) 탈피가 군사정권 시대의 '민주 대 반민주 구도'로의 환원을 뜻하는 것이 아니라는 점이다. 물론, 군부독재가 대통령 선출권과 같은 기본적인 절차적 민주주의조차 훼손했기에 민주 대 반민주 프레임은 필요했고 적실했다. 다만, 군부가 물러나고 대통령 직선제도 제도화된 상황에서 과거의 민주대 반민주 구도 담론은 절차적 민주주의를 넘어 실질적 민주주의를 담아 가야 한다.

언론의 정파주의를 비판하면서 정작 자신이 정파 논리의 함정에 빠지지 않으려면 '보수 대 진보의 틀'이나 진영 논리를 벗어나야 한다. 사회경제적 약자, 목소리 없는 사람의 목소리를 대변하는 것은 보수나 진보, 혹은 정파의 문제가 아니라 저널리즘의 본령이자 민주주의 성숙에 필요한 일이다.

왜 그러한가는 미국과 유럽의 저널리즘 이론으로 충분히 뒷받침할 수 있다. 미국 언론계와 학계의 공동 논의를 바탕으로 저널리즘 이론을 세운 코바치와 로젠스틸은 저널리즘의 목적을 "사람들이 자유로워지고 스스로 다스리는데free and self-governing에 필요한 정보를 제공하는 것"이라고 제시하며 "목소리 없는 사람들의 목소리voice of the voiceless"를 담아야 한다고 강조했다.

여기서 스스로 다스린다는 의미는 민주주의에 대한 가장 보편적 정의인 '민이 지배하는 정부rule by the people' 개념과 곧장 이어진다. 요컨대 미국에서 저널리즘은 민주주의의 핵심제도이다. 링컨의 민주주의 정의와도 이어진다.

저널리즘의 또 다른 가치로 '권력 감시'를 드는 이유도 민주주의와 이어져 있다. 언론의 생명이기도 한 권력 감시의 힘은 2016년 11월부터 타오른 촛불혁명에서 확연히 드러났다. 자칫하면 아무도 모르고 지나쳤을 최순실의 국정 농단과 최고위급 공무원들의 수많은 비리가 늦게나마 언론을 통해 적나라하게 드러났기 때문이다. 진실이 드러나자 곧바로 사건 관련 범죄자들의 정당한 처벌을 원하는 여론이 형성됐고, 박근혜는 대통령직에서 해임된 뒤 구속됐다.

권력 감시가 민주주의와 직결되는 근거는 다름 아닌 대한민국 헌법에서 찾을 수 있다. 두루 알다시피 대한민국 헌법 제1장 제1조는 "① 대한민국은 민주공화국이다. ② 대한민국의 주권은 국민에게 있고, 모든 권력은 국민으로부터 나온다"이다. '주권은 국민에게 있고, 모든 권력은 국민으로부터 나온다'는 조항이 바로 민주주의의 정의이다.

그런데 왜 '권력은 국민으로부터 나온다'라 하지 않고 '모든 권력은 국민으로부터 나온다'라고 했을까? 헌법은 한 문장 한 문장은 물론 낱말 하나도 회의를 통해 결정한다. 모든 권력은 국민으로부터 나온다는 뜻은 단순히 정치권력만 그런 것이 아님을 부각하고 있다. 물론, 정치권력은 장기간 독재를 경험한 대한민국에서 가장 강력해 보인다. 대통령제이기에 더욱 그렇다.

더 말할 나위 없이 정치권력 감시는 언론의 생명이다. 보수와 진보를 떠나 정치권력을 감시하는 가장 중요한 기준은 후보 시절 그의 공약이다. 자신과 정치 성향이 맞지 않기에 비판만 쏟아내는 언론은 저널리즘이 아니다. 정파의 기관지일 뿐이다. 후보로서 공약을 내걸고 표를 얻어 권력의 자리에 올랐다면, 언론은 대통령이 그 공약을 얼마나 실현해 가느냐를 점검해야 한다. 공약에 동의하지 않는다면 왜 반대하는가를 논리적으로 제시하며 더 나은 방안을 의제로 설정해가야 한다.

유의할 것은 우리가 일반적으로 권력과 등식화하는 정치권력은 선출직으로 영구적이지 않다는 사실이다. 정치권력만이 아니라 경제권력, 사회권력, 문화권력, 종교권력 들이 큰 힘을 지닌다. 형식적 절차적 민주주의가 갖춰질수록 정치권력의 힘은 상대적으로 줄어든다. 우리 헌법이 명시하듯이 민주공화국의 모든 권력은 '국민'으로부터 나와야 한다.

문제는 정치권력만을 비롯해 경제권력, 사회권력, 문화권력, 종교권력의 힘이 정말 민으로부터 나오는지에 있다. 그렇지 않을 때, 각 권력이 힘을 남용하거나 오히려 주권자를 억압할 때, 그 권력을 감시하는 제도적 장치가 민주주의에 반드시 필요하다. 바로 그 제도가 언론이다.

'권력 감시'라는 저널리즘 가치로 보아도 "7년 파업의 눈물" 기사는 문제가 있다. 1996년부터 10년간 순이익 누적이 170억 원에 이르고 2005년까지 지속적인 흑자 경영을 해왔음에도 인도네시아와 중국으로 생산기지를 이전하면서 노동인들을 집단 해고한 기업권력, 곧 자본에 대한 감시가 전혀 보이지 않기 때문이다.

21세기에 들어와 현대사회의 구성원들은 언론 미디어가 포화 상태인 환경에서 살아가고 있기 때문에 비판적인 정보 수용이 한층 중요해지고 있다. '정보 격차'가 커지고 있을 뿐만 아니라 '확증 편향'이 확산되고 있어 더 그렇다.

따라서 언론의 보도와 논평에 비판적 안목을 바탕으로 커뮤니케이션 역량을 갖춘 공중이 늘어날 때 민주주의가 발전해갈 수 있다. 민주주의 유지와 성숙을 저해하는 '가짜뉴스'를 비롯한 '언론행위'들에 합리적 근거를 갖춘 비평이 활발하게 일어나야 한다.

한국 근현대사를 매일매일 기록해온 동아일보, 그의 100년을 차분하게 평가해볼 이유가 여기 있다. 이는 "사람들이 자유로워지고 자신을 스스로 다스리는 데에 필요한 정보를 제공"하는 저널리즘의 존재 이유와 이어진다.

자, 그럼 저널리즘의 생명을 눈금으로 그가 걸어온 100년을 저울대에 올려보자. 출생부터 손가락질을 받은 트라우마에 시달린 조선일보와 달리 그의 탄생은 당대 민중들로부터 큰 기대를 모았다.

2

3·1혁명과
민중의 친구

동아일보는 1919년 3월 1일 한민족이 전 세계에 독립 열망을 선포한 지 1년 뒤에 그 정신을 이어받아 탄생했다. 전국에서 일어난 독립만세의 함성에 놀란 일제는 이른바 '문화통치'를 내세우며 조선어 민간신문 발행을 허가했다. 이에 민족주의 중추세력은 민족의 독립 역량을 제고하고자 동아일보 창간 사업에 모여들었고 동아일보 지면에 3·1운동의 정신이 그대로 이어지고 있다

그의 자부다. 출생의 비밀로 트라우마가 심한 조선일보와 견주면 사뭇 당당해 보인다. 실제로 친일실업인단체가 창간한 조선일보와 그의 탄생은 뿌리가 달랐다. 그만큼 창간 당시 민중의 기대를 모은 것도 사실이다.

그런데 그 자부는 과연 얼마나 진실일까. 정말 그는 우리 민족이 온 세계에 독립 열망을 선포한 정신을 이어받아 탄생했을까. 당시 "민족주의 중추세력"이 민족의 독립 역량을 제고하고자 그의 창간 사업에 모여들었을까. 그의 지면에 "3·1운동의 정신이 그대로 이어지고 있다"고 보아도 좋을까.

그가 걸어온 100년을 평가하려면, 무엇보다 먼저 스스로도 당당히 밝혔듯이 그를 존재케 한 1919년 3월 1일부터 짚어야 옳다. 우리 역사에 큰 전환점을 이룬 3·1혁명의 정신을 동아일보가 "그대로 이어" 받았다고 자임하기에 더 그렇다. 앞서 논의했듯이 저널리

즘에서 진실은 숨겨진 사실을 찾고 사실과 사실 사이의 연관성을 밝히는데서 드러난다.

3·1혁명과 그는 정말 얼마나 연관이 있을까. 3·1혁명 이듬해에 그가 출생한 역사적 맥락부터 온전히 파악할 필요가 있다. 1910년 대한제국이 망하고 9년 만에 공표된 독립선언문은 어디에도 왕정을 되찾는 뜻을 담지 않았다. 나라가 망한 뒤 더러 황제 복위에 나선 사람들도 있었지만 어떤 흐름도 이루지 못할 만큼 조선왕조와 대한제국은 이미 당대의 민중들로부터 철저히 외면 받았다. 조선왕조의 왕족을 비롯해 대한제국의 고위 벼슬아치들은 저마다 일본제국의 귀족이 되어 호의호식하며 살고 있었기에 더 그랬다.

독립만세 운동이 한창이던 1919년 4월 11일 중국 상하이에서 수립된 임시정부는 '왕의 나라'를 되찾는 것이 아니라 '민의 나라' 건국임을 공식 선언했다. 그것은 수천 년 이어온 왕국과 선을 그은 '독립 혁명선언'이었다. 임시정부가 '3·1혁명'이란 말을 자주 쓴 까닭이다. 물론, 3·1혁명이 단숨에 완성될 수는 없었다. 1919년 전국 곳곳에서 일어난 독립만세운동에 이어 3·1혁명은 나라 안팎의 독립운동으로 전개되었다.

1919년 3월 1일의 독립선언문을 읽어보면 선인들이 왕국을 넘어 건국하고 싶은 민의 나라 성격이 확연히 드러난다. 선언문은 들머리에서 "조선 사람은 자주적 민중임을 선언"하고 조선이 독립국임을 "세계 모든 나라에 알려 인류 평등의 큰 뜻을 밝히며, 자손만대에 일러 민족자존의 정당한 권리를 길이 누리게 하려는 것"이라고 천명했다. '인류 평등의 큰 뜻'으로 민족자존의 '정당한 권리'를 강조했다.

독립선언문은 당시 2천만 겨레구성원 모두에게 저마다 "마음의 칼날"을 품으라고 촉구했다. 실제로 독립만세운동을 거치면서 거족적인 깨어남과 더불어 대한민국 임시정부 수립이 상징하듯이 '민국'이라는 새로운 나라를 건설하려는 독립혁명운동이 이어졌다.

물론 독립만세운동은 비폭력을 내걸었듯이 평화적 방법으로 시작되었다. 하지만 일본이 무력으로 탄압함으로써 양상이 바뀌었다. 2백만 명이 거리로 나와 독립만세운동을 벌이자 일본제국주의는 거침없이 총칼을 휘둘렀다. 조선인 7천 5백여 명이 살해당했고 1만 6천 명이 부상당했으며 4만 6천여 명이 검거됐다. 민가 700호가 불탔다.

일본 제국주의를 통해 자본주의가 빠르게 퍼져가면서 등장한 노동인들과 이 땅에서 수천 년 농사를 지으며 생명을 이어온 농민들은 일제를 물리치고 새로운 나라를 이루자는 독립혁명의 열망을 공유했다. 일본제국의 서슬 푸른 무단통치에 눌려 기를 펴지 못하던 민중이 민족의식에 눈뜬 것이다.

여기서 눈여겨볼 것은 '민의 나라'를 선포한 3월 1일 바로 그날 등장한 〈조선독립신문〉이다. 동학이 종교단체로 재출발한 천도교의 지도자 손병희는 독립만세운동을 기획하고 주도하면서 독립선언서가 발표되면 민족대표 33인이 모두 구속되리라 예상했다. 손병희는 천도교가 운영하는 보성사의 사장 이종일을 불러 독립선언 사실을 민중에게 널리 알릴 목적으로 창간호 1만 부를 비밀리에 제작하라고 지시했다. 이종일은 윤익선, 이종린, 김홍규와 함께 창간호를 인쇄해 3월 1일 오전에 배포했다. 조선독립신문 창간호는 독립선언의 내용과 함께 민족대표 33인을 공개했다.

신문이 배포되자마자 일제 경찰은 보성사를 강제로 폐쇄하고 사장 이종일과 조선독립신문 사장 윤익선을 체포했다. 이종린은 몸을 피해 서울 관훈동 경성서적조합 사무소에서 장종건과 함께 등사판으로 조선독립신문 발행을 이어갔다.

언론사적 의미를 짚을 때 "3·1운동의 정신이 그대로 이어진" 신문은 동아일보가 아니라 조선독립신문이었다. 본디 일제는 총칼로 조선을 강점하자마자 조선의 모든 언론을 없애고 총독부 기관지를 창간했다. 대한제국 시기에 가장 항일 색채가 뚜렷했던 대한매일신보를 폐간하고 그 이름을 따 총독부 기관지 제호를 〈매일신보〉라 붙일 만큼 지배 전략은 치밀했고 그만큼 가증스러웠다.

그럼에도 강점 9년 만에 독립만세운동이 폭발하듯 터져 나왔다. 일제는 총칼로 탄압해도 수그러들지 않고 줄기차게 이어지는 만세운동의 배후에 조선독립신문이 있다고 판단했다. 독립선언서와 함께 3월 1일부터 배포된 조선독립신문은 호외 형태의 단면 인쇄였지만 민중들로부터 뜨거운 사랑을 받았다.

일제는 조선독립신문 발행에 예민하게 반응하며 신문이 나올 때마다 수사력을 총동원해 체포에 나섰다. 독립만세운동에 나선 민중은 조선독립신문 발행을 접지 않았다. 제9호부터 무명의 사람들이 인쇄와 배포를 이어갔다. 6월 22일에는 36호, 8월 20일에는 42호, 8월 29일에는 '국치國恥 특집호'가 나왔다. 독립만세를 부르던 군중은 조선독립신문을 등사판으로 다시 찍어 시위하는 사람들에게 배포했다. 인터넷 시대의 '뉴스 게릴라'들이 이미 3·1혁명 과정에서 나타났다고 볼 수 있다. 조선독립신문이 몇 호까지 발행되었는지는 아직 명확하게 밝혀지지 않았다. 현재까지 43호와 호외가 제작됐다는 사실만 알려져 있고 이 신문이 정확하게 몇 호까지 발행되었는지는 알 수 없다. 자료를 다 발견하지 못한 까닭이다. 학계에선 조선일보와 동아일보가 '합법 신문'으로 창간된 1920년 봄 무렵에 맥이 끊긴 것으로 추정한다.

조선독립신문 외에도 국민회보, 신조선신문, 자유민보, 국민신보, 국민신문, 진민보 등 30여 종의 지하신문—일제가 '불법'으로 탄압해 자유롭게 제작도 구독도 할 수 없던 신문—이 1919년 내내 전국에서 발행됐다. 지하신문들은 총독부 기관지인 매일신보가 들불처럼 퍼져가던 독립만세 운동을 축소 왜곡 보도하자 이에 맞서 독립 의지를 불태워갔다. 가령 진민보는 "우리의 민족적 운동을 한껏 옹호하라, 우리의 운동이 안팎에서 어떻게 진행되고 있는지 신속하게 보도하라, 그리고 조용한 가운데 나아가더라도 소리만은 벽력같이 크게 질러라"며 민족언론을 열망하는 민중의 뜻을 담았다.

지하신문은 조선총독부뿐만 아니라 독립만세운동을 폄훼하고 비난하는 친일반민족행위자들을 꾸짖었다. '강제병합'에 앞장섰던 매국노 이완용과 송병준을 비롯해 일제 주구가 된 친일경찰과 헌병보조원들, 허위 왜곡보도를 일삼았던 매일신보 기자들을 날카롭게 비판했다. 또한 조선 독립의 당위성을 부정하고 일본제국의 '통치'를 인정하자며 그 아래서 참정권을 주장하던 친일파들도 호되게 비판했다. 가령 독립만세운동이 벌어질 때 매일신보와 경성일보에 기고해 조선민족은 일본 민족의 일부라 주장하며 참정권을 주장하던 민원식에 대해 조선독립신문은 "부여족의 면피面皮로서 일본의 혼을 가졌다. 인류의 골격으로서 짐승의 심장을 가졌다"고 나무랐다.

조선총독부가 독립만세를 부르는 민중 못지않게 두려워한 것이 바로 민중의 목소리를 담은 신문들이었다. 지하신문 제작자들은 총독의 통치권을 거부하고 일본군의 철수를 요구하며 조선인 관리들의 퇴직을 요구하는 지면을 제작해 거리 곳곳에 붙이기도 했다.

일제는 3·1 독립만세운동이 민중 속으로 줄기차게 퍼져가고 대한민국임시정부 수립이라는 혁명적 변화로 이어지자 당황했다. 조선총독부가 독립만세를 부르는 민중 못지않게 두려워한 것이 바로 신문들이었다. 일제는 1919년 8월 12일 조선총독을 교체했다. 종래의 '무단통치'에서 벗어나겠노라고 마치 선심이라도 쓰는 듯이 생색마저 냈다. 실은 총칼로 만세운동의 확산을 막을 수 없다는 판단, 지하신문이 민중 사이에 깊숙이 퍼져가는 상황을 더는 방치할 수 없다는 계산 때문이었다.

더구나 신임 총독 사이토는 9월 2일 서울역에 도착하는 순간 폭탄세례를 받았다. 강우규의 거사였다. 사이토는 무사했으나 일본인 기자를 비롯해 사상자가 여러 명이었다. 총독은 다음날인 9월 3일 이른바 '훈시'를 통해 "언론 출판 집회 등에 대하여는 질서와 공안 유지에 무방한 한 상당히 고려를 가하여 민의 창달을 허하여야 한다"면서 조선인에게 신문 발행을 허가할 방침이라고 밝혔다.

사이토가 언론통제를 완화하겠다고 공언하자 전 총독 데라우치를 비롯한 조선에 들어와 살고 있는 일본인들은 크게 우려했다. 하지만 사이토는 총독부 기관지 매일신보가 '통치 방침'을 선전하는 데는 '권위'를 지녔지만 조선민족에게 침투하는 데는 한계가 있고,

조선민중의 불평을 완화해주는 동시에 민심의 흐름을 살피려면 조선인들의 신문이 필요하다고 판단했다.

사이토는 9월 10일에는 종래의 헌병경찰 제도를 폐지한 뒤 보통경찰 제도로 전환하고, 관리와 교원의 '제복 착검'을 없애며, 행정을 쇄신하고 '국민생활을 안정'시키는 한편 문화와 복리를 증진하겠다고 발표했다. 탄압 일변도의 무단통치를 '문치 위주의 문화정치'로 탈바꿈하겠다는 선언으로 실상은 '고등 회유정책'이었다.

당시 총독부가 작성한 '조선 민족운동에 대한 대책'에는 '문화정치'의 목적과 실체가 여실히 드러난다. "일본에 절대 충성을 다하는 자로써 관리를 강화한다"와 "신명을 바칠 친일적 인물을 물색하고 이들을 귀족·양반·유생·부호·실업가·교육가·종교가들 사이에 침투시켜 친일단체를 만든다"라거나 "친일적 민간인에게 편의와 원조를 제공하고 수재교육의 이름 아래 친일적 지식인을 대량으로 장기적 안목에서 양성한다"는 내용들이 그것이다.

총독 사이토의 구상은 곧장 시행되어 가장 먼저 '신명을 바칠 직업적 친일파' 양성에 들어갔다. 일제는 친일파를 통해 친일여론을 조성하고, 친일단체를 지원해 독립 운동가들을 포섭하거나 변절하도록 유도해갔다.

일제의 지원을 받은 친일반민족행위자들은 총독부의 신문 허가 방침에 재빠르게 대처했다. 친일단체인 대정친목회의 조진태, 민영기, 예종석이 1919년 10월에 '조선일보 조합'을 결성하며 '조선'이라는 이름을 감히 선점했다. 물론, 대정친목회만이 아니었다. 수십 건의 발행허가 신청서가 총독부에 제출되었다. 총독부는 제국주의 통치에 가장 유리한 구도를 염두에 두며 신청서를 검토했다.

아울러 신문지법, 출판법, 보안법, 회사령, 치안유지법 따위를 정비해서 언제든지 언론 자유를 제한할 수 있도록 법적 틀을 마련했다. 요컨대 합법신문의 허용은 지하신문 탄압과 동전의 양면이었다. 민중들에게 큰 영향을 끼친 지하신문을 무력화하고 합법신문을 통해 조선민중을 제국주의 체제에 순응케 하려는 노회한 전략이었다.

총독부가 선택한 발행인은 세 명이었다. 노골적인 친일세력에게 먼저 발행을 허가하기보다 상대적으로 친일색채가 옅은 조선인을 골라 1920년 1월 4일 동아일보를 허가해주었다. 호남지주 김성수는 '총독부의 선택'을 받기 위해 이른바 '한일합방 공로'로 일본의 귀족이 된 박영효 후작을 사장으로 내세워 신청 서류를 제출했다.

바로 다음날 내놓고 조일동화朝日同化주의를 표방한 대정친목회 예종석 명의의 조선일보가 발행 허가를 받았다. 같은 날 신일본주의를 표방해온 '국민협회'에게도 시사신문을 허가했다.

김성수는 총독부에 신문허가 신청을 하면서 '주식회사 조직'에 나섰다. 전국적으로 발기인을 망라해야 한다며 78명을 모았다. 동아일보 사사는 그 대목을 다음과 같이 서술했다.

이미 경성방직을 통해 힘겹게 주식을 모아본 경험이 있는 김성수였지만 동아일보사 주식모집은 더 어려웠다. 주식회사라는 것을 잘 모르던 당시 일반인들은 주권株券이라는 한 장의 인쇄물이 자신의 소중한 금전을 대신하는 경우를 생각할 수 없었던 것이다. 더구나 영리성이 희박한 것으로 알려진 신문에 대해서는 더더욱 그러해서 주식을 사는 사람들은 이익을 얻겠다는 생각이 아니라 마치 독립운동에 자금을 대는 기분으로 동아일보사의 주식을 샀다.

전국 13도의 유지들로부터 돈을 모아 주식회사를 만들고는 "주식을 사는 사람들은 이익을 얻겠다는 생각이 아니라 마치 독립운동에 자금을 대는 기분으로 동아일보사의 주식을 샀다"고 서술한 대목은 무책임해 보인다. 바로 그런 이유로 동아일보 광고국에서 일했던 위기봉은 1991년에 출간한 『다시 쓰는 동아일보사』에서 "동아일보의 1천억 재산은 김 씨 일문의 소유가 아니다"라고 고발했다. 조선일보 방응모가 늘그막에 얻은 친아들을 남긴 채 돌연 사망하며 이미 장성한 양자의 핏줄로 세습해온 사실을 떠올리게 하는 대목이다. 두 신문사 모두 문제가 불거지기 전에 법적인 절차가 '완비'되어 있었다.

총독부의 허가는 동아가 하루 앞서 받았지만, 실제 창간은 조선일보가 빨랐다. 1920년 3월 5일 '신문명 진보주의'를 내걸고 등장한 조선일보에 이어 4월 1일 그와 시사신문이 창간됐다. 지하신문들이 비판했던 민원식이 '동화주의'를 내걸고 참정권·자치운동을 벌인 국민협회의 시사신문은 오래가지 못했다. 민원식이 항일투사 양근환에게 암살되었기 때문이다. 이후 그와 조선일보 두 신문이 조선의 언론계를 대표하게 되었다.

하지만 조선일보의 창간 주체인 대정친목회는 명백한 친일단체였기에 동아일보에 대한 민중의 기대는 컸다. 비록 조선독립신문을 비롯한 지하신문들을 탄압하는 과정에서 창간됐지만 그럼에도 조선일보나 시사신문처럼 노골적인 친일반민족행위자들의 신문과는 다르다고 인식했기 때문이다.

실제로 동아는 조선일보나 시사신문과 달리 창간사를 당당히 공개해왔다. 창간 100돌을 맞는 2020년 신년호에 동아는 1920년 4월 1일자 창간사를 맞춤법 정도만 수정해서 다음과 같이 소개했다.

푸른 하늘에 태양이 빛나고 드넓은 대지에 맑은 바람이 불도다. 산하엔 초목이 무성하고 온갖 꽃들이 만발하며 솔개가 날고 물고기가 힘차게 뛰어오르니 천하 만물에 생명과 광명이 충만하도다. 동방의 무궁화동산, 2000만 조선 민중은 새로운 공기에서 호흡하며 새로운 빛을 목도하노라. 이는 실로 살아 있음이고 부활이다. 혼신의 힘으로 저 먼 길을 가고자 함이니 그것은 다름 아닌 자유의 발달이다.

세계 인류의 운명은 지금 일대 전환점을 맞았도다. 차르 황제나 카이저 황제 같은 구시대의 발상은 떠나가고, **자본의 탐욕은 신성한 노동의 도전에 직면했으며, 무력에 기초한 침략주의 제국주의는 평화 정의 인도주의에 길을 내주는 형국이다. 인민 노동 정의에서 비롯된 자유정치 문화창조 민족연맹이 우리 앞에 신세계를 펼쳐 보이도다.**

우리는 몽상가가 아니라, 현실에 발을 딛고 있는 사람들이다. 어찌 하늘과 이상만 바라보고 이 땅과 현실을 망각하리오. 세계의 대세를 있는 그대로 논하고자 함이니, 한쪽엔 새로운 세력이 있고 또 한쪽엔 이와 대립하는 구세력이 있어 서로 투쟁하는 형국이 아닐 수 없다. 정치 경제 사회 문화에서 해방과 개혁의 운동이 있는가 하면 이를 억압하려는 움직임이 분명 존재한다. 이는 부인할 수 없는 현실이지만 아, 신구의 충돌과 진보 보수의 다툼이 어찌 이 시대에만 있는 일일까. 그건 인류 역사 어느 시대에도 늘 있어 온 일이었다.

추위가 가고 볕이 다시 드니, 쌓인 눈과 단단한 얼음이 녹고 온갖 만물이 하나둘 다시 살아나도다. 이는 분명 새로운 시대의 도래를 의미한다. 그 의연한 봄의 전령을 누가 감히 거부할 것인가. 신구의 충돌은 그 자체로 새로운 시대에 들어섰음을 보여주는 것이고, 북소리를 울려 옛 시대의 몰락을 알리는 것이다. 저 도도한 흐름은 사람의 힘으로 막을 수 있는 것이 아니니, 새로운 시대가 분명 승리할 것이다. 물론, 이미 새로운 시대가 왔다고 말하려는 건 아니다. 새로운 세계가 벌써 전개되었다고 말하려는 것도 아니다. 칠흑 같은 어둠이지만, 투쟁과 진통을 거쳐 저 멀리 수평선에 신문명의 웅대한 한 자락과 신시대의 서광 한 줄기가 보이기 시작하도다. 자 보라, 서광 한 자락을 위해 수천만 민중이 하나같이 모두 몸부림치고 있음을.

이러한 시대에 동아일보가 태어났도다. 아, 동아일보 창간을 어찌 우연이라 할 것인가. 돌아보건대 한일강제병합이 일어난 지 10년, 그 사이에 조선 민중은 일대 악몽의 늪에 빠져야 했다. 조선 민중은 그 또한 사람인지라 어찌 사상과 희망이 없었을까만 그것을 드러낼 수 없었다. 그 또한 사회인지라 어찌 집단적 의사 표현의 충동이 없었을까만 능히 이뤄내지 못했다. 그 또한 민족인지라 어찌 고유한 문명의 특장과 생명의 미묘함이 없었을까만 그것을 드러내지 못했다. 부르짖고 싶어도 부르짖을 수 없었고, 달음질치고 싶어도 몸을 제대로 가눌 수 없었다. 지난 10년, 2000만 조선 민중은 그렇게 악몽에 빠져 있었다.

그렇기에 그곳은 바로 사지死地였고 함정이었다. 자유가 사라져 발전을 기약하기 어려운 곳이었다. 조선 민중은 실로 고통스러웠다.

혹은 울고 혹은 노하였다. 그 분노, 어찌 지금 여기 살고 있는 우리 만의 분노일 것인가. 조선 민중의 삶은 늘 이 땅의 역사와 함께했으니, 4000년 역사적 생명까지 모두 분개하도다.

그러나 시대가 변하여 언론의 자유가 다소 용인된다고 하니, **조선 민중은 자신의 의사를 표현하고 그것을 전달해주는 친구를 열망하고 기대하고 있다.** 이에 동아일보가 세상에 태어났으니 그것을 어찌 우연이라 말할 수 있으리오. 실로 민주의 열망과 시대의 동력으로 태어난 것이다. 이에 그 뜻을 선명하게 밝힘으로써 창간사를 대신하고자 한다.

1. **조선 민중의 표현기관으로 자임하노라.** 소수의 사회적 정치적 경제적 특권계급의 기관이 아니라 2000만 민중 전체의 기관으로 자임한다. 동아 민중의 의사와 이상과 목표와 희망을 있는 그대로 표현하고 보도할 것을 약속하노라.

2. **민주주의를 지지하노라.** 이는 국체國體나 정체政體의 형식적 민주주의를 말하는 것이 아니라 인류 삶의 원리이자 정신을 의미한다. 무력을 배척하고 개인의 인격에 기초한 권리와 의미를 주장한다. 따라서 **국내 정치에서는 자유주의요, 국제 정치에서는 연맹주의다. 사회생활에서는 평등주의요, 경제에서는 노동 본위의 협조주의다.** 특히 동아시아에 있어선 각 민족의 권리를 인정하며 친목과 단결을 추구한다. 전 세계에 있어서는 정의와 인도를 승인하고 평화를 추구한다. 다시 말하건대, 폭력과 무력을 거부하고 양심을 존중함으로써 삶의 다양한 관계를 규율코자 함이니, 옛 왕도의 정신이 바로 이를 의미하는 것이다. 이렇게 우리는 만천하 백성들의 경복慶福과 광영을 위하여 민주주의를 지지하노라.

3. 문화주의를 제창하노라. 이는 개인이나 사회의 삶을 충실하고 풍부하게 하기 위함이다. 곧 부를 증진하고, 정치를 완성하고, 도덕을 순수하게 하고, 종교를 풍요롭게 하고 과학을 발전시키고 철학과 예술을 심원하고 오묘하게 하는 것이다. 달리 말하면 조선 민중이 세계 문명에 공헌할 수 있도록 하고 삼천리강산을 문화의 낙원으로 만들기 위해 소리 높여 외치는 것이니, 이는 곧 우리 조선 민족의 사명이요 생존의 가치가 아닐 수 없다.

요컨대, 동아일보는 태양의 무궁한 광명과 우주의 무한한 생명을 삼천리강산, 2000만 민중 속에서 실현하고 나아가 자유의 발달에 이르고자 한다. 그리하여 1) 조선 민중이 각자의 인성과 천명을 바르게 하고, 서로 화합하는 문화를 수립하도록 하고 2) **조선 민중이 자신의 위치에서 차별 없이 일대 낙원을 건설하는 데 힘을 모으도록 하는 것이 동아일보 창간의 근본적인 취지다.** 그러나 동아일보의 앞날은 심히 험난하도다. 그 운명을 과연 누가 예측할 것인가. 그럼에도 **우리는 오직 조선 민중의 동지로서, 그들과 더불어 생사 진퇴를 함께 하기를 약속하노라.**

창간사를 읽은 1920년 4월 1일의 독자들은 감동했을 법하다. 민중의 표현기관을 자임하며 민주주의를 지지한다는 다짐은 100년이 흐른 지금 읽어보아도 크게 나무랄 곳이 없다.

물론, 창간사 들머리에 "산하에는 초목이 무성하고 온갖 꽃들이 만발하며 솔개가 날고 물고기가 힘차게 뛰어오르니 천하만물에 생명과 광명이 충만하도다"라고 쓴 대목은 3·1 만세운동 이후 수많은 민중들이 고통을 당하고 지하신문들이 항일투쟁을 벌이던 시대

상황과는 동떨어져 있다. 중국 공자가 편찬한 '시경'에 '훌륭한 성군의 통치 아래 백성이 태평성대를 누리는 세상'을 '연비어약鳶飛魚躍'으로 표현하고 있기에 더 그렇다.

그럼에도 동아일보가 2020년을 맞아 독자에게 소개한 창간사를 가장 꼼꼼히 읽으며 성찰해야 할 사람들은 현직 사장을 비롯한 경영진과 기자들이다.

그 시대의 민중들이 동아일보에게 조선독립신문을 비롯한 지하신문의 논조까지 기대하지는 않았을 터다. 그런데 합법적으로 판매되기 시작한 동아가 창간사를 통해 "조선 민중의 동지로서, 그들과 더불어 생사 진퇴를 함께하기를 약속"하고 나서자 눈길이 쏠렸다. "조선 민중은 자신의 의사를 표현하고 그것을 전달해주는 친구를 열망하고 기대하고 있다"는 창간사 그대로였다. 그와 조선일보는 출발이 그렇게 달랐다.

민중의 동지이자 친구를 다짐한 그는 창간 직후인 1920년 4월 9일 1면 논설에서 "조선인의 독립사상과 애국정신은 조선인의 혈액과 뇌수에 의하야 발생"한다며 "여하히 선각자와 유식자를 억압 취체取締할지라도 조선혼과 독립사상은 추호도 타격을 수受할 바이 무無하리로다"라고 단언했다.

창간 보름만인 4월 15일자에 "평양에서 만세소요" 제목으로 만세 시위를 상세히 보도해 첫 '발매 반포 금지'의 행정처분을 당했다. '14일 오후 2시 평양에서 만세소동이 일어나 대소동'을 부제로 달은 기사는 약 400명이 만세를 높이 부르며 종로로 가는 중에 많은 민중이 호응하자 경관은 크게 놀라 발포했고 수십 명을 연행했다는 내용을 담고 있었다.

중국에서 일어나는 배일운동과 영국의 지배에 맞선 인도의 독립투쟁도 지속적으로 보도했다. 가령 1920년 7월 2일자 "인도에 민족자결주의 적용 결의" 제목의 사설에서 '한 민족의 운명은 그 민족의 자유의사에 의해 그 민족 스스로 결정하여야 한다'는 민족자결주의를 강조했다.

7월 12일 3·1혁명의 민족대표들이 일제의 법정에 섰을 때, 동아의 지면은 돋보였다. 서울 정동의 특별법정에서 '피고'는 독립선언문을 작성하고 인쇄와 배포에 적극 참여한 민족대표 48인이었다. 독립선언에 서명한 33인 가운데 3·1혁명 직후 국외로 망명해 체포되지 않은 김병조와 구속 중에 고문으로 사망한 양한묵을 제외한 31명에 만세운동 기획과 실행에 참가한 17명이 더해졌다. 정동의 공판정 들머리는 새벽부터 방청객들로 붐볐다.

동아는 1920년 7월 12일자 신문 3면을 48인의 얼굴 사진으로 가득 채우고 그 아래에 "今日이 大公判(금일이 대공판)" 제목을 달았다. 신문을 받아본 독자들로서는 가슴이 뭉클했을 편집이다. 같은 날 조선일보가 3면에 2단기사로 짧게 보도하는 편집과 대조적이다. 동아일보 사사는 "그것은 사실상 활자로 3·1운동을 재연하는 일이었다"고 자부하고 있다.

사진이 많지 않던 시대에 민족대표 48명의 사진을 모두 구하기는 쉽지 않았다. 지면 한 면 가득 민족대표의 얼굴로 편집할 계획을 세우고 기자들이 뛰었지만 끝내 한 명의 사진을 구하지 못했다. 사사는 다음과 같이 기록했다.

47인의 사진을 가까스로 구했다. 그러나 끝까지 구하지 못한 것이 한용운韓龍雲의 사진이었다. 사진이 흔치 않던 시절이기도 했지만 한용운은 평소 사진촬영을 싫어해 어떤 사진은 찢어버리기도 했다는 일화를 갖고 있다. 일설로는 사진을 세상에 남기는 것은 혁명운동에 방해가 된다고 생각해서라고도 한다. 한 칸만 비워 둘 수 없어 궁여지책으로 그와 비슷한 용모의 청년 사진에 화이트를 그럴 듯하게 칠해 흐릿하게 게재해 구색을 맞추기도 했다.

사실을 중시하는 저널리즘의 원칙에서 본다면 명백한 사진조작이지만 나중에 살펴볼 '일장기 말소'처럼 충분히 이해될 수 있는 결정이다.

동아는 다음 날(13일)에는 '조선독립운동의 일대사극一大史劇, 만인의 주목할 제1막이 개開하다' 표제를 달아 공판 보도를 부각했다. 14일에도 "전개된 독립운동의 제1막" 제목으로 사회면을 공판 보도로 가득 채웠다. 15일에도 3면 전면, 16일에는 2면과 3면 전면을 민족대표 48일의 답변 속기록으로 편집했다. 공판 과정을 보도하면서 독립운동의 당위성을 거듭 알리려는 편집 의지였다.

1920년 7월 일본에서 공부하는 조선인 유학생들이 방학을 맞아 전국을 돌며 독립정신을 고취하는 강연회를 시작하자 동아는 지면을 할애해 상세한 보도에 나섰다. 강연단이 7월 18일 서울에 도착했을 때 단성사에 3천여 명이 모였다. 그러자 일제가 좌시하지 않았다. 출동한 일제 경찰은 '불온한 언사로 치안을 문란케 한다'는 이유를 내세워 대회를 1시간 만에 중단시켰다. 강연단도 강제 해산당했다.

동아는 22일자 1면 사설에서 총독 사이토 마코토齋藤實의 실명을 거론하며 "재등 총독이여, 당국 제공諸公이여, 그 태도와 정책을 명백히 하고 가식과 허위로 무차별이니 일시동인一視同仁이니 선정덕정善政德政이니 하는 사蛇의 설舌을 농弄하야 조선인을 기만치 말지어다"라고 비판했다. "사蛇의 설舌" 곧 '뱀의 혓바닥'을 놀리지 말라며 총독을 비판한 대목은 '조선민중의 친구'다웠다.

그런데 1920년 8월 9일부터 그의 지면에 어두운 그림자가 드리우기 시작했다. 1면 머리에 7회에 걸쳐 사설 "조선인의 단처短處를 논하여 반성을 촉하노라"를 연재했다.

연속 사설의 첫 회 "웅장한 기풍이 무無함"에서 그는 조선 민족이 원기가 미약하다고 단정했다. "이상이 무無한 사회는 반드시 망하고 진취가 무無한 민족은 반드시 쇠하나니 이는 자연의 원칙으로 역사가 증명하는 바"라며 러시아, 독일, 일본, 그리고 영국과 미국의 기상을 본받으라고 '충고'한다. 이어 선조의 과거를 자랑하는 것은 '백골 자랑'이라고 적었다. 게다가 조선인은 문예나 철학, 종교, 도덕, 정치·경제에서 웅비하려는 포부와 의욕이 없다고 꾸짖었다. 그 "결과로 조선은 쇠잔의 조선이 되고 모멸의 조선이 되어 생명과 광영과 번영과 행복을 잃었다"는 것이다. 웅장한 기풍이 없는 조선의 쇠잔은 필연적이었으며 일본의 기상을 본받아야 한다는 주장은 아슬아슬하게 친일의 경계를 넘나드는 지점이다. 그나마 "이렇게 절망적인 상태를 벗어나려면 '위인을 배출'하고 '민중이 개명'해야 한다"는 말을 덧붙임으로써 '오해'에서 벗어날 수 있었다.

다음 날 두 번째 사설에선 "지속성이 무無함"을 지적한다. "개인이 그러할 뿐 아니라 민족전체에 대하여 또한 그러하니 그에게는 웅장한 기풍이 무하고 또 지속이 무하도다. 이조 5백년 이래에 전제와 압박이 지속된 이외에 하등의 민중적 운동이 계속 도는 것이 있느뇨. 조선인은 약하도다. 아, 오인은 조선인은 약하다 주장하노라"며 사뭇 개탄한다.

동아는 조선인이 '회會'를 하면 시작은 있고 끝이 없다고 단언한다. 계획하고 발기는 하되 실현과 계속이 없다는 지적이 이어진다. 역사 이래 모든 조선인이 그러했다고 아무런 근거도 없이 보편화한다. 이 또한 민족적 자기모멸이지만 좋게 풀이해서 독립운동을 계속 해야 한다는 뜻으로 '이해'할 수 있다.

하지만 8월 18일 연속사설 4회에 이르면 내놓고 조선민족을 경멸한다. "태타의 폐가 유함" 제목 그대로 조선 민족은 게을러터졌다고 훈시한다.

"태타의 원인은 다다하나 그 1은 노동을 천시하거나 혹 모험성이 부족함이요 그 2는 안일한 생활에 만족함이며 그 3은 생활 정도의 저급이니 태타하여도 능히 그 생활을 유지하는 소이라"고 주장한다. 그럼에도 독자들로써는 자칭 "민중의 표현기관"이자 "민중이 친구"요 "민중의 동지"가 민중을 모멸하는 언론을 펴는 행태에 애써 부아를 가라앉히며 부지런히 독립운동에 나서라는 뜻이라고 자위했을 수도 있다.

동아가 다음 달인 1920년 9월 25일에 사설 '제사문제를 재론하노라'에서 일본인이 왕실(천황가) 상징인 삼종신기(거울, 옥구슬, 칼)에 제사 지내는 것을 우상숭배라고 지적하면서 총독부로부터 무기정간을 당할 때는 안타까움마저 들었을 법하다.

동아는 다섯 달 뒤인 1921년 2월 21일에 속간호를 낼 수 있었다. 속간 사설에서 "본보의 주지主旨에는 추호의 동요도 없을 것"이라고 밝혔지만 민중들로서는 당혹스러운 사설들이 다시 등장하기 시작했다.

속간하고 열흘이 지날 무렵에 동아는 "일본 친구여" 표제(1921년 3월 4일자)의 사설에서 "아! 일본 친구여, 우리로 하여금 속에 서리고 서린 설화와 가슴에 아프고 쓰린 심정을 충분히 토로케 하라. 그대가 우리의 적이뇨 아니라. 그대가 흉악한 사람이뇨 아니라. 우리는 그대의 가슴에도 따뜻한 정의 불이 붙고 그대의 눈에도 아름다운 눈물이 있는 줄을 확실히 믿노라"고 썼다. 사설은 이어 과거의 "한국정치"—대한제국 정치—는 부패하고, 고위관리들은 관직을 매매하며 민중을 착취해서 이익을 취한 최악의 집단이라고 몰아세웠다.

재래의 한국정치가 악하였다. 정부가 부패하고 대신이 암약하고 법률이 문란하고 재정이 곤핍하야 관직을 매매하고 인민을 取利(취리)의 재료로 생각함으로 생명재산의 안전이 없으며 교육발달과 산업진흥은 企念(기념)도 없으며 더욱이 자유가 무엇인지는 알지도 못하였다.

"재래의 한국정치가 악하였다"고 단언한 그는 일제의 식민지배 원흉인 조선총독부의 '업적'을 다음과 같이 나열했다.

한일병합 후 과거 십년간에 그대는 총독부가 우리들에게 무엇을 주었다고 생각하는가. 하나는 보기 좋은 푸른 산이오, 둘은 훌륭한 도로요. 셋은 훌륭한 재판소요, 넷은 훌륭한 행정관이오, 다섯은 훌륭한 산업개발이오, 여섯은 훌륭한 교육진흥이요.

사설은 과연 조선 사람이 만족하고 행복했는가라고 반문하긴 했다. 하지만 총독부가 2년 전인 3·1 독립만세운동 시기에 수많은 조선인을 학살한 사실은 물론, 농민의 토지를 약탈하고 지하자원을 앗아간 사실은 전혀 언급하지 않았다. 더구나 대한제국을 넘어서 민의 나라 대한민국을 선언한 3·1혁명의 의미를 되새기기는커녕 종래의 대한제국 정치를 비난만 함으로써 의도했든 아니든 일제의 지배를 정당화하는 서술을 서슴지 않았다.

그는 이튿날에도 "일본 친구여" 제하의 속편 사설을 실었다. 사설은 "사이토 총독은 온후한 사람이요 미즈노 총감은 정직한 사람이요 이하 간부 각각은 모두 일류 신진이라. 아! 일본 친구여. 그대는 이를 자랑하고자 하는가. 우리는 그 자랑이 무리가 아닌 줄 알며 중앙정부가 여사한 인물을 파견한 것은 정치적인 허다한 이유가 있다"고 썼다. 심지어 일제가 조선 민중의 거센 독립만세운동 앞에서 어쩔 수 없이 무단통치를 문화정치로 바꾼 것을 "조선 인민에게 행복과 만족을 주고자 하는 성의"에서 나온 조치라고 미화했다.

백번 양보해서 사설이 총독부의 문화정치에 대해 "조선인을 기만코자 하는 교활한 수단이라는 것을 우리는 믿지 않는다"는 반어법으로 일제를 압박하는 목적이 있었다고 볼 수 있다. 하지만 그렇게만 보기에는 아무래도 너무 총독부를 미화한 논리였다.

여기서 새삼 왜 일제가 '민족진영'에 동아일보 발행을 허가했는 지 짚어볼 필요가 있다. 동아일보가 허가된 뒤 서울 진고개(지금의 명 동) 일대의 일본상인연합회 대표들이 사이토를 찾아와 항의했다. 사이토는 회심의 미소를 지으며 "동아일보는 조선민족의 뱃속에서 끓어오르는 가스를 배출하는 굴뚝이다. 가스는 배출하지 않으면 쌓 이고 쌓여서 끝내는 폭발한다"고 대답했다. 결국 일제가 열어놓은 공론장은 아래로부터 민중 요구를 담아내기보다는 그 요구를 '순 화'함으로써 식민 지배에 '효율'을 높이기 위한 것이었다. 창간 허 가 당시를 일본 고등경찰과장도 다음과 같이 진술했다.

동아일보를 한다는 청년들이 장래 조선의 치안을 소란케 할 것인 가 안할 것인가를 판가름하는 중심인물들임에도 틀림없습니다. 그 럴수록 이런 인물들을 항상 한자리에 모이게 하는 것은 매우 중요 한 일이라고 생각합니다. 즉, 적을 알아야 이 쪽의 방비책도 쓸 수 있을 줄 압니다. 저의 정보망만으로 그들의 동정을 완전 파악할 수 는 없습니다. 신문을 허가함으로써 그들의 동정을 낱낱이 알 수 있 을 줄 믿습니다. 뿐만 아니라 그들을 모아 놓아야만 일조유사시에 일망타진하는 경찰행동을 취할 수 있습니다. 그리고 일단 문제가 생 겼을 때는 정간이든 발행 중지든 마음대로 시킬 수도 있습니다. 이 신문을 허용하는 것은 백가지 이득이 있을지언정 한 가지 해도 없 을 줄 압니다.

동아일보 기자들도 총독부의 의중을 모르지는 않았다. 일제의 지 배 전략에 놀아나지 않도록 각별히 유의할 필요가 있었고 실제로 초기에는 그렇게 했을 터다. 하지만 시간이 흐르면서 경각심이나 경계심은 시나브로 흐려졌다. 총독의 노림수가 적중해간 셈이다.

그의 보도와 논평에 쌓여가던 실망과 분노는 1924년 1월 2일부터 5회에 걸쳐 실은 장문의 연속 사설 "민족적 경륜"에서 마침내 폭발했다. 편집국장 춘원 이광수가 집필한 연속 사설은 작심한 듯 조선 민족은 독립을 할 능력이 없으므로 일제로부터 자치를 허용 받아야 한다고 주장했다.

첫 사설은 "우리는 단결의 필요를 수십 년 내로 논하였고 또 단결하자는 의사도 그만큼 역설하여 왔다. 그러나 그것은 아직까지도 추상적 이론이었고 실행 즉 구체화의 시기에 달하지 못하였었다. 이 모양으로 가는 동안에 우리의 민심은 날로 환산渙散하고 우리의 민력은 날로 쇠미하여 갔다. 우리는 이러고 있을 수 없는 절박한 시기를 당하였다"며 '분위기'를 잡았다. 바로 다음날 '정치적 결사와 운동'(1월 3일자 1면)이라는 제목으로 다음과 같이 자치를 주장하고 나섰다.

2천만에 달하는 민족으로 전혀 정치적 생활을 결한 자는 현재 세계의 어느 구석을 찾아도 없을 것이요, 또 유사 이래의 모든 사기史記에도 없을 것이다. 실로 기괴한 일이다… 그러면 왜 지금의 조선 민족에게는 정치적 생활이 없나. 그 대답은 가장 단순하다. 일본이 조선을 병합한 이래로 조선인에게는 모든 정치적 활동을 금지한 것이 그 제일인第一因이요, **병합 이래로 조선인은 일본의 통치권을 승인하는 조건 밑에서 하는 모든 정치적 활동, 즉 참정권, 자활권의 운동 같은 것은 물론이요, 일본 정부를 대수對手로 하는 독립운동조차도**

원치 아니하는 강렬한 절개의식이었던 것이 제2인이다. 이 두 가지 원인으로 **지금까지 하여 온 정치적 운동은 전혀 일본을 적대시하는 운동뿐이었다.** 그러므로 이런 종류의 정치운동은 해외에서나, 만일 국내에서 한다면 비밀결사일 수밖에 없었다.

사설의 귀결점은 명확했다. "우리는 조선 내에서 허하는 범위 내에서 일대 정치적 결사를 조직하여야 한다는 것이 우리의 주장이다"라고 못 박았다. 물론 신문 사설은 주관이 개입될 수 있으므로 얼마든지 자신의 주장을 펼 수는 있다. 하지만 '민중의 친구' 이전에 신문이라면 최소한 사실에 근거해야 한다. '일본 정부를 상대로 하는 독립운동조차도 원치 아니하는 강렬한 절개의식'이란 도대체 어떤 현상을 이르는 걸까 의문이 들 수밖에 없다. 일본을 상대로 독립을 선언하고 거족적인 만세운동을 펼친 사실을 망각했을 때나 가능한 말이다. 더 큰 문제는 평화적 만세운동에 총칼을 들이댄 일본제국주의를 "적대시"하지 말고 "일본의 통치권을 승인하는 조건"에서 정치운동을 하자는 주장이다.

1월 4일자 연속 사설은 "산업적 결사와 운동"을 부제로 '산업적 대단결의 힘'을 강조하며 조선의 산업을 일으키자고 주장했다. 친일 실업인 단체인 대정친목회가 조선일보를 창간할 때 주장한 논리와 똑같다. 1919년 독립만세 투쟁을 공장 노동인들이 이어가고 있던 상황에서 '산업적 대단결'의 주장은 다분히 이데올로기적이다. 동아일보 사주인 김성수가 본디 경성방직을 창업하고 일본 상품과 경쟁에 밀리자 조선물산장려운동을 본격적으로 전개한 상황과 무관하지 않다.

연속 사설은 또 "교육은 민족의 가장 근본적인 대문제"라면서 "이 문제가 해결이 안 되고는 여타 문제…정치문제, 경제문제, 사회문제 등 모든 문제는 영영 해결을 못 볼 것"이라고 주장했다. 독립운동은 불가능하다며 투쟁에 나서지 않은 '먹물'들이 명분으로 내세운 '교육 제일주의'를 되풀이 한 셈이다.

연속 사설이 나가던 시기에 중국 상하이에서는 대한민국 임시정부, 만주에서는 무장 항일투쟁, 국내에서는 민족해방운동에 나선 민중의 조직화가 전개되고 있었다. 그럼에도 "민중의 동지"를 자처하며 기대를 모았던 동아가 독립이 아닌 참정권을 요구하는 자치운동이 옳다고 나선 것이다.

독립운동 전선에 분열을 일으키는 동아의 언행에 실제 몸 던져 투쟁하고 있던 독립운동가들은 물론 진보적인 단체들이 강력히 비판하고 나섰다. 국내에서는 3·1 만세운동을 주도한 천도교가 발행하는 〈개벽〉과 조선노동총동맹은 물론 '자치론'을 반대하는 민족진영 인사들이 비판에 나섰다. 도쿄 유학생학우회도 10여개 단체들과 함께 '동아일보 배척운동'을 벌이기로 결의하며 성토문을 국내 여러 곳으로 보냈다. 베이징의 한인임시선전회도 격렬한 규탄 성명을 발표했다.

거센 비판에 놀란 동아는 1월 29일 "정치적 결사와 운동에 대하여" 제하의 사설을 통해 사과의 뜻을 밝히지 않을 수 없었다.

그 책責이 수사修辭의 졸拙에 있다… 이것은 결코 문구의 모호함이요, 결코 우리의 의사가 변함이 아니다. 언론이 극단으로 부자유한 이 세상에 있어서 우리의 의론이 투철하게 해박하게 발표될 수

없음은 천하가 모두 인정한 바이요, 또한 우리의 석명釋名이라는 것
도 그 점에 있어서 우리의 가슴에 먹은 것을 그대로 표현치 못한 것
도 우리가 유감으로 생각하는 바이다… 그 논법이 불철저함으로 일
반 사상계의 **오해를 야기한 점이 있다면 우리는 결코 이에 대한 진사**
陳謝를 주저치 아니하노라.

사설은 "오해를 야기한 점이 있다면"이라며 조건부 사과를 했지
만, 진실은 다르다. 연속 사설이 큰 파문을 일으키기 전인 1923년
가을에 이미 사주 김성수와 사장 송진우가 주동하고, 천도교 내 이
른바 '신파'인 최린, 평양의 조만식을 비롯한 15~16인이 '연정회硏
政會'를 만들었기 때문이다. 연정회는 "지금 정세 하에서는 직접적
인 독립운동은 불가능하다"며 인도의 국민회의 같은 합법적 정치
단체 구성에 나섰다.

하지만 인도의 간디가 주도한 국민회의는 영국에 비타협적인 불
복종 운동을 벌였다. 인도의 국민회의와 달리 연정회는 타협적 민
족운동을 지향했고, 동아일보를 통해 공론화에 나선 셈이다. 비판
여론이 거세지자 "오해를 야기한 점이 있다면"이라며 조건부 사과
를 했지만 이른바 참정과 자치 운동은 그해 6월에 접어들어 다시
고개를 들었다. 그러자 친일 트라우마에 사로잡혀 있던 조선일보
조차 6월 18일자 사설 "능동과 타동他動 – 소위 공직자대회의 참정
권설에 대하여"를 통해 날카롭게 비판했다.

…우리가 생리학상으로 풍라백치風癩白痴가 아니요 법률학상으로
무능력자가 아니요 정신상으로 무슨 이상이 없는 완전인일진대 우

리에게 또한 자유의 의사가 있으며 상당한 각오와 이해력이 있을지 며 따라서 사회적 여론과 민족적 공의公議가 있을 것이다. 우리의 현재 모든 경우는 하나부터 열까지가 모두 피정복적이요 피착취적이며 피압박적이요 피능욕적이다. 우리의 자유의사는 여지없이 유린을 당하고 우리의 군중의식은 할일 없이 접복을 받고 있다. 그는 강대자의 타동적 세력으로 인함이라. 우리는 참고 참아오기가 하루 이틀이 아니다. 쓰린 눈물 아픈 가슴을 뿌리며 안고 정 없는 추월춘풍의 사이에 현실적 어쩔 수 없는 살림을 10여 성상이나 지나왔다. 세상의 눈이 있는 자요, 눈이 있어도 보는 안목을 가진 자이면 거의 우리 심장을 양해하리라. 누구나 그만한 식견이 있는 사람이면 우리의 환경에 때때로 모든 기만적 잠동을 하는 무리가 잠복한 것을 넉넉히 알고 있을 것이다.

우리는 적어도 반만년간이나 장구한 시일 동안에 정치로나 제도로나 윤리나 도덕으로도 특수한 발전을 하여 왔다. 주위의 형세와 지리상 관계로 외구의 침략이 전 역사를 통하여 시대마다 그치지 아니하였지만 그 창이創痍와 상해를 받은 중에서도 일종 고귀한 경험을 쌓은 민중이요, 일종 특수한 문화를 개척한 민족이다. 우리의 고유한 문화가 있고 우리의 특종적 역사가 있을진대 우리의 제반 제도와 시설이 우리의 요구에 근본적으로 적합치 아니하면 남의 말하는 황금백옥도 우리의 바라는 와편석괴瓦片石塊만도 못한 것이요. 남이 주는 성수진찬이 우리의 청한淸寒한 가세로 요리한 소사채갱蔬食菜羹에도 미치치 못할 것이다. 그러나 세상의 미련한 자는 그만한 이해를 오인에게 가지지 못하는 것이 너무나 가소롭지 아니한가.

여름이 되면 각종 오예물이 부패하는 속에서 저충이 끓는 심과 같

이 어느 나라 어느 사회나 물론하고 무슨 정변이 있거나 특별한 동란이 생길 때마다 여러 방면에서 별별 못하는 짓 없이 다하는 도당이 안으로 밖으로 활약하는 것이 상사이다. 우리도 그런 현상을 실지實地로 보고 당하기가 몇번이다. 3·1운동이 있은 후에 어떤 유지가 태수의 인부印符를 던지고 소위 신일본주의를 고창하다가 불행히 만리객관에서 비명의 최후를 이룬 후에 사계의 소식이 적적무문寂寂無聞이려니 근일에 와서 소위 모 단체가 **가장 민중적인 듯이 유지자有志者들인 체하며 온갖 음모와 폭행을 감위**하였고 이번에는 일본에 재등齋藤 내각이 조직되자 우리 조선에 무슨 공헌을 하겠다고 일어선 것이 공직자 대회라 한다. 모인 인원은 모두 훌륭한 무슨 협의원, 평의원, 대의사 제씨요, 의사는 모두 참신 기발한 중에도 조선에 특별 선거법을 시행하자, 참정권을 얻자, 의회를 두자, 연장주의延長主義를 쓰자, 대신大臣을 두자 하는 그런 항목이라 한다. 그리하여 옳으니 그르니 매우 의논이 많은 모양이다. 진소위眞所謂 우리에게는 고마운 일에 귀찮은 생각이 난다.

　우리는 그의 보도를 듣고 무슨 놀랄 것도 없고 좋고 나쁜 아무 감상도 아니 난다. 차다찬 일소가 나올 뿐이다. 따라서 알선에 열중하는 제군에게 무슨 시비를 말하거나 일의 곡직을 비평코 싶은 것도 물론 아니다. 다만 정당한 일언을 우리 동포와 세인에게 공개코자 할 뿐이다. 우리가 사람인 이상에 우리의 자유의사가 반드시 있는 곳이 있을 것이요, 우리 민중이 다 각기 의식을 가진 이상에 우리 일반의 요구와 공견公見이 있을지라. 제군은 우리의 의사와 일반의 요구가 나변에 있는지를 아느냐 모르느냐!

　알고도 그런 일을 한다 하면 제군의 노력이 다만 도로徒勞가 될 것

이요, 모르고 한다 하면 제군의 미련함이 또한 심하도다. 우리는 오늘 와서 물질적 파산으로 경제적 노예가 된 동시에 정신상으로는 도덕적 노예가 되어 간다. 멸망을 앞에 놓고 그와 같은 위무책에 안심할 어린 민중이 아님을 알리라. 공평한 제삼자적 세인으로도 물론 금일의 무엇무엇하는 것이 오직 어떤 자들의 타동적 잠동蠢動이요 적어도 우리의 의사와 일반의 공의로 좇아 생겨난 능동적 현상이 아닌 줄을 알 것은 우리도 믿고 있는 바이다. 무슨 지리한 언사를 장제長提할 필요가 있으리요.

사뭇 통렬한 비판이다. 창간 때 '친일신문'으로 민중의 배격을 받았던 조선일보가 나름대로 민족언론의 길을 모색하고 있을 때, 창간의 뿌리가 상대적으로 선명했던 동아는 사주 김성수의 의도대로 '참정권과 자치 운동'을 벌이는 주체로 변질되어 갔다. 그 결과 조선일보로부터 "여름이 되면 각종 오예물이 부패하는 속에서 저충이 끓는"다는 비판, 곧 "여름철 부패물에 들끓는 구더기"로 비유되는 '참사'를 당했다. "3·1운동이 있은 후에 어떤 유지가 태수의 인부를 던지고 소위 신일본주의를 고창하다가 불행히 만리 객관에서 비명의 최후"를 맞았다는 대목은 시사신문 '사주'인 민원식을 이른다. 민원식은 도쿄에서 조선인들에게 참정권을 달라는 청원에 서명을 받다가 조선 유학생의 칼에 처단되었다.

기실 조선인들의 참정권이나 자치운동 배후에는 조선총독부가 있었다. 총독부는 조선의 독립운동을 분열시킬 정략인 참정론이 민원식의 횡사로 아무런 효과 없이 끝나자 새로운 분열 전략으로 '자치'를 구상했다. 여기에는 사이토 총독의 정치참모인 아베가 깊숙이 관여하고 있었다. 총독부는 민족독립운동의 분열을 심화시키고, 급진적인 즉시 독립론을 점진적 타협논리로 변질시키려 은밀하게 자치론을 선동했다.

실제로 자치론자들은 1925년 들어서서 다시 연정회 조직에 나섰다. 김준연이 가세하며 이듬해 가을에는 연정회 결성 직전까지 갔다. 하지만 뒤늦게 연정회 조직에 총독부가 개입하고 있다는 사실을 깨우친 김준연이 그 사실을 알리면서 참가키로 한 사람들이 무더기로 이탈했다. 결국 연정회를 결성하려는 두 번째 계획도 실현될 수 없었다.

3·1혁명에 나선 민중의 희생으로 신문 발행권을 얻어 "민중의 표현기관"을 자임하다가 지령 100호부터 '민중'을 '민족'으로 수정한 동아는 4년도 지나지 않아 독립운동전선을 분열시킨 "민족의 분열기관"이 되고 말았다. 민중의 친구요 민중의 동지를 자임했던 창간사가 머쓱해지는 변절이었다.

그가 자신의 "지면에 3·1운동의 정신이 그대로 이어지고 있다"고 자부했지만 실상은 달랐다. 조선의 독립은 가능성이 없다는 연정회의 논리에 비추어 3·1혁명에 대한 배신이라고 보는 것이 더 적실할 것이다.

문제의 사설을 쓴 이광수는 우리가 다 알다시피 친일의 길로 한발 한발 걸어갔다. 동아일보 편집국장 자리에 앉아 제 민족을 싸잡아 얕잡아보며 미주알고주알 훈계를 늘어놓던 이광수는 일제 말기에 이르러선 "조선 사람의 이마를 바늘로 찌르거든 일본 피가 나올 만큼 조선인은 일본정신을 몸속에 넣어야 한다"는 기상천외한 글을 쓸 정도로 반민족행위에 앞장섰다.

3

민족언론,
일본언론

김성수가 주도한 연정회의 논리와 이광수가 쓴 '훈계 사설'로 동아에 대한 민중의 기대는 시나브로 사라졌다. 물론, 동아일보로선 억울할 수 있다. 그는 여전히 자신이 일제 강점기에 민족언론이었음을 자부한다. 가령 "동아일보를 통해 본 대한민국 근현대사" 연재물에서 자신이 "민족혼을 고취"시켰다고 당당히 밝혔다.

그가 민족혼을 깨워 일제에 저항했다고 자부한 근거를 짚어보자. 창간 100돌을 맞아 그는 1920년 4월 1일 창간호에 '단군이 남기신 터檀君遺趾를 지키겠다'는 의지를 한 칸 만화로 천명했다고 자평했다. 실제로 창간호 3면에는 큼직하게 삽화가 편집되어 있다. 김동성 기자가 그린 만화는 '동아일보'라고 쓴 띠를 두른 갓난아이가 손을 들어 '檀君遺趾(단군유지)'라 쓰인 액자를 잡으려는 모습을 담았다. 삽화 아래엔 '언론'이라 쓰인 큰바구니가 있다. 단군의 유훈을 '언론'에 담아 조선 민중에게 알리겠다는 의지를 표현한 그림이다.

창간 열흘 뒤인 4월 11일에는 사고社告를 내 '단군영정 현상 모집'을 공고했다. 단군을 '우리 민족의 종조이시며 우리 근역槿域에 건국하신 제1인이시고 가장 신성하신 위대인'이라 적고 "앙모와 존숭의 충심으로 단군 존상尊像을 구하여 독자와 함께 배拜하려고 현상으로 존상을 모집"한다며 '강호형제의 많은 응모'를 바란다고 알렸다.

그는 창간 후 첫 사업으로 단군 영정을 공모한 것이 일제 식민 당국이 강압적으로 흔들어 댄 민족의 구심점을 바로잡으려는 취지였다고 주장했다. "창간 때부터 단군을 부각한 것을 비롯해 한민족의 문화와 정신을 말살하는 데 총력을 기울인 일제에 맞서 민족혼과 정체성을 고취하는 데 지면을 아끼지 않았"으며 그런 보도들은 "일제의 탄압을 피하는 우회적 항일투쟁 수단"이었다고 과시했다.

그의 자부는 이어진다. 1921년 8월 21일부터 연재한 기행문 '백두산행'은 민족의 웅혼이 깃든 백두산을 부각함으로써 한민족의 독립정신을 드높였으며 국화인 무궁화를 통해서도 민족혼을 고취했다는 것이다. 무궁화의 끈질긴 생명력을 찬양해 독립의식을 북돋웠다는 1925년 10월 21일자 기사는 다음과 같다.

> 무궁화는… 아침에 이슬을 먹으며 피었다가 저녁에 죽어 버리면 다른 꽃송이가 또 피고 또 죽고 또 피고 하여 끊임없이 뒤를 이어 자꾸 무성하는 것이, 찰나를 자랑하였다가 바람에 휘날리는 무사도를 자랑하는 '사쿠라'보다도, 붉은색만 자랑하는 영국의 장미보다도, 덩어리만 미미하게 커다란 중국의 함박꽃보다 끈기 있고 꾸준하고 기개 있고…

조선총독부가 1926년 2월 산하 기관지에 단군을 비하하는 글을 실을 때도 그가 나섰다. 2월 11일과 12일 이틀에 걸친 사설을 통해 "이 논문의 이면에는 단군을 조선의 역사에서 제거하려는 일제의 조선정신 말살 음모가 숨어 있다"고 비판했다.

1926년 2월 11일 매국노 이완용이 죽었을 때, 독자들의 가슴을 시원하게 만들어주기도 했다. 12일자 신문에서 그는 "臥席終身(와석종신)한 李完用(이완용)" 제목 아래 2면 맨 밑에 1단으로 "리완용이 그간 병이 중하여 자리에 누워 앓았던 바 11일 오후 1시경 옥인동 19번지 세상을 떠났는데"라며 간략하게 전했다.

일제에 나라를 팔아먹은 매국노에게 지면을 할애하고 싶지 않다는 뜻마저 읽혀진다. 다음 날(13일자) '횡설수설'란에는 세 줄짜리 촌평을 담았다. "구문공신口文功臣 이완용은 염라국에 입적하였으니, 염라국의 장래가 가려可慮"였다. 알다시피 '구문'은 흥정을 붙이고 받는 돈이다. 이완용은 나라를 팔아 일본의 백작이 되고 1919년 독립만세운동을 적극 반대하며 글을 쓰고 연설한 공로로 후작으로 승작했기에 '구문후작', 혹은 '구문공신'으로 불렸다. 제 나라를 팔아먹은 자가 염라국으로 갔으니 '그 염라국까지 팔아먹을까 걱정된다'는 촌평이었다.

횡설수설을 실은 1면의 머리는 삭제된 채로 발행됐다. 그는 다음 날인 14일자 신문에 '본보 압수'라는 제목의 사고社告를 내서 "2월 13일 기사 중 당국의 기휘(금지령)에 저촉된 바가 유有하야 발매금지 처분을 당하였기에 저촉된 기사는 삭제하고 호외로 발행 배포했다"고 밝혔다. 삭제된 기사는 바로 이완용의 사망을 다룬 논설이었다. "무슨 낯으로 이 길을 떠나가나" 제목의 사설로 편집했다.

그도 갔다. 그도 필경 붙들려갔다. 보호 순사의 겹겹 파수와 금성철벽의 견고한 엄호도 저승차사의 달려듦 하나는 어찌하지를 못하였으며…누가 팔지 못할 것을 팔아서 능히 누리지 못할 것을 누린 자냐…살아서 누린 것이 얼마나 대단하였든지 이제부터는 받을 일,

이것이 진실로 기막히지 아니하랴…어허! 부둥켰든 그 재물은 그만
하면 내놓지! 악랄하든 이 책벌을 인제부터는 영원히 받아야지!

사주 김성수의 연정회와 자치권 주장으로 창간사의 다짐이 많이
퇴색했지만, 그래도 동아일보 지면을 통해 조금이라도 독자들의 민
족의식을 높여가려는 기자들이 적지 않았다. 1930년 1월 1일 신년
호부터는 '동아일보' 제호 바탕에 무궁화로 수놓은 한반도 지도를
새겨 넣었다. 총독부는 초기엔 눈감아주었지만 사주를 압박했다.
결국 한반도와 무궁화 그림은 1938년 2월 10일자부터 제호에서 빠
졌다.

동아일보는 '충무공 이순신 유적보존운동'을 주도한 것도 민족
혼 고취의 하나였다고 설명한다. 충무공 묘소의 관리 비용을 충당
하기 위해 마련된 토지가 빚 때문에 경매로 넘어갈 위기를 맞자
동아는 1931년 5월 13일자에 자세한 경위를 보도하며 모금에 나
섰다.

사사에 따르면 1932년 6월 5일 새로 건립된 현충사에 충무공 영
정을 봉안하던 날, 3만여 명의 인파가 모였다. 충무공만이 아니라
권율, 더 올라가 을지문덕을 조명한 것도 민족혼을 깨운 근거로 제
시했다.

그가 민족 언론이었음을 자부하는 '상징'으로 가장 적극 홍보해
온 사건은 '일장기 말소'였다. 1936년 베를린 올림픽 마라톤에서
우승한 손기정의 시상식 사진에서 일장기를 삭제해 신문에 게재한
사건이다. '일장기 말소 사건'으로 불리는 이 사건으로 그는 4차 무

기정간을 당했다.

많은 이들이 알고 있으면서 논쟁도 불거진 사건인 만큼 오히려 더 세밀히 짚고 갈 필요가 있다. 1936년 8월 9일, 오후 11시(한국 시간) 제11회 베를린 올림픽 마라톤이 시작됐다. 이튿날인 10일 새벽에 2시간 29분 19초 2의 기록으로 손기정 선수가 1위로 골인했다는 소식이 들어왔다. 그는 호외를 발행했다. "성전聖戰의 최고봉 정복"으로 표현하며 "대망의 올림픽마라손 세계의 視聽(시청) 집중리 당당 손기정군 우승"이라고 보도했다. 남승룡이 3위로 동메달을 딴 사실도 담았다.

그 뒤 손기정의 시상식 사진이 들어왔다. 가슴에 일장기가 그려진 사진이었다. 동아는 8월 25일자 신문에 손기정의 가슴에서 일장기를 지운 사진을 보도했다. 8월 26일 부임한 미나미 총독은 29일자로 그에게 무기정간 처분을 내렸다. 일장기 말소를 주도한 체육부 이길용 기자와 이상범 화백은 물론 현진건 사회부장, 편집기자들을 연행했다. 같은 사진을 월간지 신동아에 게재한 부장과 사진기자도 연행됐다. 이길용 기자와 소설가이자 사회부장 현진건은 40여일 구속 된 뒤 풀려났지만 해고됐다.

그런데 동아가 민족 언론의 '증거'로 홍보해온 '일장기 말소' 사진은 그보다 12일 앞서 조선중앙일보가 8월 13일자에 이미 감행한 것으로 드러났다. 조선중앙일보가 '머리에 빛나는 월계관, 손에 굳게 잡힌 견묘목, 올림픽 최고 영예의 표창 받은 우리 손 선수'라는 제목 아래 게재한 사진에서 손기정의 흰 웃옷에 일장기가 보이지 않았다. 편집국에서 공들여 지웠기 때문이다. 조선중앙일보는 독립운동가 여운형이 1933년 3월부터 발행한 신문이다. 애초 조선인에게 신문 3개를 허용하겠다는 방침이었기에 시사신문 폐간 이후에 시대일보, 중외일보, 중앙일보로 창간과 폐간이 이어지다가 여운형이 맡으면서 "여론의 대표기관, 정의의 옹호기관, 엄정한 비판기관"을 사시로 내세웠다. 조선중앙일보의 지면은 조선일보는 물론 동아일보보다 더 민족적이었다. 총독부는 그때 인쇄기술 탓이라고 무심코 넘겼다.

일장기 말소를 조선중앙일보가 먼저 했다는 진실이 조금씩 알려지자 동아일보 전직 사진부장과 한 언론학 교수는 조선중앙일보와 같은 날 동아일보도 같은 사진을 보도했다는 주장을 폈다. 언론학자는 "8월 13일자 동아일보 조간 지방판에 조선중앙일보(서울판)가 게재한 사진과 똑같은 사진을 실었는데 서울판이 당일 새벽에 인쇄하던 반면 지방판 조간은 그 전날 인쇄하던 관행에 비춰, 손기정의 우승 사진은 동아일보가 먼저였다고 결론지을 수 있다"고 학술 논문에서 주장했다.

하지만 논문에서 제시한 8월 13일자 조간 지방판에 실린 사진을 들여다보면 과연 일장기를 지운 것인지 분명하지 않다. 일장기가 흐릴 뿐 보이기 때문이다. 논문을 쓴 교수도 "사진 상태가 좋지 않아 동아일보가 말소를 했는지 아니면 원래 흐려서 안 보이는 건지는 판별이 어렵다"고 적었다. 더구나 같은 날 다른 면에 화보로 실린 손기정과 남승룡(3위)의 다른 사진에는 일장기가 가슴에 또렷하게 나와 있다. 다만 25일자 석간에 실린 사진을 보면 일장기를 지운 흔적을 확연히 볼 수 있다. 따라서 동아일보가 조선중앙일보보다 먼저 일장기를 말소했다거나 최소한 같은 날 지웠다는 언론학자의 주장은 근거가 뚜렷하지 않아 사실로 확정하기 어렵다. 더구나 8월 25일자 동아일보 조간에 실은 손기정 사진에는 가슴에 일장기가 선명하다. 여러모로 동아일보가 13일에 이미 지웠다는 주장을 사실로 받아들이기 어려운 이유다.

지면에 실린 사진으로 냉철히 판단하면 손기정의 가슴에서 일장기를 지운 보도는 조선중앙일보가 12일 먼저 편집했다고 보는 것이 옳다. 무엇보다 조선총독부가 고문까지 해가며 조사한 결과 보고서에도 조선중앙일보의 13일자 보도와 동아일보 25일자 보도만 말소한 것으로 결론 내렸다. 해방 후 당시 사건을 회고한 이길용도 13일자 사진에 대해선 전혀 언급하고 있지 않다.

사사는 더 나아가 "일장기 말소는 이번이 처음은 아니다. 32년 김은배가 로스앤젤레스 올림픽에서 6위 입상할 때도 눈에 거슬리는 가슴의 일장기를 말소한 일이 있었다. 그 당시는 총독부의 트집 없이 넘어갔다"고 기록했다. 하지만 학계에서 연구한 결과 1932년 올림픽 때 입상한 김은배의 사진에서 일장기를 지운 지면은 현재까지 발견되지 않았다. 당시 그의 지면에 없다는 뜻이다.

해방 후 이길용 기자의 회고담에서 오히려 주목할 지점이 있다. 미국 로스앤젤레스 마라톤대회에서 김은배를 비롯한 출전 선수들에게 당시 미국에 살던 동포들이 환영회를 베풀었다. 그런데 그 행사를 찍은 사진을 보도할 때 태극기를 지웠다는 것이다. 일장기 말소 못지않게 '태극기 말소 사건'도 있었던 셈이다.

그 시점에 잡지 〈삼천리〉는 동아일보 사장이 일본제국의 모든 행사에 얼굴을 보인 사실을 들어 사장이 일장기 말소에 개입했을 리 없다고 보도했다. 실제로 송진우는 "성냥개비로 고루거각을 태워버렸다"며 이길용 기자를 꾸짖으며 흥분했다. 총독부 조사 결과에서도 최종 책임자는 현진건 사회부장이었다.

　무엇보다 더 큰 문제는 무기정간 이후다. 평소 총독부의 눈엣가시였던 조선중앙일보는 일장기말소사건 수사가 들어가면서 일종의 '선제적 대처방법'으로 '자진 휴간'에 들어갔다. 하지만 총독부는 '경영권 내분'을 빌미삼아 끝내 속간을 허용하지 않았고 결국 문을 닫았다. 반면에 동아는 아홉 달이 지나 1937년 6월 3일 속간됐다.

　동아일보가 일장기 말소사건을 창간기념일마다 대대적으로 보도하며 일제 강점기 시절 민족지였음을 부각해갈 때, 정면으로 공격하고 나선 주체는 다름 아닌 조선일보였다. 1985년 4월 1일, 동아가 창간 65주년을 맞아 "동아일보, 민족혼 일깨운 탄생" 제하의 고려대 명예교수 조용만 기고문을 3면 머리에 실으면서 논쟁이 벌어졌다. 조용만은 동아일보 창간의 시대적 배경을 설명하고, 총독부가 민족진영의 동아일보와 함께 실업계신문인 조선일보를 허가했다고 적었다. 조선일보는 동아가 자신을 "실업신문임을 위장한 친일신문"이라 단정한 글을 싣자 분개했다. 더욱이 동아는 4월 12일자 6면 "동아는 일의 국적國賊 폐간 시켜라" 제하의 상자기사에서 1940년 2월 20일자 일본제국의 일간지 기사를 인용해 총독부가 "민족신문인 동아일보를 조선일보에 합병시키려했던 사실이 새롭게 드러나고 있다"고 썼다.

　그러자 조선일보 논설고문 선우휘가 나섰다. 4월 14일자 3면에 "동아일보 사장에게 드린다" 제하의 장문을 실어 강하게 반박했다.

도대체 동아일보가 어떻게 된 일입니까. 사람을 시켜서 동아일보만이 진정한 민족지이지, 조선일보는 친일지다…하여 선전한 까닭이 무엇일까요. 그렇게까지 하지 않으면 안 될 무슨 어려운 사정이 있는 것입니까… 정확히 말하면 일제 위정당국은 조선일보를 대정실업친목회를 대표한 예종석에게, 동아일보는 박영효에게 허락해준 것입니다. 당시 박영효가 어떤 경력의 어떤 정치적 성향의 인물로서 일제당국으로부터 굳건한 신뢰를 얻고 있었다는 것은 가히 짐작이 가고도 남는 일입니다. 그러니까 동아일보가 당시 민족주의자로 인정받아 민족주의 신문을 만들라고 허가받았다고 자랑하는 것은 웃지 못할 넌센스에 지나지 않는 것입니다.

오히려 오늘날 우리가 주목해야 할 사실은, 창간 후 조선일보가 재빨리 옳은 주장과 바른 기사를 써서 사흘이 멀다 하며 밥 먹듯이 압수와 정간을 당했다는 사실입니다. 이 점을 동아일보는 무엇이라고 설명하겠습니까. 신문이란 누가 시작하건 간에 결국은 신문다운 신문으로 발전한다는 사실을 잊어서는 안 될 것입니다. 사회의 모든 분야에 걸쳐 그렇듯이, 신문도 그 성장발전 단계에서 그 가치가 평가되어야 할 것입니다.

… 반일·친일 논쟁이 에스컬레이트하면 어디까지 갈 것인지 상상도 안하십니까. 논쟁이 격화되면, 궁극적으로 인촌 선생까지도 욕보이는 결과가 된다고 생각지 않으십니까. 그래서 두 신문사가 서로 상처를 입을 때, 이 사회에 이로운 것은 무엇일까요.

이제 변명하거나 화해하는 기회는 잃어버리고 말았고, 오직 동아일보가 가만히 있는 사람을 비방한 행위에 대하여 사과할 일만이 남았습니다. 그러면 나는 조선일보 사원들과 함께 마음을 풀겠

동아 평전

습니다.

선우휘의 글에 동아는 광고란을 통해 답했다. 4월 17일자 3면 광고란에 "애독자 제현에게 알려드립니다 – 동아·조선 창간과 '민족지' 시비에 대하여" 제하의 글을 담고 "조선일보가 친일신문으로 창간된 것은 사실 기록에서 착오가 없는 것"이라고 재차 설명하며 독자들의 계속적인 성원을 부탁했다. 광고란에 실은 답변 형식에서 나타나듯이 동아는 조선일보와 더 이상의 논쟁을 하지 않겠다는 뜻을 드러냈다.

조선일보는 다시 4월 19일자 3면에 '조선일보사' 명의로 "우리의 입장: 동아일보의 본보 비방에 붙여"라는 장문의 글을 실었다. 동아일보는 그 태생부터 친일신문이었으니 차제에 민족의 정통과 이단의 옥석을 가리는 작업을 벌이자는 '도발적 문제 제기'였다.

두 신문이 창간된 것은 3·1 운동이 계기가 된 일본총독부의 이른바 '문화정치'의 소산이었습니다. 그래서 총독부는 조선인 가운데 귀족·지주·상공인 등 예속자본을 그 대상으로 선정했던 것은 주지의 사실입니다.

이중에서도 일부 토착귀족 지주세력은 일제의 토지조사 사업을 계기로 형성된 식민통치의 가장 중추적인 동맹군이었습니다. 결국 **귀족·지주·기성 친일언론인으로 혼성된 측에 허가된 것이 바로 동아일보였고, 상공인집단에 주어진 것이 조선일보**였습니다. 동아일보가 총독부 기관지 매일신보의 편집장이었던 이상협에게 발행 허가되었고 한일합방의 공로로 일본 후작의 작위를 받은 박영효가 초대 사

장이었다는 구성을 보더라도 동아일보가 과연 어떤 성격이었던가
는 자명한 일입니다.

　동아일보는 또 17일자 신문의 글에서 동아일보 창간호와 창간특
집호에 등장한 국내외 인사의 면면을 들어 동아일보가 '민족지'인양
호도했으나 바로, 그 축사의 대열에 10여명의 총독부 관리 및 친일
인사가 들어 있는 사실은 어떻게 설명되어야 할는지 알 수 없습니다.

　동아일보가 더는 반론을 제기하지 않음으로써 두 신문 간의 민
족지 논쟁은 그 수준에서 마무리되었다. 조선일보가 '협박'했듯이
서로 '치명상'을 입을 가능성이 높았기 때문이다. 그든 조선일보든
일제강점기 이래 현재까지 걸어온 진실을 알면 누구나 두 신문이
'민족지'라고 주장할 수 없을 터이기에 더 그렇다.

　그가 1985년 봄에 조선일보를 '친일 언론'으로 규정한 글을 실은
배경은 여러 가지로 추정할 수 있다. 당시 조선일보는 '전두환 군
부'와 밀착해 '고급 정보'를 독식하면서 무서운 속도로 발행부수를
늘리며 신문 시장에서 그때까지 부동의 1위였던 그를 따라붙고 있
었다. 그로서는 조선일보의 행태를 경멸했을 가능성이 높다. 반면
에 조선일보로서는 '일장기 말소'사건을 틈날 때마다 내세우며 민
족언론 이미지를 선점함으로써 발행 부수와 매출액 1위를 지켜온
그에게 더는 밀릴 수 없다고 판단했을 법하다.

　실제로 조선일보는 "반일, 친일논쟁이 격화되면 궁극적으로 인
촌 선생까지도 욕보이는 결과"가 될 것이라며 정면으로 그를 공격
했다. 인촌은 김성수의 호다. "식민통치의 가장 중추적 동맹군인 토
착귀족 지주세력과 기성 친일언론인으로 혼성된 측에 허가된 신문

이 동아일보"라며 "한일합방의 공로로 일본 후작의 작위를 받은 박영효가 동아일보 초대 사장"이었다고 강도를 높였다.

심지어 "민족사의 내측에 숨겨 있던 친일 계보는 속속들이 파헤쳐야 한다"는 주장도 과감히 전개했다. 강도 높은 조선일보의 공격에 그는 더 반론을 펴지 않았다. 그는 왜 조선일보의 격한 도발에 맞서지 않았을까. 아니, 맞설 수 없었다고 보는 것이 타당하다. 친일실업인 단체에서 창간한 조선일보와 달리 그가 민중의 기대를 모으며 창간했지만—초대 사장 박영효는 허가를 받기 위한 방편이었을 뿐임을 조선일보도 선우휘도 잘 알고 있을 터다—민족 언론의 성격을 시나브로 잃어갔기 때문이다. 특히 이길용 기자의 일장기 말소사건이 전환점이었다.

1936년 8월 27일 무기정간을 당한 그가 이듬해 6월 2일 복간되기까지 사주 김성수는 온갖 노력을 다했다. 사장 송진우는 빠른 시일에 정간을 해제해달라며 여기저기 손을 내밀었다. 조선총독부 고위 관료를 지낸 일본인들의 모임인 '조선중앙협회'의 줄을 찾아 학무국장을 지낸 세키야와 정무총감을 지낸 미즈노에게 "사社의 의사와 관계없이 일 기자의 독단으로 (일장기 말소를) 저질렀다는 것이 조사에 의해 분명해진 일 가지고 정간을 장기간 끌고 가는 총독부 처사에는 명분이 없다"고 호소했다. 어디까지나 '회사의 뜻과는 관계없이 기자 개인이 저지른 몰지각한 행위'라고 거듭 강조했다. 관련 기자들을 모두 해고한 사실을 '증거'로 제시했다.

조선중앙일보와 달리 이윽고 그는 속간을 허락받았다. 그런데 1937년 6월 2일자 신문에 낸 '속간 사고社告'는 그를 기다리던 민중들에게 큰 충격을 주었다.

본보에서 일장기 마크 말소사건을 야기하여 당국의 기휘忌諱에 촉觸하게 된 것은 실로 공축불감恐縮不堪하는 바이다. 이제 당국으로부터 발행정지 해제의 관대한 처분을 받아 금후부터 일층 근신하여 경更히 여사如斯한 불상사를 야기치 않도록 주의할 것은 물론이거니와 지면을 쇄신하고 **대일본제국의 언론기관으로서 공정한 사명을 다하여 조선통치의 익찬翼贊을 기하려 하오니** 독자 제위께서는 특히 조량照亮하시와 배전 애호하여 주시기를 바라나이다.

일장기 말소사건에 총독부에 실로 공축불감恐縮不堪(견딜 수 없을 만큼 두려워서 몸을 움츠림)이라 사죄하면서 앞으로는 일제의 식민통치를 적극 돕겠다는 다짐이었다. 무엇보다 눈여겨볼 대목은 그가, 창간 때 '민중의 친구'를 자임하고 '민족의 표현기관'을 자처했던 그가 지면으로 "대일본제국의 언론기관"을 버젓이 자임한 사실이다. 그 대목을 사사는 다음과 같이 '변호'한다.

동아일보와 총독부는 백관수를 사장으로 앉히는 조건으로 합의해 정간조치는 11개월 만에 풀렸지만 그 대가는 컸다. 탄압은 더욱 극심해져 글자 한자 한자까지 문제를 삼는 지경에 이르렀다. 이를테면 속간 사실을 알리는 안내 문구 '지면을 쇄신하는 동시에 언론기관으로 공정한 사명을 기하려 하오니…'를 '지면을 쇄신하고 대일본제국의 언론기관으로서 공정한 사명을 다하여 조선통치의 익찬翼贊을 기하려 하오니…'로 고치라고 지시하는 형편이었다.

요컨대 총독부의 지시였다는 설명이다. 그 지시를 고스란히 받

동아 평전

아 고쳐 쓴 것도 문제이지만 정작 심각한 문제는 실제로 그가 복간 이후 대일본제국의 언론으로 활동한 사실이다. 증거는 차고 넘친다. 그가 복간된 지 한 달 남짓 지난 1937년 7월 일본은 중국을 본격적으로 침략하기 시작했다. 중일전쟁을 일제는 '지나사변'이라 불렀다.

총독부는 신문사 대표와 지국장 50여 명을 불러 '지나사변'에 언론의 협조를 요청했다. 총독 미나미는 "금 시국에 제하여 신문 통신 관계자에 망^望함"이라는 담화문도 발표했다.

일본 정부나 총독부의 보도 자료를 충실히 전하던 그는 7월 16일자에 "비상시국과 우리의 자중" 제하의 사설에서 "유언비어와 경거망동을 조심하라"고 경고했다.

때는 바야흐로 비상시인지라 이런 시국이면 시국일수록 우리의 행동이 자중스럽지 않으면 아니 될 것이다. 항간에는 유언비어가 유포되기 쉽거늘 이에 신경을 날카롭게 하고 감정에 맡기며 이성이 이른 바의 궤도에서 그 행동이 벗어나는 일이 있기나 한다면 우리가 뜻하지 아니하였던 결과를 초래하고서도 수습할 길이 없을 터이니 어찌 경솔하다는 혐嫌을 벗을 수 있으리오… **우리 자신은 안전하다.** 재류在留 형제도 평안하다. 우리는 일치하여 이성에서 살아야 할 것이니 이리하여서만 비로소 우리는 유언비어를 물리치고 감정의 격동을 억제하고서 냉정을 보전할 수 있을 것이다. 이에 우리의 대금도大襟度는 발양될지니 **형제자매여 자중하라.**

그는 7월 19일자 '호외'부터 일본군을 '아방我方' '아군'으로 기사화하기 시작했다. 민족 언론이기는커녕 말 그대로 일본 언론이었다. 특히 7월 31일 "전시체제와 우리의 태도" 제하의 사설은 새겨 볼 필요가 있다.

북지사변이 일어난 이래 시국은 아연俄然 긴장의 도度를 더하고 조선 전토全土도 준전시체제하에 놓이게 되어 자못 계심戒心을 요하게 하더니… 이러한 전시체제 하에 있어서 우리는 어떠한 인식을 가져야 할 것이며 어떠한 각오를 가져야 할 것인가. 이에 대하여 일언이 있고자 한다. **우리는 전시라는 것을 모르고 살아온 사람들이다. 적어도 현세대의 우리는 그러하다.** 우리는 금일과 같이 우리의 생활과 심리에 지대한 영향을 미치는 이러한 전시를 일찍이 경험한 일이 없는 것이다. **역사를 뒤져보아도 상고는 머니 말할 것도 없거니와 근대에 와서는 너무도 문약文弱에 흘러 자진하여 용무用武한 일이 없고 혹시 전쟁이 있었다 하나 거의 다 수동적이어서 전쟁 그것을 공포恐怖하는 것이 고작이고 이를 정시正視하고 이에 선처할 줄을 배우지 못하였다. 그리하여 전쟁이란 말만 들어도 망지소조罔知所措하여 동정動靜이 도를 넘고 거취가 궤를 벗어나는 수가 있게끔 되어가는 것이다**… 물론 우리가 현하의 전시체제 하에서 이 시국에 대하여 적극적으로 관여한다 할지라도 우리에게는 가능의 한계가 있는 것이니 그 범위 내에서 시국의 중대성을 정시正視할 줄 알아야 하겠고 그에 따라서 우리의 각오도 행동도 규정되어야 하겠다. 그리하여 시국의 추이를 주시하면서 언제나 만일의 경우에 대비할 수 있도록 각오하고 있는 것이 우선 이 중대 시국에 당면한 우리가 취할 태도인가 한다. 이러한 태도는 실로 시국에 대한 정당한 인식에서만 유래할 수 있는 것이니 우리는 이 비상시의 비상시인 시국의 인식을 소홀히 하거나 또는 오착하여서는 안 될 것이다.

문제의 사설은 그의 고질적인 '조선민족 경멸'과 맥이 닿아 있다. 그는 서슴없이 "우리는 전시라는 것을 모르고 살아온 사람들이다. 적어도 현세대의 우리는 그러하다"고 썼다. 하지만 그 사설을 쓸 당시에 국외에선 독립군의 무장 항쟁이 벌어지고 있었다. 독립군의 무장 항쟁은 일제와의 전쟁이었다.

동아일보의 인식은 현실과 너무 동떨어져 있었다. "근대에 와서는 너무도 문약文弱에 흘러 자진하여 용무用武한 일이 없고 혹시 전쟁이 있었다 하나 거의 다 수동적이어서 전쟁 그것을 공포恐怖하는 것이 고작이고 이를 정시正視하고 이에 선처할 줄을 배우지 못하였다"고 주장하지만, 동학농민전쟁이 있었고 의병전쟁이 있었다. 따라서 "전쟁이란 말만 들어도 망지소조罔知所措하여 동정動靜이 도를 넘고 거취가 궤를 벗어나는" 자들은 다름 아닌 먹물들이었고 사주 김성수를 비롯한 연정회 인사들이었으며 바로 그 사설을 쓴 논설위원이었다고 보아야 옳다. 자신의 일기장에 쓰면서 스스로 부끄러워해야 할 섞에 내놓고 신문사설로 쓰며 조선민족 전체를 매도하는 작태는 이미 이광수의 논설에서 생생하게 살펴보았다.

8월 12일에 이르러 동아일보는 '대일본제국을 위한 국방헌금'을 모은다는 사고를 실었다. 전쟁 "발발 이래 민간의 국방헌금과 군대 위문금은 날로 답지하는 형편인데 본사에서는 일반 유지의 편의를 위하여 이를 접수 전달하려 하오니 강호 유지는 많이 분발하심을 바랍니다"고 알렸다. 국방헌금 사고는 그 뒤 신문의 고정란으로 자리 잡았다.

그는 '대일본제국'이 중국에서 거두는 '승전보'를 조선일보와 함께 적극 전하다가 8월 20일자 신문에서 "거국 일치의 요要" 제목의 사설을 실었다.

북지사변은 국지적 소충돌로 시작하여 일지日支(일본과 중국) 양군의 전면적 전쟁으로 발전하고 있다… 지나 측의 태도를 정관靜觀컨대 일종의 자아과신에 빠져 외교 교섭의 여지를 전연 버리고 전면적 정면충돌도 불사한다는 태도를 취하고 있다. 이와 같은 태도는 필경 중지中支 남지南支 민중으로 하여금 항일 배일의 노도에 휩쓸어 들어가게 하고 중앙군의 항전을 상해에까지 파급시켰다. 국민정부가 이와 같은 방침을 계속 하는 이상 어찌 최대 비극이 일어나지 않으리오… 적어도 지나의 적대행동의 개연성이 사라지지 않는 한 군사 국방에 만전의 조치를 취함은 물론이려니와 경제의 전시 편성에 있어서도 모든 경위를 상상하고서 유루 없는 통제가 필요함은 췌언을 불요하는 바이며 국민 각층은 그것을 적확명쾌한 국책으로서 깊이 인식하고서 정부의 임기응변적 방침에 신뢰할 뿐만 아니라 거국일치적으로 국난에 당할 협력을 주저하지 아니하여 각지 각 방면의 이에 대한 성과는 비상한 바 있다… 그러므로 우리의 긴장은 경更)일층 내구성을 보지保持할 각오로써 **당국의 지도에 협조하고 총후 후원에 성의를 다하여 거국일치의 실적을 유루 없이 내지 않으면 아니 될 것이다.**

그가 일제의 중국 침략전쟁을 어떻게 보도했는가를 짚어보는 것은 그것이 바로 조선독립과 직결되어 있기 때문이다. 이미 중국으로 망명한 조선인들은 항일 무장투쟁을 전개하고 있었으며, 임시정부도 중일 전쟁이 일어나자 7월 15일 국무회의를 열고 군무부에 군사위원회를 설치했다. 이어 임시정부 공보公報를 통해 "이번의 중일전쟁으로써 독립전쟁을 개시하여 설욕보국雪辱報國을 할 시기가 도래했다"고 선언했다. 실제로 임시정부는 여러 독립운동단체들과 연합해서 '한국광복진선陣線'을 결성했다.

따라서 적어도 독립운동을 조금이라도 의식하고 있었다면 감히 쓸 수 없는 보도와 논평들을 그가 일삼은 셈이다. 국방헌금을 모금하고 "국난에 당하여 거국일치적으로 협력을 아끼지 말자"고 주장할 때, 그가 말하는 국가는 '대일본제국'이었다.

일본군이 상하이까지 침략해 들어가던 1937년 9월 7일 그는 "애국일" 제목의 사설을 통해 '황군의 노고'를 치하하고 '전조선적인 애국'을 부르댔다.

9월 6일로 애국일이 창정되었다. 연년세세 이 날을 기회로 하여 전 조선적으로 국민은 애국의 지정至情을 한층 더 배양하고 유로流露 시킬지며 그럼으로써 국운의 장구長久를 기원하고 축복해야 할 것이다… **동방 일각에 의연히 그 존재를 빛내고 있는 제국이 2천 5백여 년 간 국토를 확보하고 있을 뿐만 아니라 더욱 국위를 선양시켜 온 것도 결코 우연한 일이 아니라 국민의 진충보국盡忠報國한 결과**이며 오늘에 이르러 능히 국난을 극복할 수 있는 신념도 또한 여기에서 생겨나는 것이다. 때는 바야흐로 중대 시국이다. 제국의 동아 안정 세력적 책무는 동아의 평화를 위하여 **지나가 반성을 하고 순응할 때까**

지 철저히 응징하지 않을 수 없는 결의를 제국으로 하여금 공고히 하게 하였다… 남녀노소할 것 없이 직업을 구별할 것 없이 전 조선적으로 타오르는 애국의 열성은 이 국가 중대의 가을에 당연한 발로라 하겠지마는 그래도 보고 듣는 자로 하여금 감격하지 않을 수 없게 하는 바 있다. 그러나 시국이 갈수록 중대화하고 있음을 재인식할 때에 열성에 열성을 가하여 이 난국의 하루라도 빠른 극복을 염원하지 않으면 안 될지니 이에 애국일을 맞아 전 조선적으로 팽배하는 애국의 지정至情을 축복하는 동시에 다시금 시국의 재경계의 기회를 삼아 다시 일층 격앙激昂 발분發奮하지 않으면 안 될 것이다

중국과 손잡고 항일투쟁을 벌이던 독립군에게 동아일보의 사설은 무엇이었을까. 명백한 이적행위가 아닐 수 없다. 전시체제와 비상시국을 틈날 때마다 강조하면서도 일본제국의 명절을 챙기는 보도도 잊지 않았다. 1937년 11월 4일 이른바 '명치절'을 맞아 2면 머리기사로 "명치 천황의 어성덕을 흠앙하는 3일의 명치절! 이날의 아침부터 구름 한 점 없이 맑게 갠 하늘은 하늘까지도 이 날을 축복하는 것 같았다"며 일본 왕 메이지의 생일을 마치 우리 민족의 고유 명절인 듯 들떠 보도했다.

일본군은 중국 해안지역을 따라 남진해서 이윽고 12월 말에 난징을 점령하고 중국인 30만 명을 학살했다. 중국군은 내륙으로 옮겨 항일전쟁을 멈추지 않았다. 물론 대한민국임시정부도 충칭으로 옮겨갔다.

전쟁이 확대되면서 일본군은 병력이 크게 부족해졌다. 그러자 조선총독부는 1938년 1월 한국인을 대상으로 '육군 지원병' 제도를

실시한다고 발표했다. 한국 젊은이들을 침략 전쟁의 '총알받이'로 내몰 셈이었다.

물론 이데올로기를 주입했다. 총독부는 지원병제도로 조선인들도 일본육군에 들어올 수 있게 됨으로써 '내선일체內鮮一體'를 완성하는 새로운 단계라며 대대적인 선전 선동을 벌였다. 그는 조선일보와 함께 총독부의 기만에 적극 호응하고 나섰다.

지원병 제도를 발표한 이틀 뒤인 1938년 1월 18일에 그는 벌써 "지원병 희망자가 속출"한다고 보도했다. 조선일보는 물론 총독부 기관지 매일신보와 전혀 다를 바 없었다. 일제는 침략전쟁을 위한 '육군특별지원병제'와 함께 조선민족의 뿌리를 잘라버리려는 '교육령'을 개정 공포했다. 두 제도에 반대 투쟁에 나선 사람들이 40명 넘게 투옥됐지만, 전혀 아랑곳하지 않은 그는 사설로 두 제도를 적극 환호했다.

지원병 제도의 실시는 조선 민중에게도 병역의 의무를 부담시키는 제일보다… 이러한 정세에서 미나미 총독의 영단은 역대 총독이 상상도 하지 않던 병역의 의무를 조선민중에게 부담시키는 제일보를 답출踏出케 한 것이다. 이에 조선 민중도 이 제도가 실시되는 제1일부터 당국의 지도에 순응하여서 그에 협력하지 않으면 아니될 것이다. 또한 교육령 개정은 미나미 총독의 5대 정강 중의 국체명정, 학제쇄신의 구체화로서 조선 교육사상 획기적인 것이다."(1938년 4월 3일자)

그는 바로 다음 날 기사에선 "찬연히 빛나는 반도 통치사의 한

페이지―제국의 숭고한 사명 수행에 바친 2천 3백만 민중"이라든가 "애국의 지성이 결실하여 이에 조선인 지원병 제도와 신조선 교육령이 형영상반形影相伴하여 실시되어 반도 통치에 하나의 신기원을 획한 환희의 날" 따위로 일본제국에 찬가를 불러댔다.

1938년 6월 11일자에선 "영예의 초기 지원병/ 202명 건아 합격/ 오는 15일에는 경성제대 강당에서/ 성대한 입소식을 거행"이라는 5단 기사를 실었다. 지원병 응모자가 전국 방방곡곡에서 모여들어 3천 명이 넘었는데 엄격한 심사를 거쳐 202명을 선발했다는 기사였다. 총독부가 실시한 지원병 모집으로 6월 15일 육군지원병 훈련소가 문을 열자 그는 흥분을 가라앉히지 못한 채 "영예"라고 보도했다.

일제의 징병 징용 공출 등의 인적 물적 수탈이 본격화함에 따라 그의 '언론보국'도 갈수록 노골화해갔다. 친일매국단체 '국민정신총동원 조선연맹'이 조직되자 그는 7월 2일치 사설을 통해 "중국 장 정권을 지원하는 영·프·소의 반일적 행동과 태도라는 난관을 물리치고 극동의 영구평화를 확립하려는 위업을 달성하려 할진대 장기에 긍한 국가총력전의 이행이 필요하다"고 역설하면서 "민중은 모름지기 '연맹'의 지도에 순응하여 모두가 전선에서 활동하고 있는 듯이 나아가지 않으면 안 된다"고 선동했다. 중일전쟁 발발 1년을 맞은 7월 7일에는 사회면 머리기사로 "조선은 병참기지로서의 중대한 존재로 총후 국민의 열렬한 단결, 호국의 운동은 다른 각 지역에 앞서 모범을 보이고 있다"며 감격을 토로했다.

스스로 다짐한 '대일본제국 언론'으로서 그의 활동은 눈부셨다. 거의 날마다 지원병 '쇄도', '초과', '돌파' 따위의 말을 동원해 지역별 지원 상황을 경쟁시키듯 자세하게 보도했다. 이를테면 그는 1939년 2월 6일자 2면에 "함경남도 관내엔 지원병 태무 상태" 제목의 기사를 내보냈다. 기사는 지원병이 "함경남도 관내만은 불과 20여 명 정도"라고 적시한 뒤 그 원인이 "지원병 제도에 대한 주지 보급이 불철저한 소치인 듯하다"며 지원병 모집의 '주지보급(홍보)'을 제대로 하지 않는다며 함경남도 당국을 비판했다.

같은 날 "강릉 지방 지원병 66명을 돌파" 제하의 기사에선 "지원병 열기가 최고조에 달했다"며 지원이 많은 이유로 "강릉 지방이 제국 군인에 대한 고귀한 정신과 진충보국의 일념에 불타고 있기 때문"이라고 보도했다. 강릉에 살고 있는 민중들에 대한 모욕인 동시에 지원병 지원 경쟁을 노골적으로 부추기는 행태였다.

서글프게도 그가 경쟁을 유도한 기사들을 내보낸 효과는 컸다. 1940년 2월에 지원한 조선인 7만 9,600명 가운데 함경남도의 신청자가 1만 900명으로 집계돼 전국에서 가장 많은 1위였다. 1940년 당시 함경남도의 조선인 남성은 약 92만 명이었다. 반면 경기도의 조선인 남성은 135만 명이었음에도 지원병 지원자는 함남의 절반 수준인 5,200명이었다.

중일전쟁과 지원병에 관련된 그와 조선일보의 기사에는 '혈서'라는 단어가 자주 등장했다. 지원병에 뽑아달라며 '천황폐하 만세'와 '일본제국 만세' 혈서를 쓴 청년을 소개했고, 혈서와 함께 두 아들에게 입대를 못 하면 죽어 오라고 했다는 아버지의 당부를 보도하기도 했다. "일신을 황국에 바치겠다며 혈서" 쓴 춘천 소년의 나이는 불과 18살이었다.

그의 선동으로 일본군의 총알받이를 지원해 전쟁에 나간 조선

청년들의 운명은 비참할 수밖에 없었다. 전선에 투입되자마자 중국군과의 전투에서 첫 조선인 지원병 사망자가 나왔다. 충북 옥천군 출신 '이인석'이었다. 그는 조선일보와 함께—때로는 총독부 기관지 매일신보보다 더 극렬하게—희생자를 '전쟁 영웅'으로 띄웠다. 제 민족을 식민지로 삼은 제국주의 군대를 위해 목숨을 바친 청년을 '영웅화'하면서 더 많은 지원을 유도했다.

그는 1939년 7월 8일자 신문에 "지원병 최초의 꽃, 옥천 출신 일등병 이인석 군 전사" 제하의 기사에서 "조선 지원병의 영예"라고 의미를 부여하며 조선 청년들을 선동했다.

> 조선인 지원병 최초의 명예의 전사자 이인석 군은 총독부 육군병 지원자 훈련소 제1기 전기 졸업생으로 재소 중에서 우수한 성적을 보이고 작년 여름 입대 후에는 총후 조선의 여망에 맞추어 군문에 정예하다가 지난번 제일 충정을 보게 되자 굳은 결의를 보이고 용약출정하였던 것이다.

그도 모자라 이튿날에는 일제 침략의 총알받이로 죽어간 희생자의 가족을 찾아간 기사를 내보냈다. '영예의 전사자 이인석 가정방문기'를 싣고 "전사는 남자의 당연사, 부군 못지않은 부인의 결의" 제하에 "생활은 곤란함에도 불구하고 지원병을 지원하였던 터인데 아군의 부인은 '전선에서 돌아가셨다는 소식을 들었습니다마는 남자의 당연한 일이오니 슬픈 것은 조금도 없습니다' 하고 부군에 못지않은 굳은 뜻을 보이었다"며 전사자의 젊은 아내까지 동원해 일본제국의 총독부에 '충견'처럼 꼬리를 마구 흔들어댔다. 남편을 잃고 일제의 약탈로 헐벗은 농촌에서 어린 딸과 남겨진 그녀가 실제로 그렇게 말했는지, 아니면 기자의 작문인지는 확인할 길이 없다. 전자라 하더라도 일본군 총알받이로 남편이 죽은 아내에게 그런 생각을 심어준 것은 다름 아닌 언론이었을 터다.

그의 희생자 영웅화 작업은 조선일보와 경쟁하듯 전개됐다. 조선일보는 1939년 9월 6일 "적진에 돌입, 역습, 적을 분쇄" 제하의 기사에서 이인석이 전투 도중 수류탄에 맞아 사망하기 직전 "천황 폐하 만세를 삼창"했다고 마치 현장을 기자가 목격이라도 한 듯 보도했다.

탐사보도 매체 〈뉴스타파〉가 두 신문의 창간 100돌을 앞두고 고 이인석의 딸을 찾아갔다. 아버지가 사망할 무렵 딸은 세 살이었다. 팔순을 넘은 딸은 오랜 지병으로 방안에 누워 "전쟁터로 끌고 간 그 사람들이 나쁜 사람들"이라고 한숨만 지었다.

조선 청년들에게 일본군에 지원하라고 선동하는 과정에서 그는 일본 왕의 생일을 축하하는 사설까지 써댔다. 1939년 4월 29일 이른바 '천장절'을 맞아 그는 '봉축 천장가절' 제목의 사설에서 다음과 같이 썼다.

천황 폐하께옵서 38회의 어탄신을 맞이하옵시는 날이니 … 더욱이 옥체 어건강하옵시고 황초 또한 건강하여감을 배문함은 국민의 영광으로서 앞으로 더욱 황실의 어번영과 보산의 무궁하옵기를 봉축하는 바이다. … 본부를 봉배하여 국민은 정신을 총휘하고 국가의 총력을 겸발하여 일의매진, 사변목적 달성을 필기하여야 할 것이다.

이듬해 일왕 생일에도 "1억 민초는 항상 황은의 광대심후함에 감격을 새롭게 하고 봉응경앙의 염을 굳게 하거니와 국민은 산업 달성 시간 근복에 경일층의 결심과 각오를 함으로써 빨리 성업을 완성시켜 예려를 봉안하고 성지에 봉부하는 것이 1억 국민의 총중이 아니면 안 된다"고 거듭 맹세했다.

1939년 9월 제2차 세계대전이 일어나면서 일제는 본격적으로 조선민족 말살에 나섰다. 1939년 11월에는 우리 민족 고유의 성과 이름들을 폐지하고 일본식으로 고치라며 강압하는 이른바 '창씨개명'을 실시했다. 조선민족을 뿌리부터 잘라내려는 의도였다.

전쟁이 확산되면서 흥미롭게도 그의 지면에 '미영귀축米英鬼畜'이라는 말이 등장했다. 일본제국이 동맹을 맺은 독일제국의 히틀러에 맞선 미국과 영국을 귀축, 곧 귀신과 짐승이라고 몰면서 일제와 나치의 침략 전쟁을 찬양하고 고무에 나선 것이다. 히틀러와 무솔리니를 추어올리는 보도가 이어진 것은 물론이다.

그는 1940년 1월 1일자 사회면에 "임전무퇴의 화랑도"를 주제목으로 "신라시대 상무정신의 권화勸化"를 부제목으로 편집한 기획기사에서 수나라·당나라와 '임전무퇴'로 싸운 화랑도의 정신을 강조하며 고구려는 "강포잔인強暴殘忍하여 꺾어지기 쉬운 국민성"을 가졌고 백제는 "교사음일驕奢淫逸"하였다고 민족성을 폄훼했다. 조선 청년에게 일본군 지원을 선동하며 신년호에 "임전무퇴의 화랑도"까지 부각한 그의 지면은 섬뜩하다.

그의 변절은 갈수록 더했다. 2월 11일자 "봉축 2600년 기원절" 제목의 사설에선 '우리 일본제국'을 한껏 찬미하고 나섰다.

금일은 신무 천황이 어즉위하신지 실로 2600년의 빛나는 기원가절이다. 역사가 있은 이래 세계에 국國을 이룬 자 무릇 불소不少하나 혹은 일찍이 멸망하고 혹은 역성혁명의 변을 거쳐 금일에 이르렀다. 그러나 **오직 아我 대일본제국**은 건국 이래 2600년 다시 천조天祖 천조대신天照大神이 군웅을 데리시고 농경잠직蠶織을 장려하신 태고로부터 하면 실로 유유원원悠悠遠遠한 것이다. 이와 같이 제국은 신대神代로부터 세계의 중방衆邦에 탁절卓絶하여 유출유대愈出愈大, 유진유왕愈進愈旺, 보조寶祚의 영榮은 천양天壤과 같이 무궁하고 국위의 성성盛은 일월과 더불어 쟁선爭先함은 오직 국체의 수절秀絶에 원유原由함을 알 수 있는 것이니 이에 고기古記를 근안謹按컨대 천손天孫의 강림에 제際하사 천조대신은 풍위원豊葦原의 1500추秋, 서수瑞穗의 국은 황손이 이를 통치할 것이며 보조는 무궁히 융창하리라 선宣하시었으니 신무 천황은 이 신칙神勅에 솔유率由하사 강원궁橿原宮에 즉위의 대전大典을 거행하신 다음 육합六合을 겸하여 개도開都하시고 팔굉일우의 대이상을 술述하신 것이다. 아我 만세일계의 국체와 세계의 평화와 진운에 공헌하는 국시는 실로 이 때에 이미 확립된 것이다. 명치성제明治聖帝 교육칙어에 황조황종국皇祚皇宗國을 조肇함에 굉원宏遠, 덕을 수樹함에 심후深厚라고 하심은 이 조종祖宗의 위업을 추모하신 황공하온 대어심으로 만대 불역不易의 성업을 전하신 소이로 배찰拜察되는 것이다.

사설로 읊은 '용비어천가'다. 대상은 조선왕조가 아니라 일본 왕실이다. 일본 왕실의 직계 조상이라는 아마테라스 오오카미天照大神의 신화를 바탕으로 자손인 "신무神武 천황"이 기원전 660년에 즉위하고 일본 역사상 처음으로 나라를 세웠다는 이른바 '기원절'을 '봉축'한 글이다. 일본 신화를 사설로 찬미할 때 그는 자신이 창간호에서 '단군유지'를 지키겠다고 지면으로 다짐한 사실을 기억이라도 하고 있었을까?

더 큰 문제는 창간 기념일을 맞아 지금도 마치 단군을 중시했다는 듯이 부각하는 오늘날 그의 지면이다. 그는 100년 동안 신문을 만들면서 단군을 '천조대신'만큼 찬양한 적이 없다는 사실만 적시해두자. '대일본제국의 보도기관'을 자임할 때도 '민족의 표현기관'을 자부할 때도 마찬가지였다.

여기서 독자들은 의문이 들 수 있다. 그렇다면 대일본제국의 보도기관으로 열정을 다하고 있는 신문을 왜 폐간했을까? 지난 70여 년 넘도록 틈날 때마다 동아일보는 자신이 '일제에 의해 폐간된 민족지'라고 공언해왔기에 당연한 물음이다. 독자가 어느 날 갑자기 일본 헌병이 동아일보사를 덮쳐 신문사를 없앤 것으로 오해한다면 분명히 짚을 필요가 있다.

진실은 전혀 아니다. 총독부 기관지 뺨칠 만큼 일제에 충성했던 그도 '대일본제국'의 국책에서 벗어나지 못했다. 총독부가 그와 조선일보에 제시한 것은 총독부기관지 매일신보와의 통합이었다. 일본제국주의는 전쟁을 날로 확대하면서 '국가총동원법'을 통해 군사물자 절약에 나섰다. 신문용지인 종이와 윤전기를 돌리는 기름은 전쟁에 광분하던 일본제국주의에 대단히 중요한 물자였다. 그래서 일본 안에서도 지역별로 신문사를 통폐합했다. 그 정책에 따라 식민지 조선에서도 총독부 기관지로 통폐합에 나선 것이다.

결국 1940년 8월 10일 동아일보는 지령 6,819호를 끝으로 총독부 기관지로 통합되었다. 사사에 따르면 그 시점에 발행 부수는 5만 5,000부였다. 그는 사고를 통해 독자들에게 다음과 같이 알렸다.

본보는 총독부의 신문통제방침에 순응하여 이번 호로 최종호를 삼고 폐간하게 되었으며 주식회사 동아일보사는 금일 본사 회의실에서 개최된 임시총회의 결의에 의하여 해산하게 되었습니다. 과거 20년 동안 본보와 본사를 위하여 한결같이 편달하여주신 만천하 독자 제위께 끝없는 감사의 뜻을 표하오며 여러분의 끝끝내 융성하신 행복과 건강을 빌어마지 않나이다… 회고하면 제1차 총독 시대의 문화정치의 일단으로 반도 민중에게 허여된 언론기관의 하나로서 대정大正 9년 4월 1일 본보가 화동 한 귀퉁이 누추한 사옥에서 고고한 함성을 내지른 이래 20년, 그동안 사회 각 부문의 진운과 함께 미력하나마 본보가 신문 본래의 기능을 발휘해 조선 문화운동의 일익의 임무를 다하여왔음은 독자제위의 뇌리에도 새로울 줄 믿는 바이다.

그러나 이제 **당국의 언론통제의 대방침에 순응함에 본보는 뒤를 보아 한스러울 게 없고 또 앞을 보아 미련남을 것이 없는 오늘**을 맞이하게 되었으니… 그러나 한 번 뿌려진 씨인지라 오늘 이후에도 싹 밑엔 또 새싹이 트고 꽃 위엔 또 새 꽃이 필 것을 믿어 의심치 않는 바이다…

일본제국의 방침에 "순응"을 거듭 밝힌 사고가 "새 꽃이 필 것을 믿어 의심치 않은" 이유는 전시통제였기에 전쟁이 끝나면 다시 복간할 수 있으리라는 기대가 있었을 법하다. 일제의 정부 차원에서 진행된 통폐합이었기에 보상금을 받았다. 가미가제 전투기 한대가 10만원이었을 당시에 그는 조선일보와 함께 각각 100만 원에 가까운 돈을 받았다. 사사는 다음과 같이 기록했다.

> 전 사원에게는 위로금조로 2년치 급료가 지급됐다. 동아일보와 매일신보가 반반씩 갹출한 금액이다. 36년에 도입한 고속윤전기는 오사카의 일간공업신문日刊工業新聞에 16만 원에 팔렸다. 나머지 기자재는 총독부가 51만 원에 인수했다. 후일을 기약하기 위해 사옥은 계속 유지키로 하고 사옥 관리를 위한 법인 '동본사東本社'가 43년 1월 발족했다. 광복의 날까지 동아일보의 명맥을 유지하기 위한 마지막 숨통이었다.

동본사라는 새로운 법인을 만들어 "광복의 날까지 동아일보의 명맥을 유지하기 위한 마지막 숨통"이라고 주장했지만, 기실 민족의 표현기관을 자임한 그로서는 차라리 총독부기관지와의 통합이 '행운'이었다. 만일 통합되지 않았다면, 1945년 8월 15일까지 내내 일본제국의 보도기관으로 맹활약했을 터이고 그랬을 때 감히 신문을 복간할 수 없었을 가능성이 높다.

민족 언론의 기대를 모은 신문이 일본 언론으로 귀결된 엽기적 이야기를 마치면서 가벼운 삽화 두 장면을 소개한다.

먼저 일제 강점기의 자신을 짚어보는 태도다. 동아일보는『민족과 더불어 80년』사사에서 "이즈음 동아·조선 양대지의 논조와 색채는 이미 매일신보와 구별하기 힘들 정도로 상당히 퇴색해 있었다"고 자성의 모습을 보였다. 창간 100년 기념 사설에서도 사과했다. 확실히 조선일보와는 다른 태도다. 당시에도 차이는 있었다. 일제강점기에 조선일보는 1면 제호를 내리고는 그 위에 버젓이 일장기를 올려 인쇄하는 자발적 과잉 충성을 했다. 하지만 동아일보 지면은 그처럼 천박한 짓은 하지 않았다. 물론, 그 차이가 '대일본제국의 보도기관'으로 활약한 그에게 '면죄부'가 될 수는 없다.

또 다른 장면은 초대주필로 '민중의 표현기관'을 자임한 창간사 집필자 장덕수의 술자리 행보다. 부사장까지 역임한 장덕수는 김성수의 최측근으로 유학을 다녀온 뒤 보성전문(현 고려대) 교수로 재직하고 있었다. 1943년 겨울 총독부의 오오노 학무국장과 단게 경무국장이 보성전문 전임교수 전원을 부민관에 불러 만찬회를 열었다. 학생들에게 학병 강요를 독려하는 자리였다. 총독부 기관지가 각 학교의 지원자가 속출한 듯이 보도하였지만 연희전문과 보성전문의 학도병 '징집 실적'이 좋지 않아 마련한 자리였다. '유명한 친일 기업인' 한상룡과 조병상도 참석했다.

식사에 이어 술이 오가며 당연히 학병 지원 이야기가 오갈 때였다. 장덕수가 내내 침묵하자 총독부 두 국장이 '이 자리에서 나온 말은 책임을 묻지 않을 테니 무슨 말이든 해보라'고 권했다. 그래도 술만 마시던 장덕수가 드디어 입을 열었다. 먼저 친일 아부를 해대던 자들을 꾸짖었다.

"너희들이 그렇게 충성스러우면 왜 솔선수범하여 지원하지 않느냐?"

이어 총독부의 학무국장과 경무국장도 질타했다.

"너희들이 나쁜 자들이다. 관등 하나쯤 승진하려고 그런 무리한 짓을 하고 있는데 조선 청년들이 무엇이 답답해서 일본을 위해 목숨을 던지려 나가겠는가? 너희들이 그렇게 애국심에 불탄다면 연령이야 많고 적고 간에 너희들이 솔선해서 출정해야 할 것이 아닌가? 지원이면 지원에 맡기는 것이지 왜 강요를 하는가? 만주국의 생성, 대동아공영권의 형성 등등은 모두 일본의 속임수에서 나온 것이고, 표방하는 아시아 제 민족의 공영을 위하는 것이 아니다. 천황은 실은 인자한지 아닌지는 모르겠는데, 너희 놈들이 잘못 보좌해서 욕을 보이는 것이다. 내가 일본의 집권자라면 이런 모든 협잡은 안 시키겠으며, 만주국, 남양, 기타 대동아 각지 각 민족에 대해서 정말로 공영할 정책을 취하겠다."

장덕수의 발언에 참석했던 동료 교수들 모두 사색이 되었다. 장덕수가 작심하고 던진 그 말은 그 자리에 참석한 보성전문 교주 김성수에게도 하고 싶은 말이었을 성싶다. 김성수는 장덕수에게 "속 시원하기는 해도 지나치지 않았느냐"고 책망했다.

하지만 김성수에 이어 장덕수 자신도 곧 '학병 지원'을 독려하는 대열에 합류했다. 술자리의 화법과 맨 정신의 문법은 다르다고 넘기기엔 너무 쓸쓸한 장면이 아닐 수 없다.

4

한국민주당의
표현기관

1945년 8월 15일 정오 일본 왕 히로히토가 항복을 공식 선언했다. 히로히토는 아시아에서 침략전쟁을 일으킨 것은 '제국의 자존과 동아의 안정을 바랄 뿐인 것이고' 타국의 주권을 배척하고 영토를 침범한 것도 자신의 뜻이 아니라며 책임을 회피하는 변명을 늘어놓았다.

일본제국의 항복은 조선 독립을 의미했다. 미·영·중 3개국이 포츠담 선언에서 일본의 주권을 "혼슈와 홋카이도, 규슈와 시코쿠, 그리고 우리가 결정하는 부속 도서로 제한"한 이유는 조선민중의 3·1 만세운동과 줄기찬 독립운동이 국제사회에 각인되어 있었기 때문이다. 동아시아 여러 나라를 침탈해 애먼 민중을 마구 학살해온 일본 제국주의자들은 조선을 비롯해 중국과 동남아시아에서 마땅히 쫓겨나야 했다.

1945년 그날, 많은 조선인들이 3·1 만세운동을 기억했다. 해방은 환희였다. 만세를 불렀던 20대 청년은 40대가 되어 꿈을 이뤘다. 1919년 3월 1일에서 1945년 8월 15일 사이의 26년 5개월은 일본 제국주의에 부닐며 부귀를 누린 자들에겐 호의호식의 세월이었지만, 절대다수의 민중에겐 고통의 시절, 일제와 온몸으로 맞서 싸운 독립운동가 개개인들에겐 한 순간 한 순간이 생사를 가르는 긴 시간이었다.

마침내 총독부가 사라지면서 한국인들은 언론 자유를 만끽했다.

1945년 9월에 이미 숱한 신문사들이 창간되었지만, 정작 신문 제작의 경험이 풍부한 그도 조선일보도 복간할 수 없었다. 두 신문이 일제 강점기에 내보낸 보도와 논평의 친일반민족 행태를 당대의 민중들이 또렷하게 인식하고 있었기 때문이다.

동아일보는 9월은 물론 10월이 가고 11월에 들어서서도 복간호를 낼 수 없었다. 당시의 상황을 동아일보사의 공식기록인 사사는 다음과 같이 설명하고 있다.

동아일보와 조선일보는 복간되지 못하고 있었다. 일제가 폐간 당시 아예 복간을 못하게끔 인쇄시설을 모두 강제 매수했기 때문에 새로 신문을 발간하려면 원점에서 시작해야 했다. 그나마 남아 있는 **서울의 인쇄 시설은 좌익이 거의 선점, 동아일보의 인쇄를 맡아줄 형편이 아니었다.** 김성수와 송진우의 지시에 따라 설의식과 고재욱은 군정청과 교섭하는 한편 11월 중순부터 복간 준비작업으로 활자 주조에 들어갔다. 김구가 임시정부 요인들을 이끌고 중경에서 귀국한 11월 23일 매일신보가 '서울신문'으로 이름이 바뀌어 발행되고 조선일보가 복간했다. 그리고 동아일보도 복간을 알리는 전단을 전국에 뿌렸다.

동아일보사사는 해방공간에서 그가 "좌익에 맞서 자유민주주의를 주창"했다고 주장한다. 과연 그럴까.

찬찬히 짚어보기 바란다. 만일 독자가 해방 직전까지 친일반민족 언행을 일삼으며 호의호식해왔다면, 일본제국의 몰락과 조선해방이 어떻게 다가왔을까.

구체적으로 김성수라는 인물로 좁혀 짚어보자. 1945년 8월 김성 수는 아직 54세였다. 61세의 방응모가 평안도 출신으로 금광에서 거부가 되기 전까지 대서업, 여관업에 이어 동아일보 정주지국장 을 역임했던 경력과 견주기 어려울 만큼, 김성수는 호남의 대지주 아들로 태어나 겨우 29세에 동아일보 창간과 경성방직회사 창립을 주도했다. 그 뿐이 아니다. 1929년 2월 재단법인 중앙학원을 설립 했으며, 1932년 3월에는 재정난에 빠진 보성전문학교를 인수했다. 김성수는 문화재 수집에도 관심이 있어, 학교 도서관에 비장할 고 서와 박물관에 진열할 골동품을 수집하기도 했다.

방응모와 달리 김성수의 동상은 고려대 본관 앞만이 아니라 서 울대공원 앞에도 서 있다. 인촌(김성수 호)기념회가 1991년 11월 '탄 생 100주년'을 기념해 '국민 모금'으로 세운 서울대공원의 김성수 동상은 한국현대사에서 동아일보의 위세가 얼마나 컸는가를 웅변 해준다.

하지만 '애국지사'로 포장된 김성수의 진실은 하나둘 벗겨졌다. 이길용 기자의 일장기 말소사건으로 정간되었던 그는 속간 뒤 내 놓고 '대일본제국의 언론'으로 일관했다. 사주 김성수는 비단 신문 만으로 친일반민족행위를 저지른 것이 아니다.

김성수는 일장기 말소사건 이전인 1935년 11월에 이미 경기도 청—당시 서울도 경기도에 들어가 있었다—이 주도한 소도회昭道 會의 이사가 되었다. 소도회는 이른바 '사상 선도와 사상범의 전향 지도'를 목적으로 한 조직이었다. 일제는 독립운동가들을 모두 '사 상범'으로 분류했다. 1937년 7월 30일과 8월 2일에 김성수는 경성 방송국 라디오를 통해 '일본의 중국 침략전쟁'을 정당하다고 선전하는 시국강좌를 했고, 8월 중 경성군사후원연맹에 국방헌금을 헌납했다. 이어 9월에는 전조선 시국 강연대에 참가해 강원도 일대에서 시국 강연에 나섰으며, 1938년 7월 국민정신총동원조선연맹 발기에 참여해 이사를 맡았다.

조선 청년들을 대상으로 징병제가 실시되자 1943년 8월 5일자 매일신보에 "문약의 고질을 버리고 상무 기풍을 조장하라"는 징병 격려문을 기고했고, 11월 7일자 매일신보에도 "대의에 죽을 때 황민 됨의 책무는 크다"는 글을 실었다. 조선 학생들이 일본군에 학병으로 지원할 것을 주장한 김성수는 총독부 기관지를 통해 지속적으로 '학병 미지원자의 원칙적 징병'을 주장하며 "영광스럽게 입대하라"고 주장했다.

기실 해방으로 밑 구린 조선의 '유지'는 김성수만이 아니었다. 그들은 해방으로 생명의 위협을 느낄 수밖에 없었다. 일제에 적극 빌붙어 출세를 꾀한 반민족행위자들, 이를테면 만주에서 조선독립군을 토벌하는 특수 목적으로 일본제국이 창설한 부대에서 활동한 조선인들은 무슨 생각을 했을까. 뒤가 꿀렸고 자칫 목숨과 재산을 잃을까 속이 타들어갈 수밖에 없었다.

바로 그들에게 희망의 '복음'이 찾아왔다. 맥아더 포고령이 그것이다. 소련을 의식해 서둘러 원자폭탄을 투하해 일제의 항복을 받아낸 미국은 일본 도쿄지역에 GHQ 군정사령부를 설치했다. 한반도에는 미국이 소련에 제안한 38도선을 경계로 각각 미군과 소련군이 들어왔다. 38선 이남에 입성한 미군은 포고령 제1호를 발표하였는데, 극동아시아의 사령관인 더글러스 맥아더의 이름으로 발표했다.

미국은 맥아더 포고령 제1조에서 "북위 38도 이남의 조선영토와 조선민중에 대한 정부의 모든 권한은 당분간 나의 관할을 받는다" 고 선포함으로써 미군이 직접 통치하겠다는 의지를 명확히 밝혔 다. 해방 이후 치안 행정을 담당해온 건국준비위원회는 물론, 중국 에서 활동해온 대한민국 임시정부도 인정하지 않았다. 요컨대 한 국인들의 자주적인 통치활동 및 권한을 거부했다. 특히 포고령 제 2조에서 "정부의 전 공공 및 명예직원과 사용인 및 공공복지와 공 공위생을 포함한 전 공공사업 기관의 유급 혹은 무급 직원 및 사용 인과 중요한 사업에 종사하는 기타의 모든 사람은 추후 명령이 있 을 때까지 종래의 기능 및 의무 수행을 계속하고, 모든 기록과 재 산을 보존 보호해야 한다"고 명문화했다.

그 결과 일본제국에 부닐며 이른바 '공직'을 차지하고 있던 친일 관료, 경찰들은 그대로 자리에 눌러앉아 있게 되었다. 미군정은 이 어 그들을 고용함으로써 자리를 굳혀주었다.

포고령은 또 제5조에서 "영어가 공식 언어"라고 선언했다. "영어 원문과 조선어 혹은 일본어 원문 간에 해석 혹은 정의에 관하여 어 떤 애매한 점이 있거나 부동한 점이 있을 시에는 영어 원문에 따른 다"는 것이다. 친일반민족행위자들은 축적한 부로 자제들을 미국 이나 영국에 유학을 보냈기 때문에 미군정 아래 '공식 언어'가 된 영어에 능통했다.

일제 강점기에 김성수와 함께 동아일보 경영을 맡았고 연정회를 결성해 자치운동을 벌이려던 송진우와 장덕수가 먼저 착수한 것은 신문 복간이 아니었다. 정당 창당이었다. 김성수는 9월 16일 천도교회관에서 송진우와 함께 한국민주당(한민당)을 창당했다. 당 대표인 '수석 총무'를 송진우에 맡겼다.

한민당 결성에는 일제에 부닐던 언론인, 지주, 기업인을 비롯한 친일반민족행위자들이 대거 참여했다. 그만큼 민중들로부터 차가운 눈총을 받을 수밖에 없었다. 친일반민족행위의 처벌을 피하기 위해 그들은 미군정에 적극 협력하며 재빠르게 친미파로 변신했다. 미국과 영국 유학 경험이 있었기 때문에 언어 장벽도 손쉽게 넘어설 수 있었다. 미군정의 비호를 받으면서 세력도 커져 갔다. 이윽고 10월에 들어서며 김성수와 송진우가 미군정의 한국인 고문으로 임명되자 한민당의 위상도 올라갔다. 더구나 그들은 재력도 막강했다. 김성수는 미군정의 자문기관인 고문회의 의장을 맡았다. 한민당은 사실상 미군정 시기의 여당이었다. 동아일보사가 발간한 『인촌 김성수』도 "미군정 때에 고문회의 의장이란 직책은 조선 사람으로서는 가장 큰 영향력을 행사할 수 있었던 자리"라고 서술했다.

한민당은 친일반민족행위를 청산하자는 민중들을 '빨갱이'로 몰았고 심지어 소련의 지령을 받는다며 미군정 당국을 자극했다. 2차 세계대전 종전 이후 전후 세계질서를 놓고 연합국의 일원이던 소련과 각을 세워가던 참에 '소련의 지령을 받는 세력'이 38선 이남에 자리 잡고 있다는 한민당의 주장은 민감한 문제일 수밖에 없었다.

당시 중도적인 〈자유신문〉은 미군정의 무분별한 통역 정치를 비난하고 어학지식이나 표현의 재주만으로 민족의 안위를 경시한 채 사리사욕을 도모하는 자들의 각성을 촉구(1945년 10월 12일자)하거나,

애국자를 고문하던 일제경찰들을 경찰책임자로 재등용한 미군정의 인사정책을 공격하고 경찰경험이 없더라도 민중과 친할 수 있는 인물을 선택하라고 충고(1945년 10월 15일자)했다. 중앙신문은 자주사상을 갖지 못한 채 명리를 따라 바람 부는 대로 처신하는 친일파를 전 민족의 열망에 따라 민족반역자로 처단할 것을 주창하였다 (1945년 10월 3일자).

당시 상황을 동아일보 사사는 다음과 같이 기록했다.

> 좌익이 득세하자 우익 진영도 전열을 가다듬었다. 전국으로 세력을 넓힌 인민공화국에 대치해 한민당을 중심으로 한 해외 임시정부 지지세력이 기반을 다지는 가운데 10월 16일 이승만이 미국에서 귀국하면서 좌우익은 분명하게 양분하기 시작했다. 김성수는 이승만이 돌아온 다음날 숙소인 조선호텔로 그를 방문했다. 김성수가 구미여행에서 돌아오는 길에 하와이에서 만난 후 15년 만의 상봉이었다. 백발이 성성한 이승만은 "오랫동안 나라 밖에 있어 국내 사정을 잘 모르니 협력을 아끼지 말아달라."고 당부했다. 김성수는 "정계에 나설 생각은 없으니 뒤에서 성의껏 돕겠다"고 대답했다. 송진우는 한민당 간부들과 상의해 돈암동에 있는 당원 집을 이승만의 거처로 마련해주었다. 세칭 돈암장이라 불리게 된 집이다.

사사처럼 김성수와 한민당은 이승만이 귀국하자 집까지 마련해주었다. 한민당으로선 자신들의 친일을 가려줄 상징이 필요한 상황이었다. 더구나 이승만은 국내 기반이 전혀 없었다.

그런데 사사가 "좌익이 득세하자 우익 진영도 전열을 가다듬었다"고 한 대목은 사실과 다르다. 친일반민족행위자들을 청산하자는 움직임은 좌익과 우익으로 나눌 문제도 아니고 중도적인 신문들도 많았기 때문이다. 아직 동아일보가 복간하지 못한 상황에서 10월 23일과 24일에 전국 24개 신문사에서 250여 명의 젊은 기자가 참가한 '전 조선 신문기자대회'가 열렸다. 동아일보 사사는 이를 "좌익계열이 주도한 대회"라고 규정했지만 대회가 '조선신문기자회'를 발족하며 낸 선언문의 내용은 다음과 같이 좌익과 우익으로 나눠볼 문제가 아니었다.

반세기 동안 우리를 야만적으로 강압하고 착취하던 일본 제국주의의 족쇄는 마침내 단절됐다. 그러나 우리 동포의 살과 뼈 속에는 아직도 그 악독한 흔적이 얼마나 남아 있는지 모르며 한편으로 일본 제국주의의 조선 사정에 대한 기만적 선전은 연합국으로 하여금 조선의 현 정세에 대한 정확한 판단을 곤란케 하고 있다. 이러한 **일본제국의 잔재로 남아 있는 흔적은 우리의 힘찬 건설로만 퇴치될 것이요, 이에 대한 장애가 완전히 없어져야만 씩씩한 건국도 있을 수 있다. 우리들 붓을 든 자 진실로 우리의 국가건설에 대한 모든 장애물을 정당하게 비판, 대중 앞에 그 정체를 밝힘으로써 민족 노선에 등불이 될 것을 그 사명으로 한다.** 단순한 춘추의 필법만으로써는 우리는 만족치 않는다. 때는 바야흐로 우리에게 필봉의 무장을 요구한다. 모든 민족적 건설에 한 개의 추진이 되고 다시 민중의 지향을 밝게 하는 봉화가 되지 못한다면 우리의 붓은 꺾인 붓이며 무능력한 붓이다. 민족이 갈망하는 것은 우리의 힘 있고 바르고 용감한 필봉일 것이다. 우리는 조선 사정을 국제적으로 정확히 보도하는 나침반

이 되려 한다. 역사적으로 우리에게 부여된 이러한 목표를 수행함에
는 먼저 우리의 결속이 필요하다. 그러므로 우리는 철석같이 단결된
힘을 가지려 한다. 진정한 언론의 자유를 확보함으로써만 민족의 완
전 독립에 길이 열릴 것이다. 신문이 흔히 불편부당不偏不黨을 말하
나, 흑백을 가리어 추호도 왜곡치 않는 것만이 진정한 불편부당인
것을 확신한다. 엄정중립이라는 기회주의적 이념이 적어도 이러한
전 민족적 격동기에 있어서 존재할 수 없음을 우리는 확인한다. 우
리는 용감한 전투적 언론진을 구축하기에 분투함을 선언한다.

조선신문기자회의 선언문은 '일제의 잔재'를 '힘찬 건설로 퇴치'
하는 길에 언론인으로서 최선을 다하자는 다짐을 담았다. 김성수
와 송진우는 여론전에서 밀릴까 싶어 초조했다. 한민당을 결성한
뒤 그렇지 않아도 더더욱 신문이 필요했다. 한민당의 기관지가 절
실했기 때문이다. 하루라도 빨리 복간하고 싶었지만 늦춰진 까닭
은 분명했다. 친일반민족 보도를 일삼았던 동아일보에 대한 기억
이 해방공간의 민중들에겐 생생했다.
　따라서 사사가 서술하듯이 서울의 인쇄 시설을 "좌익이 거의 선
점, 동아일보의 인쇄를 맡아줄 형편이 아니었"던 것은 아니다. 그와
조선일보의 친일반민족 보도를 기억하던 인쇄노동인들이 두 신문
의 인쇄를 거부했기 때문이다. 친일반민족행위를 청산하자는 것은
좌익의 문제가 아니었다.
　무릇 외세의 침략과 강점으로부터 독립한 민족에게 주어진 제1
의 과제는 외세와 손잡고 호의호식하며 제 민족 말살에 동조한 반
민족행위자들에 대한 청산이다. 그것은 보수나 진보로 따질 일이

아니었다. 꼭 보수 진보로 나눈다면 오히려 보수의 과제였다. 프랑스에서 친나치를 청산한 주역이 자타가 공인하는 우파 드골이었던 사실에 비춰보아도 그렇다. 진보가 계급이나 사회의 가치를 추구한다면, 보수는 민족이나 국가의 가치를 존중한다.

한국은 반민족행위자 청산이라는 보편적 과제에 더해 미군과 소련 두 군대가 진주해 있었기에 경계선이자 분단선인 38선 해소가 당면 과제였다. 그 또한 보수나 진보로 따질 일이 아니었다.

사사가 설명하듯이 김성수와 한민당 대표인 송진우는 미군정과 교섭을 통해 신문 인쇄할 곳을 확보할 수 있었다. 조선일보가 복간한 날, 동아일보는 자신의 복간을 알리는 전단을 전국에 뿌렸다. "해방된 강산에 부활한 동아일보, 언론 진영에 곧 재진군"이란 제목 아래 다음과 같이 적었다.

창간 이래로 **민족의 면목을 고수하는 데 최후까지 노력을 다한 우리**는 모욕과 박해로 일관했던 과거를 회상하면서 3000만 형제와 대면케 되는 오늘에 이르러 눈물이 쏟아지며 가슴이 찢어지는 충격에 어찌할 바를 모르겠습니다. 압력이 한꺼번에 없어짐에 따라 앞 뒤 두서가 없이 숱한 논의가 분분한지라 자칫하면 대의大義와 명분을 잃기가 쉽고 대도大道와 정론을 그르치기 쉬운 현 실정에 있어서 창간 이래 민족의 표현기관으로 자임하였던 동아일보의 재출발은 그 의의와 의무가 진실로 거대한 바 있음을 자인합니다.

동아일보는 자신이 "민족의 면목을 고수하는 데 최후까지 노력을 다"했다고 주장했지만 우리가 살펴보았듯이 진실은 다르다.

1937년 이후엔 철저히 일본제국의 언론기관으로 전락했다.

일주일 뒤 이윽고 복간호를 냈다. 미군정의 도움으로 신문 인쇄 시설을 확보할 수 있었다. 1945년 12월 1일, 해방되고 석 달 보름이 지나서였고 통합된 뒤 5년 4개월 만이었다. 송진우가 사장을 맡았다. 시국이 안정적이지 않은 상황일 때 김성수는 전면에 나서지 않고 측근을 내세운 사례가 많다.

한민당 대표(수석총무)가 신문사 사장을 겸했듯이 복간된 동아일보는 자타가 공인한 '한민당 기관지'였다. 민족의 표현기관에서 대일본제국의 표현기관으로 다시 미군정과 한민당의 표현기관으로 전환한 셈이다.

과거의 동아일보사 사옥으로 편집국이 들어가지도 못했다. 서울 광화문에 자리한 사옥은 한민당이 당사로 쓰고 있었다. 영업국과 총무국만 사옥에 들어가고, 편집국은 서울공인사(옛 경성일보 사옥)의 일부를 임대했다.

복간호는 타블로이드판 4개면으로 1면 머리에 중간사重刊辭를 배치했다. 중간사는 이례적으로 첫 문장을 "천도天道"로 다음과 같이 시작했다.

천도天道—무심치 않아 이 강토에 해방의 서기瑞氣를 베푸시고, 성조聖祖의 신의神意, 무궁하시어 이 천민에게 자유의 활력을 다시 주시니, 이는 오로지 국사國事에 순절한 선열의 공덕을 갸륵타 하심이요, 동아에 빛난 십자군의 무훈을 거룩타 하심이라 세계사적 변국變局의 필연적 일면이라 한들 이 하등의 감격이며 이 하등의 홍복鴻福인가?

그는 같은 1면에 중간사를 영문으로 번역해 "On Republication : An Enunciation of Aims" 제목으로 실었다. 번역문이 길기에 2면으로 이어 편집했다. 한국 신문이 영문 논설을, 그것도 1면에 실은 것은 다분히 38선 이남을 통치하던 미 군정을 의식한 조치였다. 일주일 전에 속간된 조선일보가 미처 생각하지 못한 편집이었다.

여기서 유의할 대목은 "천도天道"의 번역이다. 영문은 "The unfailing will of God has brought liberation to this land"라고 적었다. 중간사의 "십자군" 대목도 "the glorious exploits of the crusaders of justice in the Far East"라고 충실히 번역했다.

하지만 천도天道를 "The will of God"으로 옮기는 것은 다분히 미군정을 겨냥한 번역이라고 볼 수밖에 없다. 미군정 당국으로선 "The unfailing will of God"이나 "the glorious exploits of the crusaders of justice"를 읽으며 동아일보와 기독교를 연관 지을 수 있다. 그만큼 친일반민족행위자들이 주축이 된 한민당은 미군정과의 관계가 절박했다고 판단할 수 있다.

중간사는 곧바로 "일장기말소사건에 트집을 잡은 침략자 일본 위정僞政의 최후 발악으로 폐간의 극형을 당하였던 동아일보는 이제 이 날을 기하여 부활"한다고 썼다. 물론 영문으로도 번역해 실었다. '일장기 말소'를 강조함으로써 일본군과 싸운 미군에게 호감을 주리라고 생각했을 법하다. "부활"이라는 표현 또한 마찬가지다.

중간사는 창간 때 내세웠던 3대 주지를 상황에 맞춘다며 다음과 같이 구체적으로 제시했다.

민족의 표현기관으로 자임하노라. 민주주의를 지지하노라. 문화주의를 제창하노라. 여기에 현 국면에 처한 우리의 주지를 구체적으로 부연한다면 대략 다음과 같다. 첫째로 민족 문화의 완성을 돕는다. 둘째로 민주주의에 의한 여론정치를 지지한다. 셋째로 **근로대중의 행복을 보장하는 사회정의의 구현을 기약한다.** 넷째로 국력의 강약 등에 따른 차별을 초월한 국제민주주의의 확립에 기여하고자 한다.

창간할 때 '민중의 표현기관'을 자임했다가 '민중'을 '민족'으로 수정했던 그는 중간사에서도 '민족의 표현기관'을 내세웠다. 눈길을 끄는 대목은 셋째로 공언한 "근로대중의 행복을 보장하는 사회정의 구현"이다. 노사관계에 대한 최근의 보도나 논평과 견주면 참으로 격세지감이 들 다짐이다. 당시 동아일보 또한 해방공간에서 아래로부터 올라오는 '근로대중'의 힘을 무시할 수 없었다. "근로대중의 행복"을 보장하는 "정의 구현"은 친일반민족행위자들마저 모르쇠를 놓을 수 없는 시대정신이었다. 그만큼 민중의 힘이 강했기에 가능한 일이었다.

복간호 1면 중앙에는 김구 임시정부 주석이 '경세목탁警世木鐸'이라 쓴 축하 휘호를 편집했다. 동아일보 사사가 부연하듯이 "맑고 깊은 소리를 울려 세상을 널리 깨치는 목탁과 같은 신문을 만들어 달라는" 백범의 기대였다. 4면에는 머리에 "환국 우리 대한임시정부" 제목을 올리고 양 옆에 태극기를 편집했다. 임시정부 특집면으로 "우리의 임시정부 주석 김구 각하"와의 회견 내용을 "각자 직역職域을 견수/ 최대 직능職能 발휘하라" 제하에 담았다.

이승만이 보낸 축사는 1면에 실었다. 이승만이 귀국하자 거처할 집까지 마련해준 동아일보는 얼굴 사진과 함께 "지도기관 되어라-이승만 박사의 말씀" 제목으로 축사를 담았다,

> 동아일보가 나온다하니 매우 반갑습니다. 나는 미주에 있을 때에 늘 동아일보를 보았습니다. 그래서 국내소식을 전하여주는 유일한 동무로 생각하여 왔습니다. 그러다가 몇 해 전인가 일본정부의 압박으로 폐간이 된 사실을 알게 되자 우리 운동의 유력한 동지자를 잃었다고 생각하고 매우 슬퍼하였습니다. 이번 귀국했을 때도 의례히 동아일보는 다시 부활되었으리라고 생각했든 것이 그러하게 되지 못한 사정을 듣고 대단히 딱하게 생각하고 적막하게 생각했습니다. 동아일보가 민족을 위해서 싸워오고 노력해온 과거의 공로는 누구나 다 인정하는 바이겠지만 더 큰 사명과 직책은 지금부터 있다고 생각합니다. 언론기관이 가진 위대한 힘은 그 건설에 더욱 필요한 까닭입니다.

이승만은 이어 "민중의 의사를 여실하게 반영한다고 해서 흑이나 백이나 분간 없이 추종을 하거나 영합한 것도 의미가 없습니다"라며 "일정한 주견 아래에서 정세를 살피고 판단을 나리고 지도적 임무를 다해야할 것"이라고 강조했다. 미군사령관 하지 중장과 군정장관 아널드 소장의 축사도 담았다. 아널드 소장은 "동아일보가 조선에 있어서 석일昔日의 위대한 영향력을 다시 발휘하리라고 믿는다"고 축하했다.

미군정의 도움을 받아 '한민당 기관지'로 다시 등장한 동아일보

는 복간한 그달에 한국 현대사의 분수령이 될 결정적 보도를 내보냈다. 1945년 12월 27일 1면 머리에 큼직한 제목으로 "소련은 신탁통치 주장, 미국은 즉시독립 주장"을 달고 모스크바 3상회의 소식을 전했다.

막사과莫斯科(모스크바)에서 삼국 외상회의를 계기로 조선 독립 문제가 표면화하지 않는가 하는 관측이 농후하여가고 있다. 즉 번즈 미국 국무장관은 출발 당시에 소련의 신탁통치안에 반대하여 즉시 독립을 주장하도록 훈령을 받았다고 하는데 삼국 간에 어떠한 협정이 있었는지 없었는지는 불명하나, 미국의 태도는 카이로선언에 의하여 조선은 국민투표로써 그 정부의 형태를 결정할 것을 약속한 점에 있는데 소련은 남북 양 지역을 일괄한 일국 신탁통치를 주장하여 삼십팔도선에 의한 분할이 계속되는 한 국민투표는 불가능하다고 하고 있다.

'합동통신 워싱턴발 25일자 보도'를 근거로 한 이 기사는 '소련은 신탁통치 주장, 미국은 즉시독립 주장'이라는 제목 그대로 독자에게 "미국은 조선 독립을 위해 애쓰는데, 소련이 다시 식민지로 만들려 획책 한다"는 인식을 또렷하게 심어주었다. 사주 김성수가 주도한 한민당은 기사가 나가자마자 '신탁통치 반대 운동'을 맹렬히 전개했다.

하지만 그가 대대적으로 부각해 편집한 "소련은 신탁통치 주장, 미국은 즉시독립 주장" 제목의 기사는 단순한 오보가 아니라 명백한 '가짜 뉴스'였다. 모스크바 3상회의부터 짚어보자. 2차 세계대전의 뒤처리를 위해 연합국이던 미국·영국·소련 3개국의 외무장관들이 모스크바에 모여 12월 16일부터 27일까지 회의를 열었다. 문제의 기사가 나온 시점에선 회의 내용이 채 공개되지도 않았을 때였다. 실제 기사를 보더라도 "표면화하지 않는가 하는 관측이 농후"하다거나 "어떠한 협정이 있었는지 없었는지는 불명하나"와 같은 표현이 들어가 있다.

그럼에도 한민당의 표현기관답게 그는 "소련은 신탁통치 주장, 미국은 즉시독립 주장"으로 단정해 충격적이고 자극적인 편집을 했다.

무엇보다 심각한 문제는 12월 28일 오후 6시에 모스크바 3상회의가 발표한 "한반도에 관한 4개항의 결의서" 내용이다. 결의서 가운데 이른바 '신탁통치' 내용을 살펴보자.

1. 조선을 독립국가로 재건하기 위해 임시적인 조선 민주정부를 수립한다.
2. 조선 임시정부 수립을 돕기 위해 미소공동위원회를 설치한다.
3. 미·영·소·중 4개국이 공동 관리하는 최고 5년 기한의 신탁통치를 실시한다.

미국, 영국, 소련의 외무장관들이 합의한 내용은 그의 1면 머리기사 제목과 달랐다. 소련은 신탁통치를 주장하고 미국은 즉시 독립을 주장했다는 내용은 '결의서'에 전혀 없었다.

더구나 회담에서 '신탁통치'안을 제시한 쪽은 그의 보도와 달리 소련이 아니라 미국이었다. 실제로 미국은 오래전부터 한반도에 신탁통치를 주장해왔다. 미국 대통령 프랭클린 루스벨트는 1943년 11월 말 카이로회담에서 영국의 처칠, 중국의 장제스와 "적절한 과정을 거친 다음 한국을 독립시킨다"는 데 합의했다. 국내에는 "독립시킨다"는 문구만 강조돼 전해졌지만, 사실 '적절한 과정'이란 곧 신탁통치를 의미했다. 미국의 구상은 1945년 2월 얄타회담에서도 확인됐다. 당시 루스벨트는 "한국인은 자치 능력이 없다. 아마 40년 내지 50년 정도는 신탁통치를 해야 할 것 같다"고 말했다. 그때도 이미 소련의 스탈린은 "그렇게 길게는 안 된다. 5년 정도로 하자"고 주장했다.

일본제국이 마지막 발악을 하고 있는 상황이었기에 구체적으로 신탁통치를 어떻게 얼마나 오래 할 것인가는 결정하지 않았다. 그 연장선에서 모스크바 3상회의에 조선독립 문제가 의제로 오른 셈이다. 결국 결의한 제3항처럼 "미·영·소·중 4개국이 공동 관리하는 최고 5년 기한의 신탁통치를 실시 한다"로 합의를 이뤘다.

모스크바 3상 회의 합의사항을 선입견 없이 살펴보면 일본의 뒤를 이어 4개국이 한반도를 마음대로 통치하겠다는 의미가 결코 아니었다. 혹시 루스벨트는 비슷한 생각을 했을 수는 있다. 하지만 일제 강점기에도 소련은 전 세계의 반제국주의 투쟁, 민족해방운동을 도왔다. 미국의 신탁통치안을 소련이 강력히 반대함으로써 합의된 3개항에서 가장 중요한 것은 제1항으로 38선을 해소하고 한국 독립의 기초를 다지는 임시정부를 수립한다는 결의였다. 한국인의 임시정부는 '신탁통치' 시한과 시행 방안을 4개국 정부와 협의할 권한을 갖는다. 그 기간에도 통치의 기본 주체는 어디까지나 한국인의 임시정부로 4개국은 그 정부를 후원, 또는 후견하는 일만

맡는 것으로 되어 있다.

합의를 이루는 과정에서 미국은 끝까지 최대 10년, 최소 5년의 신탁통치를 주장하며 4개국의 협의기구가 통치권을 갖자고 완강한 자세를 보였으나, 소련의 반대로 '최대 5년, 통치권의 임시정부 귀속'으로 결정됐다. 따라서 모스크바 3상회의 합의를 1면 머리기사로 올릴 때 가장 적확한 표제는 "남북통합정부 수립 합의"이어야 옳았다.

그의 "소련은 신탁통치 주장, 미국은 즉시독립 주장" 제목의 기사는 사실과 정반대의 전형적인 가짜 뉴스였다. 더구나 같은 날 1면에서 "소련의 극동책과 조선" 제목의 연재물 세 번째 '제정시帝와 방불한 정세' 기사를 맞물려 편집했다. 소련이 과거 러시아제국처럼 얼지 않는 항구를 노리고 있다는 보도였다.

다음 날에도 동아일보의 선동은 멈추지 않았다. 12월 28일자 1면에 "소련의 조선신탁 주장과 각 방면의 반대 봉화"와 "희생적 혈투각오" 제목을 달았다. "전 생명 걸고 배격 한국민주당 궐기" 기사도 한민당 기관지답게 부각해 편집했다. 그는 "민족적 모독 ─ 신탁 운운하는 소련에 경고한다"처럼 다분히 선동적인 사설 제목으로 소련을 '제2의 일제 침략자'라도 되는 듯 몰아갔다.

동아일보가 1면에 대대적으로 보도한 '가짜 뉴스'를 사실이라고 단정한 국내 여러 정당과 사회단체들은 크게 반발했다.

하지만 조선공산당은 3상회의에서 합의한 전문을 보지 못한 상황이었기에 "아직 말할 수 없다"는 반응을 보였고, 사회주의 경제학자 백남운도 "정식 발표 전엔 판단키 어렵다"고 논평했다. 두 반응과 논평 모두 28일자 1면에 편집된 동아일보의 제목이다. 따라서 "좌익은 반탁했다가 나중에 소련 지령을 받고 찬탁으로 돌아섰다"는 식의 주장은 당시에도 거짓 선동이었다. 그럼에도 지금도 그렇게 해석하는 정치학 교수들이나 언론사들이 적지 않은 것은 우리가 진실 앞에 얼마나 어두울 수 있는가를 입증해준다. 물론, 더러는 동아일보의 기사만 보고 분위기에 휩쓸린 '진보적 인사'들도 있었다. 하지만 그들도 모스크바 3상회의 결의문이 모두 알려진 뒤 '잘못된 정보에 의한 판단 착오'를 바로잡았다.

한민당의 표현기관이던 그가 1면에 대대적으로 부각한 가짜뉴스에 가장 격분한 정치세력은 김구가 이끄는 임시정부 인사들이었다. 임시정부 요인들은 12월 27일 기사의 진위 여부를 가리지도 않고 이튿날 김구의 거처이자 집무실이던 경교장에서 긴급 '국무회의'를 열었다. 이어 반탁을 선언하는 성명을 발표해 "5천년의 주권과 3천만의 자유를 전취하기 위하여는 자기의 정치활동을 옹호하고 외래의 탁치세력을 배격해야 한다"며 "우리의 혁혁한 혁명을 완성하자면 민족이 일치로써 최후까지 분투할 뿐이다. 일어나자, 동포여!"라고 주장했다.

다음 날인 12월 29일 밤에도 각 정당과 사회단체 대표 200여 명이 경교장에서 회의를 열었다. 이참에 미군정을 임시정부가 접수하자는 임정파가 회의를 주도했다.

거친 논쟁 끝에 임시정부가 주권을 행사해서 미군정에서 일하는 모든 공무원으로 하여금 군정을 거부토록 하고 임정의 명령에 따르게 하며 시장의 상인들도 모두 거리로 나와 반탁운동을 벌이자는 강경론이 힘을 얻었다. 그런데 한민당 대표(수석총무)이자 동아일보 사장 송진우는 신중했다. 송진우는 모스크바 3상회의 전문을 받아본 뒤 자신의 신문 보도가 잘못된 것임을 뒤늦게 깨달았다. 합리적 보수주의자 송진우가 사장을 맡고 있었지만, 신문 지면을 실질적으로 책임진 고재욱은 사주 김성수의 처조카였다.

경교장 회의에서 송진우는 무조건 '반탁운동'에 나서는 것이 능사는 아니라며 현실론을 폈다. 임정파는 송진우의 현실론에 격분했다. 늦게까지 논쟁을 벌이고 집으로 돌아와 잠자리에 든 송진우는 새벽 5시에 담을 넘어 잠입해 들어온 청년들의 총격을 받았다. 머리와 가슴에 여섯 발을 맞아 절명했다.

암살 다음 날인 12월 31일, 동아일보는 1면에 송 사장을 애도하며 "일주一柱(한 기둥)를 잃다! 민족의 금일을 곡哭" 제하의 사설을 실었다. 그런데 신문사 사장이 한밤에 권총을 맞아 숨겼는데도 반응이 차분하다. 예컨대 "하수인이 그 누구임을 사색査索할 필요가 없으리라. 암해의 목적이 그 어디에 있음을 추궁할 필요도 없으리라. 다만 민족의 갱생을 위해 진군하는 우리의 도정道程에 피를 보았다 그만일 것이다…민족적 정기를 다시 다듬어 권토중래의 진운進運을 계속한다면 선생의 죽음은 비보悲報가 아니라 경보警報다"라고 주장했다.

어떻게 '하수인'이 누구인가를 조사할 필요가 없다고 주장할 수 있었을까. 한민당은 "좌익 세력"의 소행이라고 암살 배후를 흘렸다. 만일 그렇다면 가장 격렬하게 배후를 밝히자고 나서야 옳지 않았을까.

주한미군사령관 하지와 진보세력은 김구와 임정파를 배후로 의심했다. 경찰은 한현우와 유근배 등 6명을 범인으로 체포했지만 끝내 배후 규명 없이 수사를 종결했다.

송진우가 새벽에 암살된 그날 김구는 내무부장 신익희의 이름으로 '임시정부 포고 제1호 및 제2호'를 발표했다. "미 군정청 산하의 모든 한인 직원들은 임정의 지휘를 받을 것"과 "모든 국민은 임정의 지휘 아래 반탁운동에 참여할 것"을 선포했다. 포고문이 나가자 서울시내 경찰서장 7명이 경교장을 방문해 김구에게 충성 선언을 했다.

미군정은 가만히 있지 않았다. 곧장 미군정청장 하지가 김구를 사무실로 불렀다. "다시 나를 거역하면 죽이겠다"고 직설적으로 위협했다. 임시정부가 낸 포고문은 유야무야 되었다.

기실 대한민국임시정부의 권위는 해방공간에서 높지 않았다. 일제 강점기에 임시정부 수립 직후부터 이승만의 '외교를 통한 독립' 노선 탓에 분열이 시작되어 독립운동의 '대표성'을 인정받기에는 많이 부족했다. 더욱이 국내 기반도 없었다. 국내 기득권세력은 한민당으로 뭉쳐 있었고 민중들은 진보적인 정당들에 기울어 있었기 때문이다.

송진우를 이어 김성수가 동아일보 사장에 취임했다. 김성수는 한국민주당 수석총무도 직접 맡고 나섰다. 3상회의를 바라보는 시각에 송진우와 김성수는 차이가 있었다.

3상회의 합의의 진실이 곧 알려지면서 딱히 진보적이지 않은 정당과 사회단체들—다름 아닌 송진우처럼 합리적 보수주의자들—까지 38선을 해소할 '남북통합 정부 수립'에 주목해 결정을 받아들이자는 의견을 적극 밝혔다. 그러자 한민당과 그는 격렬히 비난하고 나섰다. 3상회의를 지지하는 세력을 '소련의 지시에 따라 움직이는 꼭두각시'로 몰아갔다. 35년 일제 강점기 내내 억눌려온 민족

감정을 충동질하며 "찬탁을 주장하는 자들은 민족반역자들이다!" 라고 선동했다.

한민당의 표현기관으로서 그의 활약은 모스크바 3상회의에 대한 가짜뉴스에 머물지 않았다. 그는 조선공산당을 같은 방법으로 공격하고 나섰다. 조선공산당. 적잖은 독자들에게 낯선 이름이겠지만 오늘날 평양의 조선노동당과 결이 다른 정당이다. 일제강점기인 1925년 결성되어 지하에서 활동하며 일본제국의 모진 탄압을 받았다. 해방될 때까지 일제와 타협하지 않고 민족해방운동을 벌이던 박헌영은 1945년 9월에 합법적인 정당으로 조선공산당을 20년 만에 재건했다.

조선공산당이 민중들의 지지를 받으며 당세가 커지자 주한미군 사령관 하지 중장은 그해 11월 16일 당수 박헌영과 회담했다. 군정장관 아놀드 소장이 배석했다. 회담을 마친 박헌영은 "조선공산당은 군정에 협력을 아끼지 않겠다"며 "협력은 하되 군정이 잘못되는 방향으로 나가는 경우에 공산당은 비판할 자유를 가졌으므로 우리 의견을 건의하겠다"고 밝혔다. 하지 사령관도 그 말에 찬성 뜻을 표했다. 조선공산당은 곧 서울 한복판인 조선호텔 앞 근택빌딩(현재 롯데백화점 주차장 자리)에 '조선공산당' 간판을 걸었다. KBS라디오가 박헌영의 연설을 방송할 만큼 조선공산당은 합법 정당으로 활동하며 강력한 세를 이루고 있었다. 유럽과 일본에서 공산당은 당시부터 지금까지 합법적으로 활동해 오고 있다.

한민당으로서는 가장 버거운 경쟁 상대가 바로 조선공산당이었다. 더구나 조선공산당은 친일반민족행위자 처벌을 가장 강경하게 주장하며 민중적 기반을 넓혀가고 있었다.

1946년 1월 16일자 신문 1면에 동아일보는 느닷없이 "조선을 소련 속국으로" 제하의 기사에서 조선공산당 당수 박헌영이 미국 뉴욕타임스 특파원 리차드 존스턴에게 "자신은 소련 일국에 의한 신탁통치를 지지하며 장래에 조선이 소연방의 하나가 되기를 희망한다"고 말했다고 보도했다. 문제의 기사는 "박헌영의 매국언동" 제하의 기사와 맞물려 편집됐다.

하지만 정작 당사자에게 확인도 하지 않고 인용한 '가짜뉴스'였다. 뉴욕타임스 특파원과 같은 날에 함께 박헌영 기자회견에 참석한 미군 기관지 기자와 국내 12개 신문과 통신사 기자들은 일동으로 그 보도가 사실이 아니라는 성명을 발표했다. 상식적으로 생각해도 박헌영이 '바보'가 아닌 한 미국 기자에게 그런 말을 할 가능성은 없었다. 박헌영은 일제 강점기에 동아일보 기자로 활동하다가 해직돼 조선일보로 옮겼지만 다시 해직된 언론인 출신으로 누구보다 동아일보의 속성을 잘 알고 있었다.

한민당은 기다렸다는 듯이 간부회의를 소집해 박헌영의 발언이 "조선의 독립을 말살하고 소련의 노예화를 감수하는 매국적 행위"라고 규탄하는 결의문을 채택했다. 곧장 "박헌영을 타도하라"는 전단을 대량 유포했다.

하지만 3상회의에서 신탁통치를 집요하게 주장했던 미국의 '정책'을 가장 잘 알고 있을 미군정은 국내에 큰 파문을 던지고 있는 가짜뉴스를 바로잡을 뜻이 전혀 없었다. "소련은 신탁통치 주장, 미국은 즉시독립 주장"은 얼마든지 진실을 알릴 수 있는 사안이었음에도 침묵으로 일관했다.

지켜보다 못한 소련이 타스통신을 통해 신탁통치를 주장한 것은 미국이고, 소련은 조선의 신속한 독립을 주장한 사실을 회의장 대화록까지 풀어 상세히 보도했지만, 미군정도, 한민당도, 왜곡보도를 한 그도 모르쇠를 놓았다.

미국 국무부는 소련의 거센 항의를 받고 1월 27일에 모스크바 3상회의 협상에 대한 소련의 설명이 정확하다고 미군정청장 하지에게 공식 통보했다. 하지만 미 군정청은 그 사실을 조선의 정치계나 언론에 전달하지 않았다. 미 국무부와 남쪽의 미 군정청이 사전에 모의한 면피 전략일 수 있다. 미 군정청은 되레 2월 18일에 공보국 명의의 발표를 통해 박헌영 회견에 대한 뉴욕타임스 특파원 존스턴의 전언을 비호하고 나섰다.

그러자 이틀 뒤인 2월 20일 '매국적징치賣國賊懲治 각 단체 긴급협의회'에서 제작한 조선공산당과 당수 박헌영을 규탄하는 전단이 대량으로 살포됐다. 전단은 "박헌영의 매국 언사言辭는 사실"이라고 주장했다.

38선 남쪽에서 한민당과 임정 세력이 반탁운동을 한창 벌이던 1946년 3월 20일 서울에서 제1차 미소공동위원회가 열렸다. 기실 미국과 소련이 합의하지 않는 한, 38선 해소는 불가능했기 때문에 군대를 주둔하고 있는 두 나라의 합의 여부는 우리 민족사의 운명을 가를 중요한 변수였다. 미국과 소련이 합의하지 않는 한 분단은 고착될 수밖에 없었기 때문이다.

미소공동위원회 회의는 모스크바 3상회의 결정에 따라 조선의 정당·사회단체와 협의해서 남과 북을 아우르는 임시정부를 수립하는 것이 목적이었다. 그런데 3상회의 합의 자체를 반대하며 '반탁운동'을 벌이는 단체들이 변수였다.

더구나 38선 이북에서 1946년 2월 북조선임시인민위원회를 설치하고 토지개혁을 전격 단행하고 나섰다. 38선 이남의 지주들은 '통합 임시정부'에 더 민감할 수밖에 없었다. 그들은 미소 공위의 결렬을 원했고 결국 그렇게 되고 말았다.

제1차 미소공동위원회가 결렬되자 진보적 신문이나 중도적 신문들은 3상회의의 진상과 의미를 상세히 보도하며 그 필요성을 역설했다. 가령 중도적인 신문 〈독립신보〉의 사설은 이른바 '반탁세력'을 겨냥해 다음과 같이 주장했다.

조선의 민주주의적 독립국가 건설은 국제적 원조가 없이는 불가능한 것이요 민족의 통일 없이는 또한 실현될 수 없는 것이다. 그럼에도 불구하고 일국에 의존하여 타국의 정치세력을 배제하고 일국 편향주의를 채택하려는 일부 지도자의 우견으로 말미암아 미소 공동위원회에 악영향을 끼치게 한 것은 유감천만의 일이다. 전 민족의 운명을 짊어진 민족의 지도자는 신중히 반성하여 민족통일로써 이 미묘한 국제평화의 교란자를 물리쳐야 할 것이다. 전에 감정과 편향심을 가지고 냉정을 결한 자가 있다면 분명히 민족의 진정한 진로를 저해하는 반역자가 아닐 수 없을 것이니, 민족지도자는 통일전선 결성에 매진하여야 할 것이다(1946년 5월 10일자).

독립신문에 그는 침묵할 수 없었다. 신탁통치 안을 미국이 제의한 것이 사실로 확인 된 뒤에도 소련을 일러 "우리에게 탁치를 강요하는 나라"로 계속 여론을 '호도'해왔기 때문이다. 독립신보의 설득력 있는 사설이 나간 바로 다음날 5월 11일자 '미소공위 결렬' 제목의 사설에서 동아일보는 거듭 '반탁운동'을 강조했다. "3상회의가 열리던 전후의 정황과 현행 북조선의 실정, 소련을 뒤쫓아 도를 넘게 충성을 다하려는 악질 공산계의 동태로 보아"(1946년 5월 11일자 사설) 탁치의 추진자가 소련이었음은 의심할 여지가 없다고 주장했다.

심지어 그는 1946년 8월 29일자 신문에서 '찬탁론'이 한말의 합방론과 "동가이곡同歌異曲"이라고 규정하고, 모스크바 3상회의 지지자들을 "독립 방해자"요, "반족적 분자"로 매도했다. 해방 직후 '친일반민족행위자'로 몰렸던 이들이 그들을 비판했던 세력을 "반민족적 분자"로 규정하기에 이른 것이다. 더구나 그 반민족적 분자들을 "우리의 기억과 환경에서 완전히 청소하자"고 주장했다.

진보언론과 중도언론의 노력으로 '반탁론'의 허구가 점차 드러나고 신탁통치를 미국이 주도했다는 진실이 널리 퍼져가자 미군정은 군정법령 88호를 통해 신문발행을 허가제로 바꾸는 동시에 대대적인 탄압에 들어갔다. 미군정에 동조하지 않는 언론사들은 하나 둘 정간과 폐간을 당했다. 그 과정에서 조선공산당은 불법화되고 기관지 해방일보는 폐간됐으며 당수 박헌영에겐 체포령이 내렸다.

정반대로 이승만과 한민당은 '날개'를 달았다. 미소공위가 결렬되고 한 달도 안 되어 줄곧 미국의 의도가 무엇인지 촉각을 곤두세워오던 이승만은 승부수를 던지고 나섰다. 1946년 6월 3일 전북 정읍에서 "이제 우리는 무기 휴회된 공위가 재개될 기색도 보이지 않으며 통일 정부를 고대하나 여의케 되지 않으니 남방만이라도 임시정부 혹은 위원회 같은 것을 조직하여 38 이북에서 소련이 철퇴하도록 세계 공론에 호소하여야 될 것이니 여러분도 결심하여야 될 것"이라며 남쪽만의 단독정부 수립에 나설 뜻을 분명히 밝혔다.

이승만은 정읍에 이어 6월 4일 전주, 5일 이리, 6일 군산에서 열린 '환영회'에서도 같은 주장을 되풀이했다. 거의 모든 정치세력이 이승만의 '단독정부론'을 비판했다. 김구는 이승만의 제안을 비판하며 '반탁통일운동 강화'를 주장했고, 김규식은 '좌우합작운동'을 펼치고 있었다. 미군정은 김규식에 힘을 실어주고 있었지만, 이는 진보세력 분열을 목적으로 한 전략이었다고 보는 연구자들이 많다.

한민당은 아니었다. 단독정부 수립을 두 손 들어 지지하고 나섰다. 한민당의 기관지인 그도 당연히 따랐다. 김성수가 이끄는 한민당과 그는 김구와 유지해온 관계에 선을 긋고 이승만의 단정 수립 노선을 앞장서서 여론화해 갔다.

여기서 유의할 대목이 있다. 마치 이승만이 독자적으로 단호히 결단해서 단정수립을 추진한 것으로 오해하는 사람들이 많지만—1990년대 이후 '친일 반민족 언론'과 몇몇 교수들의 이승만 영웅화 작업의 결과다—진실과 거리가 멀다.

이승만이 단정 수립을 치고 나가기 두 달 전부터 이미 진보적이거나 중도적 신문들은 이남만의 단독정부 수립을 경계했다. 가령 중도적인 중앙신문은 1946년 4월 8일자 사설에서 "미 점령군 당국이 38 이남에 단독 정권을 수립한다"는 AP통신의 보도에 대해 그것이 "오보라기보다 어떠한 의도를 내포한 것"이라고 해석했다. 사설은 단독정권 수립설이 유포되는 것은 "미소 양국을 이간하고 민족 분열을 책동한 친일분자와 파쇼적 요소의 최후 발악"이라고 단정했다. 다음날 사설(4월 9일)에서는 "3상회의 결정을 반대하여 애국자인 체하는 구호로 민족을 혼란케 하며 모리 행동으로 경제교란을 일삼던 일렬一列의 반민족 분자들"이 통일정권 수립에 대하여 큰 공포를 느껴 허황한 설을 퍼트리고 있다고 비판했다.

여운형을 지지하던 조선인민보도 사설 '남조선 단독정부 수립을 경계하라'(1946년 5월 13일자)에서 "정권 장악 외에 여념이 없는 일부 반동 정객들"이 단독정부 수립을 기도할 개연성이 있다고 지적하였다. 진보·중도 신문들은 남쪽만의 단독정부 수립은 "이 민족 이 땅을 양군兩軍의 주둔 하에 완전히 양분하는 것"을 의미한다고 경고했다. 중앙신문은 다시 '반역의 단독정부설'(1946년 5월 14일자) 제하의 사설에서 38선의 존재가 상·하체 혈액 유통을 정지시킨 것과 같은 고통을 주고 있는 때에 남조선 별립 정부를 논함은 국가 민족에 대한 간과할 수 없는 거역이기 때문에 "거족擧族의 힘을 다하여 박멸말살하지 않으면 안 될 것"이라고 강조했다.

진보·중도 신문들은 자신들이 우려한 그대로 6월 3일 이승만이 38선 이북의 소련군 철퇴와 남쪽만의 단독정부 수립을 주장하자 한 목소리로 비난하고 나섰다. 조선인민보 사설 '단독정권 음모 구체화'(1946년 6월 8일자)는 "오래 엄폐하고 각양으로 의장擬裝해오던 단독정권의 음모가 이 박사의 연설 행각에 의하여 드디어 공연한 사실로 화"하였다고 비판했다. 독립신보는 "미소 공동위원회가 휴회되었다는 것을 구실로 조급히 남한만의 단독정부를 우익 정당이나 일부 정객의 의사로써 수립한다면 이는 전 민족의 총의를 무시하

는 특권계급만의 반동적 강권"이 되고 말 것이라고 경계했다(1946년
6월 5일자). 중앙신문은 "북조선에는 인민위원회라는 정부 대행기관
이 있고 중대 법안의 실시가 있었으니, 남조선에도 단독정부 수립
이 당연치 않느냐는 그릇된 주장"이 있다고 지적하고, "북조선이 어
떤 과오를 범했다면 남조선도 적본주의敵本主義로 반드시 그 과오를
재범하여 남북 적시敵視에 격화를 고조해야 될 리가 없다"고 주장
했다(1946년 6월 6일자 사설).

그럼에도 단독정부 수립을 추진하는 세력은 미군정의 은밀한 비
호를 받았고 자금력까지 풍부했다. 한민당의 돈이 흘러간 대표적
단체가 서북청년단이다.

서북청년회(서청)는 1946년 11월 발족해 1948년 12월 해산했다.
1946년 초, 38선 이북에서 친일파와 지주들을 숙청하고 토지개혁
을 실행하자 그 자제들이 대거 이남으로 몰려와 만든 단체가 서북
청년단(서청)이다. 미군정과 한민당은 서청을 자신들을 보호해줄 청
년조직으로 삼았다. 서북청년단 단장 문봉제는 회고록에서 "서청
은 처절한 극우였다. 우익의 최선봉에 서서 닥치는 대로 좌익 세력
을 쳐부수는 거친 전위 행동 부대였다. 피비린내 나는 살상, 바로
그 연속이 서청의 역사였다 해도 과언이 아니다. 당시 일부에서 서
청을 백색테러단으로 규정지은 까닭도 여기에 있다"고 스스럼없이
밝혔다.

친일파 청산의 문제를 좌익과 우익으로 몰아간 서청은 한민당과
미군정의 비호 속에 숱한 학살과 성폭력을 저질렀다. 진실 화해를
위한 과거사정리위원회의 조사에서 밝혀졌듯이 서청은 "사람 목숨
을 아주 우습게 여겼다. 공장 파업 노동자들을 폭력으로 진압했을

때는, 살해 방식이 악랄했다. 사람을 드럼통에 집어넣어 시멘트를 부은 뒤 한강에 빠뜨리는 방식이었다." 서청은 일제강점기에 민족주의자, 항일운동가, 독립운동가들을 모두 '빨갱이'로 몰았다.

바로 그 악명 높던 서북청년회의 사무실이 한민당 당사에 있었다. 서울 광화문에 자리한 동아일보사 사옥이다. 서청은 나중에 이승만의 '대한청년단'으로 통합되었고 일부는 조선경비사관학교(육군사관학교 전신) 5기와 8기로 입학해 훗날 5·16 군사쿠데타에 주도적으로 참여했고 중앙정보부 창설에도 가담했다.

이승만의 단정 수립을 적극 지지한 사주 김성수는 복간할 때 논설 책임자로 끌어들인 설의식을 내치며 조직을 개편했다. 마침 편집국장 고재욱이 중간사를 쓴 설의식을 "좌파"라며 축출해야 한다며 속닥거렸다. 설의식은 본디 '좌파'가 아니었고 동아일보사에서 나온 뒤에도 중도적 길을 걸어갔다. 그럼에도 사주에게 '좌파'로 보고한 고재욱은 김성수의 처조카였다. 고재욱은 그 뒤 동아일보사에서 설의식의 자리를 차지했고 회장까지 지냈다.

1947년 5월 21일에 미소공동위원회가 재개되었지만, 미국이 남과 북에 각각의 입법기관을 설치하자고 제안하고 소련은 '남북 분열 조장'이라 거부하면서 공위는 최종 결렬되었다. 결국 연합국을 대표해서 미국과 소련이 38선을 해소하며 조선에 임시정부를 세우는 방안은 물거품이 되고 말았다. 미소공위가 결렬되기까지 미군정은 친일반민족행위자 청산을 내내 가로막았다.

미군정에 동조하지 않는 언론사들은 하나 둘 정간과 폐간을 당한 뒤인 1947년 8월에 그를 필두로 7개 신문사 기자들은 조선신문기자회와 별도로 조선신문기자협회를 결성했다. 고재욱이 위원장을 맡았다.

미소공위가 최종 결렬되면서 이승만의 단정 주장과 한민당은 더 힘을 얻었다. 미국은 한국 문제를 자신이 주도하는 유엔 총회로 가져갔다. 1947년 11월 14일, 미국이 유엔에 제출한 남북총선거와 이를 위한 '유엔 한국위원회 설립안'이 소련의 반대 속에 가결되었다.

유엔총회 결의에 이승만과 그를 지지하던 한민당은 '민족의 경사'라고 환호했다. 이승만·한민당 계열의 14개 단체는 11월 15일 '유엔 결정 감사 및 총선거 촉진 국민대회'를 열었다. 대회에서 '유엔 결정 감사 결의문'을 채택했다. 단정 수립에 비판 여론을 이끌어갈 진보·중도 신문의 대다수는 이미 대부분 폐간 당한 상황이었다.

1948년 1월 7일 프랑스, 인도 등 8개국 대표들로 구성된 유엔 한국임시위원단 일행이 입국했다. 동아일보는 '유엔 위원단을 환영함'이라는 제목의 사설로 유엔의 결의를 실천하는 것이 가장 현실적인 대안이라고 강조했다. 유엔위원단은 12일 서울 덕수궁에서 첫 회의를 열고 업무를 시작했다. 하지만 소련군정 당국은 1월 24일 유엔위원단의 38선 이북 방문을 거부했다.

김구는 1월 28일 유엔위원단에 의견서를 제출했다. 단독정부 수립을 반대하며 남북지도자회의를 소집하자고 요구했다. 그러자 한민당 간부들로 구성된 한국독립정부수립대책위원회가 김구를 격렬히 비난했다. 동아일보도 물론 가세했다, 1948년 1월 30일자 신문에서 "소련은 조선의 김구에게서 그 충실한 대변인을 발견하였다고 생각할 것"이라며 김구의 "자살적 행동으로서 참으로 해괴한 일이라고 하지 아니할 수 없다. 우리는 금후에는 김구를 조선민족의 지도자로는 보지 못할 것이고, 크레믈린궁의 한 신자라고 규정하지 아니할 수 없음을 유감으로 생각한다"고 거칠게 비난했다.

소련이 유엔 위원단 진입을 계속 거절하자 이남에서는 남쪽만이라도 총선거를 실시하자는 이승만 – 김성수 노선과 이에 반대하는 김구-김규식 노선이 정면으로 충돌하는 양상을 보였다. 동아일보는 2월 3일 "총선거를 단행하라" 제목의 사설을 통해 남쪽만의 단독정부 수립을 강력히 주장했다. 같은 날 이승만은 미국 정부에 '총선 조속 실시'를 촉구했다.

민족의 운명을 좌우하고 자주독립을 쟁취할 총선거 실시는 우리가 갈망한 지 이미 오래고 57개국으로 구성된 국제연합 또한 이를 보장하였으니 실시 안 될 리 없건만 이를 방해하려는 비민족적 비민주적 책동도 우심한 바 있으니, 또 한번 이를 강조하여 겨레의 새로운 결의와 용기를 종용하는 동시에 유엔 위원단의 심경에도 추호의 동요없이 그 사명완수에 매진하여주기를 바라는 바이다.

유엔결의에 의한 총선거 실시에 반대하는 3대 집단이 있다는 것이 나타났으니 제1은 공산파共産派요 제2는 중간파中間派요 제3은 법통파法統派다. 소련의 맹우로 자처하는 비민주적 독재주의 신봉자들이 소련의 보이콧에 추종해 남한의 총선거를 단선單選이니 단정수립單政樹立이니 하고 반대하는 것은 처음부터 예상하였던 바이거니와, 유엔결의를 지지하는 듯 아니 하는 듯하면서 요컨대 총선거를 연기하려는 점에 있어서 공산파와 호흡을 맞춘 중간파는 또한번 그 교묘한 줄타기를 보여주었고, 민족진영의 중견으로 자처하던 법통파가 그 법통에 연연한 나머지 민주적 총선거를 반대하여 군정을 연장하려 하고 심지어 국제경찰군을 동원하여 조국을 국제 신탁에 넣음도 불사하려 함에 있어서는 그 지성의 상실에 아연하지 않을 수 없는 것이다.

문제는 간단하고 결정적이다. 양군兩軍 **즉시 철퇴와 남북요인회담을 천만 번 부르짖어도 하나의 표어는 될지언정 정치는 될 수 없는 것이다. 현실을 떠나서 정치는 있을 수 없기 때문이다.** 통일 조선을 거부한 것은 38선을 철의 장막으로 만든 소련이다. 남북 요인회담이 가능할진대 미소공위가 두 번이나 실패할 리가 없고, 정부수립 전의 양군 철수는 혼란을 초래할 뿐이며 폭동화를 꾀하는 공산파 이외에 무슨 이익이 있겠는가. 더욱 심해지고 있는 남한의 민생 도탄은 급속한 정부수립을 절실히 요청하고 있으매 이북을 유보하지 않을 수 없는지라 3분의 2 이상의 인구를 보유한 남한에서만이라도 총선거를 단행하여 정부를 수립해야 할 것이다. 이것만이 이 단계에 있어서 우리의 최선이며 통일 조선의 필연적 과정인 것이다.

동아일보가 남쪽만의 총선을 주장한 시점은 유엔한국임시위원단이 다시 미국의 제출안을 받아들여 5월 10일 이내에 선거가 가능한 지역인 남쪽에서 총선을 실시한다고 발표한 시점보다 3주나 앞섰다.

김구는 2월 10일 "3천만 동포에게 읍고함" 제목으로 '통일정부 수립'을 주장하는 담화를 발표했다. 김구는 먼저 종전 이후 일본이 아닌 한국이 고통받고 있는 현실을 개탄했다.

한국은 일본과 수십 년 동안 계속하여 혈투하였다. 그러므로 일본과 전쟁하는 동맹국이 승리할 때에 우리도 자유롭고 행복스럽게 날을 보낼 줄 알았다. 그러나 왜인은 도리어 환소歡笑 중에 경쾌히 날을 보내고 있으되 우리 한인은 공포 중에서 죄인과 같이 날을 보내고 있다. 이것이 우리의 말이라면 우리를 배은망덕하는 자라고 질책하는 자도 있을 것이다. 그러나 이것이 미국 신문 기자 리처드의 입에서 나온 데야 어찌 공정한 말이라 아니하겠느냐? **우리가 기다리던 해방은 우리 국토를 양분하였으며 앞으로는 그것을 영원히 양국 영토로 만들 위험성을 내포하고 있다.**

이어 "유엔은 이러한 불합리한 것을 시정하여서 인류의 행복을 증진하며 전쟁의 위기를 방지하여서 세계의 평화를 건설하기 위하여 조직된 것"이라며 그 사명을 수행하기 위하여 파견된 임시위원단은 "신탁 없는, 내정 간섭 없는 조건하에 그들의 공평한 감시로서 우리들의 자유로운 선거에 의하여 남북통일의 완전 자주 독립의 정부를 수립할 것과 미소 양군을 철퇴시킬 것을 약속하였다"고 강조했다.

비록 위원단이 소련의 거부로 38선 이북으로 들어가지 못했지만 최선을 다해 "유엔 전체의 역량을 발동하여서라도 기어이 성공"해 줄 것을 촉구했다. 문제는 유엔위원단의 판단을 흐리는 세력이라며 다음과 같이 날카롭게 비판했다.

미군 주둔 연장을 자기네의 생명 연장으로 인식하는 무지몰각한 도배들은 국가 민족의 이익을 염두에 두지도 아니하고 박테리아가 태양을 싫어함이나 다름이 없이 통일 정부 수립을 두려워하는 것이다.

한국민주당의 표현기관

그리하여 그들은 음으로 양으로 유언비어를 조출造出하여서 단선 군정의 노선으로 민중을 선동하여 유엔 위원단을 미혹케 하기에 전심전력을 경주하고 있다.

미군정의 난경難境 하에서 육성된 그들은 경찰을 종용하여서 선거를 독점하도록 배치하고 민중의 자유를 유린하고 있다. 그래도 그들은 **태연스럽게도 현실을 투철히 인식하고 장래를 명찰하는 선각자로서 자임하고 있다. 그러나 이러한 선각자는 매국매족의 일진회 식 선각자일 것이다.**

유엔위원단을 현혹해서 남쪽만의 총선을 추구하는 세력은 조선의 살 길은 일본과의 병합이라고 부르댔던 "일진회식 선각자"라며 "이 자들은 영원히 매국적이 되고 선각자가 되지 못한 것이다. 설령 유엔 위원단이 금일의 군정을 꿈꾸는 그들의 원대로 남한 단독 정부를 수립한다면 이로서 한국의 원정冤情은 다시 호소할 곳이 없을 것이다. 유엔 위원단 제공은 한인과 영원히 불해不解의 원怨을 맺을 것이요, 한국 분할을 영원히 공고히 만든 새 일진회는 자손만대의 죄인이 될 것"이라고 경고했다.

김구는 "독립이 원칙인 이상 독립이 희망 없다고 자치를 주장할 수 없는 것을 왜정 하에서 충분히 인식한 바와 같이 우리는 통일 정부가 가망 없다고 단독 정부를 주장할 수 없는 것"이라고 강조했다. 여기서 "독립이 희망 없다고 자치를 주장"한 세력은 우리가 앞서 짚어보았듯이 김성수를 중심으로 한 연정회였다. 김구는 그 흐름을 정확히 읽고 있었다. 바로 이어서 한민당과 동아일보를 정면으로 비판했다.

삼천만 자매 형제여! 우리가 자주 독립의 통일 정부를 수립하려면 먼저 국제의 동정을 쟁취하여야 할 것이오 이것을 쟁취하려면 전 민족의 공고한 단결로써 그들에게 정당한 인식을 주어야 할 것이다. 그런데 불행히도 **미군정의 앞잡이로 인정을 받은 한민당**의 영도 하에 있는 소위 임협은 나의 의견에 대하여 대구소괴大口小怪한 듯이 비애국적 비신사적 태도로서 원칙도 없고 조리도 없이 후욕詬辱만 가하였다.

한민당의 후설喉舌이 되어 있는 동아일보는 ○○○란 여자의 이름까지 빌어가지고 나를 모욕하였다. 일찍이 조소앙 엄항섭 양씨가 수도청에 구인되었다고 허언을 조출하던 그 신문은 이번에 또 '애국 단체가 제출한 건의를 김구 씨 동의 표명'이라는 제목으로써 허언을 조출하였다. 이와 같은 비열한 행위는 도리어 애국 동포들의 분노를 야기하여 각 방면에서 시비의 성한聲恨이 높았다. 이리하여 내가 바라던 단결은 실현도 되기 전에 혼란만 더 커졌을 뿐이다. 시비가 없는 사회에는 개량이 없고 진보가 없는 법이니 여론이 환기됨을 방지할 바이 아니나 천재일우의 호기를 만나서 원방에서 내감來監한 귀빈을 맞아가지고 우리 국가 민족의 운명을 결정하려는 이 순간에 있어서 이것이 우리의 취할 바 행동은 아니다.

동아일보는 김구를 "소련의 대변인"이나 "크레믈린궁의 신자"라고 비난했지만 김구를 지금 좌파라고 분류하는 학자는 아무도 없다. 당시에도 그랬다. 김구는 담화에서 "한국이 있어야 한국 사람이 있고 한국 사람이 있고야 민주주의도 공산주의도 또 무슨 단체도 있을 수 있는 것"이라며 "우리의 자주 독립적 통일 정부를 수립하려 하는 이때에 있어서 어찌 개인이나 자기의 집단의 사리사욕을 탐하여 국가 민족의 백년대계를 그르칠 자가 있으랴?"라고 반문했다. 이어 그 유명한 경구를 남긴다. "마음속의 38선이 무너지고야 땅위의 38선도 철폐될 수 있다."

김구는 전 민족의 단결을 위하여서는 "누가 나를 모욕하였다 하여 염두에 두지 아니할 것"이라며 한민당과 기관지인 그에 대해서도 "손을 잡고 통일된 조국 독립의 달성을 위하여 공동 분투"하자고 제안했다.

이 지점에서 동아일보 사사를 쓴 필자들은 깊이 성찰할 필요가 있다. 해방공간에서 그가 복간할 때 "김구 임시정부 주석이 '경세목탁'이라 쓴 축하 휘호"를 보냈다며 "맑고 깊은 소리를 울려 세상을 널리 깨치는 목탁과 같은 신문을 만들어 달라는" 기대였다고 서술했다면, 그 김구가 왜 동아일보를 콕 집어 '나를 모욕하지 말라'고 했는가를 새겨 볼 필요가 있다.

다 알다시피 김구의 절절한 제안은 외면당했다. 절박하게 내놓은 남북협상안은 남쪽에서 한민당과 동아일보에게 철저히 무시당했다. 38선 이남에서 힘을 받지 못했기에 평양에 가서도 협상력을 가질 수 없었다.

유엔 임시위원단은 자신의 길을 걸어갔다. 의장 크리슈나 메논은 2월 19일 열린 유엔 소총회에서 조선 문제 처리 방안으로 네 가지를 제시했다. 미국은 그 가운데 제1안을 지지하면서 38선 이남에서만 선거 실시를 권고하는 결의안을 소총회에 제출했다. 2월 26일 소총회는 미국의 제안을 찬성 31, 반대 2, 기권 11로 채택했다. 주한미군사령관 존 하지는 3월 1일 총선거를 5월 9일에 실시한다는 포고문을 발표했다. 그러나 그날이 일요일이라며 기독교단체들이 반대하자 5월 10일로 선거일을 바꾸었다. 이승만과 한민당은 3월 1일 '정부수립 결정안 축하 국민대회'를 열었다.

여기서 우리는 '한민당의 목구멍과 혀'가 된 그가 김구를 비난한 사설 중에 "양군兩軍 즉시 철퇴와 남북요인회담을 천만 번 부르짖어도 하나의 표어는 될지언정 정치는 될 수 없는 것"이라고 냉소한 대목을 되새김질할 필요가 있다. 미군과 소련군이 38선 남과 북으로 주둔한 현실을 넘어설 유일한 방법은 미국과 소련이 합의한 3상회의 안이었음에도 그가 "반탁"을 명분으로 가장 맹렬히 반대하고 나선 결과는 결국 분단 고착화로 이어졌기 때문이다. 김구와 임정파의 '반탁운동'은 결과적으로 이승만과 한민당, 그들을 철저히 대변한 동아일보에게 이용당한 꼴이 되었다.

동아일보는 단정수립에 반대해 제주도에서 4·3항쟁이 일어나 대량학살이 저질러지는 과정에서도 끊임없이 남쪽만의 총선을 여론화해나갔다. 총선 직전까지 같은 내용의 사설을 10차례나 내보냈다.

동아일보가 남쪽만의 단정으로 이승만 정권 수립에 앞장선 이유는 친일파 청산이라는 시대적 과제와 맞물려 있었다. 김성수를 비롯해 한민당의 대다수는 친일의 경력이 또렷해 청산의 대상이었기 때문이다. 그들이 해방공간에서 살아남아 지금까지 누려온 권력과 부, 명예를 지킬 수 있는 유일한 방법은 김구가 지적했듯이 38선 이남만이라도 자신들이 주도하는 정권을 세우는 일이었다.

1948년 5월 10일로 정해진 총선거를 앞두고 3월 29일부터 4월

9일까지 열흘에 걸친 유권자 등록 기간에 전체 유권자의 79.7%인 780만여 명이 선거인명부에 등록했다. 단정 수립에 반대하는 여론이 컸기 때문에 선거인 명부 등록을 강요당한 사례들이 많았다.

유엔임시위원단도 사태의 심각성을 의식해 4월 28일에 투표자 등록에 부정행위를 지적하고 나섰다. 총선거를 공포 분위기로 몰아가는데 가장 앞장선 조직은 향토보위단(향보단)이었다. 경무부장 조병옥은 5·10 총선거를 앞두고 미군정장관 딘의 지시에 따라 1백만 명 규모의 향보단을 조직했다. 전국 3만여 명의 국립경찰만으로는 1만 3천여 곳에 이르는 투표소 경비가 불안하다는 명분을 내세웠다. 만 18세 이상 35세 이하 남성 모두가 향보단에 편성되었다.

총선거가 끝난 뒤인 5월 13일 유엔임시위원단은 "금번 선거는 일부 세력이 불참하였고 향보단이 투표소를 감시한다는 명목 하에 자유 분위기를 파괴하였으므로 본 선거효과에 대하여서는 (판단을) 보류한다"고 발표했다가 무슨 이유인지 번복했다.

향보단과 함께 불법과 탈법 행위를 저지른 단체는 조선민족청년단(족청)이었다. 1946년 10월 9일 이범석을 중심으로 조직된 극우 성향의 족청은 '국가 지상, 민족 지상'이라는 구호를 내걸고 3백여 명의 단원으로 출발했다. 1947년 11월에는 30여만 명을 거느린 거대 조직으로 컸다. 미군정은 족청을 동원해 선거를 '관리'했다.

그럼에도 동아는 지면에서 불법과 부정을 거의 보도하지 않았다. 사사는 다음과 같이 설명한다.

5·10 선거를 이틀 앞둔 5월 8일, 서울공인사에 입주해 있던 동아일보 사옥은 좌익의 방화로 편집국과 공장이 몽땅 불에 타버리기도

했다. 좌익지와 중립지가 인기를 독점하던 **당시 동아일보는 발행부수에서는 3, 4위였으나 반공지로는 최대 규모였다.** 좌익과 중도세력이 보기에는 가장 영향력 있는 우익 신문이자 남한 단독정부 수립을 강력히 주장하는 '보수 반동' 신문이었던 셈이다.

조선공산당은 그동안 산하 전국노동조합평의회가 통제하는 인쇄공들로 하여금 수시로 태업과 파업을 벌이도록 해 동아일보를 몇 차례 휴간토록 한 적이 있었다. 이 방화로 창간 때부터 모아둔 동아일보 보관지들과 사진 등 중요한 자료들이 대거 소실됐다. 그로부터 총선거일을 포함한 5개월 동안 동아일보는 조선일보 매일신보 한국일보 등을 전전하며 겨우 신문을 제작했다.

사사가 서술하듯이 "이승만 계열의 '대한독립촉성국민회'는 한민당과 손을 잡고 남한만의 단독정부 구성을 추진했고, 미군정의 단독정부 수립방침에 도전하는 언론들은 좌파로 분류돼 폐간 처분"됐다.

1947년 9월과 11월 미군정과 '조선사정협회' 조사에서 동아일보는 '우익' 또는 '극우'로 평가되었고 발행부수는 4만 3천부였다. 조선일보는 2만 5천~3만 5천부였다. 경향신문은 6만 1,300~6만 2,000부, 서울신문은 5만 2천부였다. 그럼에도 그가 "반공지로는 최대 규모"라 주장한 것은 경향신문과 서울신문을 '중도 신문'으로 분류했기 때문이다.

이승만이 앞장서고 한민당 기관지이던 그가 주도한 38선 이남만의 총선에 김구가 이끄는 한국독립당을 비롯해서 이념적으로 중도적인 정당들까지 대거 불참했다. 한민당은 내심 압승을 기대했고 많은 이들이 그렇게 예상했다.

그런데 아니었다. 유권자 788만여 명의 90.8%가 투표한 5·10 제헌국회의원선거 결과는 놀라웠다. 200석의 국회의원을 뽑는 총선에 한민당은 91명의 후보를 냈지만 겨우 29명만 당선됐다. 이승만을 추종하는 대한독립촉성국민회(독촉)가 55석으로 정치조직으로서는 가장 많은 당선자를 냈다. 하지만 무소속이 훨씬 많아 85석, 대동청년단 12석, 민족청년단 6석 및 기타 약간 명으로 나타났다. 주권자들의 생각, 민심이 한민당과 얼마나 거리가 컸는지 확연히 드러난 선거였다.

1948년 5월 31일 의원 198명으로 제헌국회가 구성되었다. 제주도 2명은 단정을 반대하는 4·3항쟁으로 선거를 유보했다. 국회의사당(당시 중앙청)에서 열린 총회는 선거위원장 노진설의 제의에 따라 최연장자인 이승만을 만장일치로 의장에 추대했다. 2년 임기의 제헌국회가 개원하고 7월 17일에는 국회의장 이승만의 이름으로 헌법을 공포했다.

헌법에 따라 7월 20일 국회에서 실시한 정부통령 선거에서 이승만은 초대 대통령에 선출됐다. 이승만은 20일 오전 10시에 치러진 국회의 대통령 간접선거에서 출석의원 196명 가운데 180명의 지지로 당선되었다. 오후에 열린 부통령선거에서는 이시영이 2차 투표에서 133표를 얻어 당선되었다.

5

대한민국 대표
권위지

그는 스스로 과시해왔듯이 미국의 뉴욕타임스, 일본의 아사히, 영국의 더타임스, 중국의 인민일보, 러시아의 이즈베스티야와 기사 제휴를 해왔다. 각각 그 나라를 대표한 권위지와 제휴하면서 자신이 한국을 대표하는 권위지임을 자부해왔다.

실제로 그는 대한민국을 대표하는 권위지의 위상을 누렸다. 1950년대부터 40여 년에 걸쳐 그의 위상은 한국 언론계를 대표할 만큼 확고했다. 일제 강점기에 조선민족의 표현기관에서 일본제국의 표현기관으로 전락하고 해방공간에서 친일지주들과 반민족행위자들의 정당인 한민당의 표현기관이었던 그가 어떻게 한국을 대표하는 권위지가 되었을까.

찬찬히 톺아보자. 그는 38선 이남만의 단독 정부 수립을 주장한 이승만을 일찌감치 한민당과 더불어 지지해 결국 '뜻'을 이뤘다. 임기 2년의 초대 국회는 헌법을 제정하고 국호를 '대한민국'으로 결정했다. 이어 국회의원들의 투표를 통해 대통령 이승만, 부통령 이시영을 선출했다.

그런데 부통령 선출부터 국무총리와 장관을 임명하는 과정까지 이승만은 자신을 강력히 지원해온, 심지어 개인 생활비까지 담당해온 한민당을 배제했다. 당연히 한민당과 김성수로서는 분개할 수밖에 없었다. 동아일보사가 발간한 『인촌 김성수』에는 그 순간을 다음과 같이 서술하고 있다.

이제 국무총리가 누가 되느냐에 국민의 관심이 쏠리고 있었다. 인촌이 국무총리가 될 것이라는 예측들이 많았다. 7월 24일 저녁 유엔 한국위원단은 이승만 내외와 인촌 내외를 초대하여 만찬을 베풀었다. 한국위원단 의장인 메논이 제안했다.

"대통령 이승만 박사 위하여 축배를 듭시다."

모두가 축배를 높이 들었다. 그 다음 메논은 인촌을 향해서

"장차 국무총리가 될 분을 위하여…"라고 말하면서 잔을 들었다. 이 때 이승만은 얼른 그 말을 받아서 이렇게 말했다.

"아닙니다. 김성수 씨에게는 국무총리보다 더 중요한 자리를 맡겨야 합니다."

국무총리 자리를 예상했던 김성수에게 이승만은 재무장관을 제안했다. 한민당은 "있을 수 없는 모욕"이라고 반발했고, 김성수도 거절했다.

동아일보 사사는 "조각 과정 등을 지켜보면서 이승만의 정치 행태가 민주주의의 허울을 쓴 전근대적 전제 정치와 다를 게 없다는 것을 직시"했다고 서술했다. 이승만 정부가 수립되기 직전인 1948년 8월 7일자 신문 사설에서 그는 "건국 정부의 구성 인물을 본 국민의 실망과 낙심은 너무나 크다. 대통령은 자기의 우월성을 너무도 과신한 나머지 국회의 세력 관계를 아예 무시했을 뿐만 아니라, 정실을 경계하면서 스스로 정실에 흘렀고 당파성을 배척하면서 스스로 당파성을 초월하지 못한 것에 국민은 빈축을 하지 않을 수 없다"고 비판했다. 사설이 나온 날, 한민당도 성명을 발표했다. 동아일보사사의 표현으로는 "한민당이 건국과 함께 야당의 길에 오르

는 선언"이었다.

　기실 한민당과 그가 야당과 야당신문이 된 것은 이승만 정부의 '자리'를 둘러싼 '다툼'에서 비롯했다. 38선 이남만의 단독정부 수립에 한민당과 동아일보는 전력을 기울였고 그 과정에서 미군정은 단정에 반대하는 신문을—동아일보사사도 서술했듯이—모두 폐간했다. 강력했던 조선공산당과 기관지 해방일보는 1946년에 이미 사라지고 체포령에 쫓기던 박헌영은 생명의 위협을 느껴 38선 이북으로 넘어갔다. 의열단을 이끌며 무장항쟁에 앞장섰던 김원봉도 숱한 암살 협박에 월북했다. 남쪽에 남아 있던 근로인민당의 여운형은 1947년 7월 기어이 암살당했다.

　이승만 단정체제에 비판적인 언론과 정당들은 모두 폐간되고 파괴된 상황에서 이승만과 한민당 김성수 사이에 권력 싸움이 시작된 셈이다. 이승만은 단정수립을 반대한 언론은 이미 사라졌는데도 대통령에 취임하자마자 '언론 통제'에 나섰다. 1948년 9월 22일에 이른바 '좌경언론'을 뿌리 뽑는다는 '명분' 아래 다음과 같이 7개항의 '언론 단속사항'을 발표했다.

　　1. 대한민국의 국시국책을 위반하는 기사 2. 정부를 모략하는 기사 3. 공산당과 이북 괴뢰 정권을 인정 내지 비호하는 기사 4. 허위의 사실을 날조 선동하는 기사 5. 우방과의 국교를 저해하고 국위를 손상하는 기사. 6. 자극적인 논조나 보도로서 민심을 격앙 소란케 하는 외에 민심에 악영향을 끼치는 기사 7. 국가의 기밀을 누설하는 기사

이승만 정부가 발표한 7개항의 기준을 따르면, '모략'이나 '인정' 또는 '악영향' 따위의 추상적인 '단속 조항'들에서 드러나듯이, 국가는 물론이고 정부에 대한 어떤 비판도 언론이 할 수 없게 된다. '제도언론'의 틀을 제시한 이승만 정부는 이어 12월에 국가보안법을 제정해 언론 탄압의 법적 체제를 '완비'했다.

하지만 친일반민족행위자들을 청산하고 농지개혁을 하라는 민중의 시대적 요구를 이승만도 아예 모르쇠를 놓을 수는 없었다. 이미 제헌국회는 개원 초기에 '반민족 행위 처벌에 관한 특별법'을 제정했다. 하지만 "반공을 위해 과거를 묻고 뭉쳐야 산다"는 주장을 내세운 대통령 이승만은 친일반민족행위자들 청산에 전혀 힘을 싣지 않았다.

결국 친일 민족반역자를 처단하려고 구성된 '반민족행위특별조사위원회(반민특위)'가 되레 친일 경력의 경찰들로부터 공격을 받으며 해산 당했다. 물론 이승만의 뜻이기도 했고, '야당'과 '야당지'라는 한민당과 그가 내놓고 '공작'한 결과이기도 했다.

동아일보는 반민특위가 본격적으로 활동을 개시한 1949년 1월 13일 "민족 강기綱紀의 확립과 신중" 제목의 사설을 통해 "동족이 서로 피투성이가 되어 쥐어뜯고 싸우는 일이 있어서는 안 될 것이며 설사 민족 강기를 숙청하기에 불가피한 일이라면 그와 같은 정신적 영향이 우리 자손에까지 미치는 일이 없도록 하여야 할 것"이라며 신중을 기하라고 요구했다. 특히 "항상 보복과 반목은 악순환하는 법"이라는 주장은 보기에 따라선 협박에 가까웠다.

이어 2월 15일자에는 한민당 국회의원으로 반민특위의 조사위원을 맡고 있던 김준연의 기고문을 실었다. "반민법의 개정을 주창

함” 제목의 글에서 김준연은 “전력을 들어서 대한민국 정부를 육성하고 우리 국토를 통일하고 우리 민족의 번영과 발전을 도圖하지 아니하면 아니 되게 되었는데 그러자면 공산주의적 파괴 세력과 싸우지 아니하면 아니 되게 됐다”면서 반민법 제5조가 ‘군과 경찰의 약화’를 불러올 수 있다고 주장했다. 반민법 제5조는 일제 치하에서 관리나 헌병, 고등 경찰직 등에 있던 자들이 공무원으로 임명되는 것을 금지하는 당연한 내용임에도 그 조항을 적용하면 군·경이 약화할 수 있다는 논리였다. 사실상 친일 청산 반대론이었다.

김성수의 측근인 김준연과 동아일보는 거기서 그치지 않았다. 제헌국회 구성 1주년을 맞은 5월 9일자 신문 1면에 그는 ‘국회의원 김준연’의 기고문을 실었다. “의정 단상의 1년 회고” 제목의 기고문에서 동아일보 주필 출신인 김준연은 “5·10선거 부인의 일파가 계속하여서 나타나고 있는 것을 우리는 간과할 수 없”다면서 이들이 “남로당의 선전 방침에 추종하는 사람들”이라고 규정했다.

심지어 “김일성을 따르는” 사람들이라 단정하고 남로당의 선전 방침을 5가지로 소개하며 세 번째가 “반민처단을 적극 지지 격려할 것”이라고 주장했다. 한국민주당 국회의원과 동아일보의 여론 몰이에 드디어 검찰은 친일반민족행위자들 청산을 요구하는 국회의원 세 명을 체포하고 나섰다. 동아일보가 “3의원 체포 사건”을 부각해 보도한 것은 물론이다. 결국 국회 프락치 사건이 불거지면서 반민특위는 해산되고 말았다. 동아일보와 함께 반민특위 해체에 앞장선 국회의원 김준연은 이듬해 치러진 총선에서 지역구민의 심판을 받고 낙선했다. 하지만 곧 이승만이 법무부장관 에 기용했고 그 뒤로는 다시 동아일보 중역을 맡았다.

한민당과 김성수는 이승만과의 '자리다툼'으로 야당의 길에 돌아섰다지만 친일반민족행위 청산을 비롯해 자신들의 이익이 걸린 문제에선 아무런 주저 없이 손잡았다. 그 결과 친일반민족행위자들은 처벌은커녕 이른바 '귀속재산 처리'에서 저마다 이득을 챙겼다. 이승만 정부는 조선총독부와 일본인 소유의 산업 시설이나 부동산을 처리하며 '해방 전에 연고가 있던 사람들'에게 매입 우선권을 주었다. 자연스레 귀속 재산들은 친일반민족행위자들에게 돌아갔다.

농지 개혁도 시대적 요구였지만 미군정은 계속 미뤘다. 한민당과 그 기관지는 농지 개혁에 반대했다. 당시 농지 개혁은 민중의 생활세계로부터 나온 가장 절박한 삶의 문제였다. 일제와 유착했던 지주들은 전체 농업인구의 2~4%였음에도 전체 논의 66%와 밭의 52%를 소유하고 있었다. 따라서 일제가 주도한 토지조사사업으로 뒤틀려진 토지소유 관계를 벗어나, 직접 생산자가 토지를 소유하게 함으로써 농업생산력을 높이는 것은 시대적 과제이자 아래로부터 공론이었다.

진보적 신문은 물론, 중도적 신문들까지 38선 이북의 토지개혁을 대대적으로 보도하고 나서자 이남에서도 토지개혁을 요구하는 목소리가 점점 커져 갔다. 이북에서 1946년 3월 전면적인 토지개혁을 단행할 때 해방일보는 38선 이남에서도 근본적인 토지개혁을 실시하라고 촉구했다. 박헌영은 〈청년해방일보〉에 기고한 글(1946년 6월 24일자)에서 조선에는 아직까지 지주제의 유제가 남아 있어 전 인구의 3%에 불과한 소수 지주가 경작지 58%를 독점하고 있다며,

이북의 토지개혁 방식을 이남에서도 수용할 것을 촉구했다. 해방일보는 구체적으로 이남에서 이북과 같은 방식으로 토지개혁을 할 때 "156,367호의 지주의 이익을 없애고 약 19배가 넘는 2,842,566호의 생활 향상과 복리 증진을 획득할 것"(1946년 3월 15일자 사설)이라고 주장했다.

세계사적 시야로 보면 농지개혁은 근대 사회를 열어가는 조건이었다. 제국주의의 식민지를 벗어나 자주적으로 근대 경제를 세우려면 농민에게 토지를 분배하고 제국의 지배에 편승해온 지주계급을 정리해서 농업 생산력을 높여야 했다. 그래야 원료와 자금 조달을 통해 공업을 발전시켜 나갈 수 있기 때문이다.

하지만 미군정은 토지개혁에 관심이 없었다. 38선 이북에서 '무상몰수 무상분배'의 전면적 토지개혁을 단행하고, 남쪽의 전농(전국농민조합총연맹)이 일본인 소유 농지의 몰수를 요구하며 토지개혁법 초안을 작성하여 군정에 제출해도 모르쇠를 놓았다. 하지만 그 해 10월에 들어서서 민중항쟁이 폭발하자 미군정은 워싱턴의 국무성 권고를 받아들여 토지개혁에 나서기 시작했다. 하지만 지주 출신이 대부분을 차지한 한민당이 조직적 반대에 나섰다.

한민당의 기관지이던 그는 "조국재건의 전면적 재검토" 제목의 사설(1946년 9월 24일자)에서 "국외에 시장을 갖지 못한 우리는 좁은 국내시장밖에 없고 그것은 곧 농촌을 의미하는 것이니 농촌의 부담을 과중히 하는 것은 공업 발전을 저지하는 결과를 가져올 것"이라며, 토지문제는 이북의 방식을 일률로 적용해서는 안 된다고 주장했다.

하지만 제헌국회에서 한민당은 소수였다. 민심에 마냥 눈감을 수 없었던 제헌국회는 헌법을 제정하며 제86조에 "농지는 농민에게 분배하며 그 분배의 방법, 소유의 한도, 소유권의 내용과 한계는 법률로써 정한다"라고 규정했다. 입법은 늦춰져 1949년 6월 21일이 되어서야 농지개혁법이 제정 공포되었다. 그 사이에 대다수 지주들은 미리 땅을 빼돌렸다. 얼마 남지 않은 농지들도 농민들이 적잖은 부담을 지고 토지를 사들이는 방식이었기에 농민들의 삶은 크게 나아지지 않았다.

제주도에서는 서북청년단과 친일 경력의 경찰들이 단독 선거 반대 운동에 나선 민중들을 대대적으로 살상하면서 항쟁이 정부 수립 이후에도 이어졌다. 더욱이 여수의 군부대가 제주도민들의 항쟁을 무력으로 진압하라는 명령은 옳지 않다며 출항을 거부하고 나섰다. 이승만 정부는 미군의 도움을 받아 제주와 여수 순천의 민중들을 모두 '폭도'로 몰아 거침없이 학살했다.

이승만 정부는 친일반민족행위자 청산을 요구하는 민중들을 모두 '빨갱이'로 몰며 틈날 때마다 38선 이북으로의 '북진 통일'을 다짐했다. 북진하면 하루 만에 통일을 이룰 수 있다는 호언도 서슴지 않았다.

남북협상을 주장하며 남쪽만의 정부 수립에 반대했던 김구는 1949년 6월 26일 집무실에서 대낮에 현역 한국군 장교의 총을 맞고 숨졌다. 육군 소위 안두희는 방첩대 정보원이기도 했다. 미군방첩대의 고위 인사가 안두희에게 "김구는 국론 통일을 방해하는 암적 존재다, 김구 밑에서 빨갱이들이 연막을 치고 활동하고 있다"고 말했던 것으로 밝혀졌다. 안두희는 김구를 암살했음에도 특별사면을 받았다.

그는 6월 27일자 신문 1면이 아닌 2면에 "김구 씨 피습 절명" 제목으로 보도했다. 그와 달리 조선일보는 1면 머리로 보도했다. 그의 편집은 불과 3년 반 전에 낸 복간호에서 "우리의 주석 김구 각하"라고 표기했던 보도와 큰 차이가 있다.

남과 북에 각각 정부가 들어서면 전쟁이 불가피해진다고 경고했던 김구가 비명에 죽은 뒤 1년을 하루 앞둔 1950년 6월 25일 일요일 새벽에 '인민군'이 전면 남침했다. 비상연락을 받고 출근한 기자들은 경무대(청와대)와 국방부, 주한 외국공관 취재에 나섰다. 다음 날 그는 "괴뢰군 돌연 남침을 기도/ 38선 전역에 비상사태/ 정예국군 적을 요격 중" 제목을 1면 통단으로 달아 보도했다. 2면에는 김구의 추도식 기사가 작게 실렸다.

27일자 1면은 "국군정예 북상 총반격전 전개 적 주력부대 붕괴"였다. 이승만 정부의 발표만으로 신문을 제작한 결정적 오보였다. 이미 전황은 시시각각 전해져 '외국 공관들이 철수 준비를 하고 있다'는 기자들의 보고도 들어왔다. 이윽고 그는 27일 오후 4시에 수동 인쇄기로 "적, 서울 근교에 접근, 우리 국군 고전 혈투 중"이란 제목의 호외 300부를 찍었다. 호외를 마지막으로 사장 이하 기자들 모두 해산했다.

그의 속간은 9월 28일 유엔군이 서울을 탈환한 뒤 10월 4일 이뤄졌다. 서울 광화문의 동아일보 사옥은 인쇄시설이 파괴된 상태였다. 타블로이드판 2개면으로 제작한 속간호는 1면 머리에 "국군 38선 돌파 북으로 북으로 진격을 개시"를, 2면 머리에는 "백두산봉오리에 태극기 날릴 때까지"라는 통단 제목을 달았다.

하지만 중공군의 개입으로 그는 1951년 1월 3일 다시 피란을 가 부산에 자리 잡고 1월 10일자로 속간호를 냈다. 피란시대에 그에 겐 큰 변화가 있었다. 사주 김성수가 1951년 5월 이승만 대통령의 전횡을 비판하고 사회부패상에 책임을 통감한다며 사퇴한 이시영 의 뒤를 이어 2대 부통령으로 선출됐다. 그는 5월 17일자 신문에 큼직하게 "2대 부통령에 김성수 씨" 표제를 달아 보도했다.

부통령에 취임한 김성수는 의욕적으로 국무회의에 참석했지만 이승만의 전횡을 막을 수 없었다. 가령 이승만은 고급 장교들이 국 고와 군수물자를 착복해 아사자와 동사자가 속출한 국민방위군사 건과 거창의 민간인 학살 사건으로 국방장관에서 물러난 신성모를 주일대사로 임명했다.

더욱이 1950년 5월 30일 총선으로 출범한 2대 국회에서 대통령 에 재선될 가능성이 없다고 판단한 이승만은 1951년 11월 30일 대 통령직선제 개헌안을 국회에 제출했다. 1952년 1월 28일 국회 본 회의에서 표결한 결과 재석의원 163명 가운데 찬성 19표, 반대 143 표, 기권 1표로 부결됐다.

하지만 이승만은 포기하지 않았다. 자신의 개헌안에 국회의원들 이 낸 내각제 개헌안의 극히 일부만 덧붙인 이른바 '발췌 개헌안' 을 제출하고 5월 25일 자정에 "경상도와 전라도에 아직 남아 있는 공비들을 소탕한다"는 명분으로 부산을 포함한 경상남도와 전라북 도 일부 지역에 비상계엄을 선포했다. 비상계엄을 명분으로 언론 검열을 실시하는 한편 내각제 개헌을 추진하던 의원들을 체포했 다. 이어 헌병대를 동원해 국회에 등원하는 의원 50여명이 탄 버스 를 크레인으로 끌고 갔다. 이튿날 그들 가운데 12명은 "국제공산당으로부터 정치자금을 받았다"는 혐의로 구속되었다. 국회는 5월 28일 비상계엄령을 해제하라는 결의안을 채택했다.

그럼에도 이승만이 전혀 반응하지 않자 부통령 김성수는 5월 29일 국회에 사임서를 제출했다. 1952년 5월 29일 열린 국회 본회의에서 김성수의 '부통령 사임 이유서'를 비서관이 대독했다. 부통령 취임 1년만의 사퇴이유서는 대통령에 대한 거침없는 비판으로 가득했다.

이 박사는 그 자신이 과거 4년간 절대적인 권력을 장악하여 왔으므로 모든 실정의 책임은 마땅히 그 자신이 져야 할 것임에도 불구하고 도리어 그것을 남에게 전가하기에 급급하였던 것입니다…현 정부의 수반인 이 박사는 충언과 직언을 혐오하고 아부만 환영하며 그의 인사정책은 사적 친분으로 일관된 가운데…그의 밑에서는 아무도 가진 바 역량과 포부를 발휘할 여지가 없다는 사실을 나는 너무도 잘 알고 있었습니다… 나는 평소부터 국무원책임제만이 우리나라의 국정에 적합한 제도라고 믿어왔는데 최근의 사태는 나의 이 확신을 더욱 굳게 하였습니다…나는 우리 국민을 빨리 민주화하기 위하여는 한 사람이 거의 황제에 가까운 강대한 권한을 쥐고 있는 현행 대통령제를 개변改變하지 아니하면 아니 되겠다는 것을 통감하였던 것입니다.

김성수는 "내가 한 번도 현 정부의 악정에 가담한 일이 없다고 하더라도 나의 변변치 않은 이름을 이 정부에 연하는 것만으로 그것은 내 성명 삼자를 더럽히는 것이며 민족만대에 작죄를 하는 것"

이라며 이승만이 "재선되면 장차 국회는 그의 추종자들 일색으로 구성될 것이며, 이후에 그는 3선, 4선을 가능하게 하도록 헌법을 자유자재로 고칠 수 있을 것"이라고 경고했다.

동아일보사가 출간한 김성수의 전기는 개헌 없이 제헌헌법에 따라 2대 대통령을 선출했다면 김성수가 당선되었다고 서술했다. 그만큼 김성수의 '좌절'도 컸을 것이다.

동아일보 사사는 "52년 5월의 이 정치파동을 기점으로 정부 권력과 우익 언론은 그동안 군정하에서 맺은 동반자 관계를 완전히 청산하고 결정적으로 대립하게 된다. 이때부터 동아일보는 반反독재의 기치를 한층 선명히 하고 이승만 정권의 비리를 낱낱이 폭로한다"고 서술했다. 실제로 김성수의 부통령 사임 이후 동아일보는 미군정 아래서 이승만과 맺은 '동반자적 관계'를 깨끗이 정리하고 명실상부한 '야당지'가 됐다. 김성수가 1947년부터 동아일보 사장을 맡긴 최두선은 한민당이 민주국민당으로 틀을 바꾼 이후에도 당 부위원장으로 정치활동을 병행했다.

1953년 8월 18일자 신문을 마지막으로 동아일보는 2년 8개월 간의 피란시대를 마무리하고 8월 19일 서울 세종로 사옥으로 돌아왔다. 이듬해에는 시간당 5만 장을 인쇄하는 신형 윤전기를 추가 도입해 발행부수 8만 부로 국내 최대 신문 자리를 군혔다. 대한민국 언론계에서 그의 헤게모니는 해방공간에서 발행부수 1, 2, 3위 신문들이 모두 미군정에 의해 폐간되었기에 가능했다. 『대한신문연감』에 따르면 1955년 현재 동아일보는 17만 6천부, 경향신문 10만 부, 조선일보는 8만부로 1, 2, 3위를 차지했다. 그는 이후 저널리즘의 본령이기도 한 '권력 감시'에 나서 종종 이승만정권의 탄압을 받왔다.

이승만의 독재가 노골화해 가던 1955년 2월 18일 김성수는 지병이 악화되어 65세로 작고했다. 2월 24일, 김구와 이시영에 이어 정부 수립 이후 세 번째 국민장으로 치러진 영결식 날에 그는 사설을 통해 "희게 태어나서 희게 살다가 희게 돌아갔으니 그 깨끗한 영혼이 희게 영생할 것으로 믿는다"고 애도했다. 김성수의 장남 김상만은 이미 이사로 활동하고 있었다. 최두선은 정계를 은퇴하고 동아일보 사장만 맡았다.

권력 감시에 나서 이승만 정권과 갈등이 불거진 보도들을 사사는 상세하게 기록하고 있다. 몇 가지를 추려보자. 1955년 8월 도의원 선거가 끝난 뒤 호송 경찰관들이 투표함을 뜯고 야당 후보를 찍은 투표지를 여당인 자유당 후보의 투표지로 바꿔치는 '환표換票 사건'이 발생했다. 투표함 호송에 동행한 박재표 순경은 고민하다 동아일보에 제보했다. 동아일보 보도로 전국은 발칵 뒤집혔고 박 순경은 직무유기죄로 구속됐다. 10개월 옥고를 치른 박 순경은 동아일보사 사원으로 특채됐다. 이후 정권의 지시를 받은 면장과 지서장 등이 가가호호 방문해 "야당지 동아일보를 봐서는 안 된다"며 압력을 넣기도 했다.

1958년 1월 23일에는 신문 만화를 허위보도로 몰아 최초로 제재한 '고바우영감 사건'이 터졌다. 일반 집의 재래식 '변소'를 치는 미화원이 대통령 관저의 뒷간을 치는 미화원을 만나자 90도로 절을 하며 "귀하신 몸 행차하시나이까"라며 인사하는 그림이었다. 고바우 화백 김성환이 즉결심판에 회부되자 그는 1월 31일자 사설 "만화를 허위보도라니"를 통해 판결의 부당성을 알리고 비평에는 성역이 없어야 한다고 강조했다.

우리나라 관리 가운데는 대통령을 마치 군주국가의 원수처럼 신성불가침하고 비판을 절絶하는 존재로 착각하는 자들이 적지 아니한데, 민주공화국의 행정부 수반이 여론 비평의 대상이 될 수 있다는 것은 두말할 필요도 없다.

이승만 정권이 1958년 12월에 다시 언론 규제를 목적으로 보안법을 개정하자 그는 24일 "민주주의의 종언" 제목의 사설을 통해 "불행한 일이지만 단기 4291년 12월 24일을 영원히 잊어서는 안 될 것이다. 우리의 민주주의는 오늘을 최후로 종언을 고한 것이기 때문"이라며 "민주주의는 데굴데굴 굴러 들어오는 것이 아니다. 싸워서 획득하지 않을 수 없는 것"이라고 독재정권에 맞선 '싸움'이 필요하다고 주장했다.

하지만 이승만과의 싸움에서도 동아일보의 '한민당 색깔'은 여전히 짙었다. 이승만이 자신의 정적인 조봉암을 객관적 증거도 없이 '북괴와 내통한 간첩'으로 몰아 진보당 해체에 이어 기어이 처형하는 야만을 저질렀을 때다. 권력 감시가 언론의 생명인데도 그는 이승만의 정적 '사법 살인' 과정에 제 구실을 다하지 않았다. 1959년 7월 31일 사형을 집행했을 때도 동아일보는 담담하게 사실 보도만 했다. 같은 날 조선일보가 기사 중에 "당신네들은 언론계에 있으면서 무엇을 했단 말요? 감투가 아무리 좋아도 죄 없는 생사람의 생명마저 빼앗을 수 있겠느냐"라고 조봉암 유족이 호통 친 사실을 기사에 담은 것과도 대비된다. 기실 동아일보는 이미 56년 제3

대 정부통령 선거를 앞두고 이승만에 맞선 '신익희-조봉암' 후보 단일화를 논의하는 과정에서 철저히 신익희 편에 선 보도를 해 진보당의 비판을 받았었다. 신익희가 후보 등록 뒤에 사망했는데도 한민당의 후신인 민주당은 조봉암을 지지하지 않고 '신익희 추모표'를 찍자는 해괴한 운동을 벌였다.

조봉암을 처형한 이승만 독재에 비판 여론이 커져 가던 1960년 3월 15일 제4대 정부통령 선거가 치러졌다. 금권과 폭력이 어지럽게 춤추자 그는 3월 11일자 사설에서 부정선거가 권력의 심판대가 될 것임을 강도 높게 경고했다. 사설은 "우리 국민은, '법이 올바로 시행되는 사회라면 형무소에 들어갈 사람들'에 의하여 지배받기를 원치 않는다"며 "이와 같은 사람들이 머지않아 역사의 심판대에 오르게 될 것을 확신해마지않는다"고 썼다.

사설은 '대한민국 대표 권위지'다운 경고였고 실제 현실로 나타났다. 4월 11일 마산 앞바다에 열일곱 살 김주열이 눈에 최루탄이 박힌 처참한 시신으로 떠오르면서 민중의 분노는 폭발했다. 4월 18일 고려대생들의 시위를 시작으로 4·19 혁명의 막이 올랐다.

그는 4월 20일자 1면에 "부정선거 규탄 학생데모 전국에 확대"를 통단 제목으로 편집하고 2면은 전면 사진들로 채웠다. 3면 사회면 또한 "전全 수도의 거리 뒤흔든 학생들의 노도"를 통단 제목으로 올렸다. 당시 4면으로 발행된 신문의 사실상 전면을 4·19 혁명으로 채운 셈이다. 물론 "민주주의 바로잡아 공산주의 타도하자"는 "데모대 구호"도 제목으로 편집했다.

이승만은 그럼에도 권력을 놓으려 하지 않았다. 자신은 자유당과 절연하고, 이기붕은 부통령을 비롯한 모든 공직에서 사퇴한다고 발표했다. 그는 즉각 "자유당의 지연전술" 제목의 4월 25일자 사설을 통해 "이 박사 일인의 독재정치"를 언급하며 책임이 이승만에게 있다고 강조했다. 따라서 3·15 정·부통령 부정선거의 취소와 재선거, 책임자 처벌을 촉구했다.

다음 날인 4월 26일 이승만은 하야 성명을 발표했다. 그는 곧장 호외를 발행했다. "이대통령 하야 용의 성명/ 선거도 다시 하겠다" 제목의 호외를 뿌리며 동아일보 깃발을 단 취재차량이 거리를 지나갈 때마다 박수가 터져 나왔다. 4·19 혁명 과정에서 동아일보 취재 차량이 나타나면 길을 비켜주거나 박수를 치는 풍경은 동아일보 기자들에겐 뿌듯함을, 다른 언론사 기자들에겐 부러움을 주었다.

시위대는 부통령 이기붕의 집으로 들어가 발견한 현금 2천만 원을 동아일보에 기탁할 만큼 그는 신뢰를 받았다. 기탁금과 별도로 이미 4월 22일부터 4·19 희생자들을 위한 위문금품을 접수하고 있었다. 일주일 만에 665만 4,636환, 물품 1만 3,207점이 답지했다. 동아일보 사사에 따르면 제약회사에서는 부상자들의 치료에 실질적인 도움을 줄 수 있는 약을, 이름을 밝히지 않은 노점상인은 내의 10점을 보내왔다. 계란, 금반지, 오렌지주스, 치약, 칫솔 등 다양한 물품을 접수했다. 위문금품 액수는 그해 6월 21일까지 7,739만 4,601환(2020년 기준 8억 원 남짓)에 달했다. 당시 경제수준을 감안하면 더 엄청난 금액이다.

그는 이승만이 하야 하기 전인 4월 24일부터 '4월혁명 순국학생 위령탑' 건립운동을 시작했다. 동아일보 사사는 다음과 같이 당시를 서술했다.

4·19혁명은 오래도록 단순한 학생투쟁에 따른 정치변동이 아니었냐는 논쟁이 있었지만 동아일보는 4·19를 처음부터 일관되게 '4월혁명'으로 불렀다. 4·19부터 5·16 전까지 한국은 인권이 보장된 명실상부한 민주주의 체제였기 때문이다. 5·16으로 군사정권이 들어선 이후에도 동아일보는 군정 당국에 맞서며 민주주의를 지키기 위한 싸움을 벌였다.

동아일보 사사가 "4·19부터 5·16 전까지 한국은 인권이 보장된 명실상부한 민주주의 체제"였다고 서술한 배경에는 그와 민주당 정부 사이에 놓인 특수 관계가 있다.

해방공간에서 한민당과 동아일보 모두 김성수를 정점으로 하고 있었다. 한민당이 1948년 5·10총선거에서 민심으로부터 외면당하자 이듬해 2월 대한국민회의 신익희 세력과 대동청년단의 지청천 세력을 규합하여 민주국민당(민국당)을 창당했다. 김성수는 민국당의 실질적 대표였고 동아일보 사장 최두선도 당에 참여했다. 김성수가 사망하고 민국당이 무소속 의원들과 결합해 새로 출범한 정당이 바로 민주당이다.

따라서 4월혁명 이후 민주당 정부가 들어섰을 때, 동아일보는 사실상 여당 신문이었다. 그런데 민주당 정부를 총칼로 뒤엎은 쿠데타가 일어났다. 1961년 5월 16일 새벽 3시에 쿠데타 주모자인 박정희 소장과 김종필은 해병 제1여단 소속 1천여 명을 비롯해 서울 주변에 주둔하던 병력 3,600여 명을 동원했다. 쿠데타군은 제1한강교 북쪽에서 헌병대 50여 명의 저항을 받았지만 제압하고 두 시간 만에 정부청사와 방송사·신문사를 장악했다.

쿠데타가 일어난 다음 날인 17일 그의 1면 머리기사 제목은 "16일 새벽, 군 쿠데타 발생"이었고, 3면 정치면 머리 제목은 "새벽 총성에 시민들 어리둥절"이었다. 쿠데타 군의 검열로 18일자 사회면은 톱기사가 삭제된 채 신문이 발행됐다. 검열 당국의 횡포였다.

장면 내각은 5월 18일 사퇴를 선언하고 미국도 쿠데타를 인정하고 나섰다. 권력 장악에 성공한 박정희는 곧장 언론 탄압에 나섰다. 4월혁명 공간에서 창간되자마자 독자들이 폭발적으로 늘어난 진보적 신문인 민족일보를 전격 폐간했다. 군부의 서슬 아래 사세가 약했던 조선일보는 5월 19일에 "혁명의 공약과 국내외의 기대" 제하의 사설에서 쿠데타를 "군사혁명"이라고 규정하고 "불행한 여건 하에서 보다 나은 입장을 마련하기 위하여 감행된 것으로서 이것이 거군적인 단결과 함께 국내외적인 찬사와 지지를 받게 된 소이"라고 썼다.

다음 날 발행부수가 조선일보의 세 배일 만큼 두터운 신뢰를 받고 있었던 동아일보도 나섰다. 그는 5월 20일자 "법질서를 철저히 지키자" 제하의 사설에서 "완연히 무법천지를 연상케하는 것이 5·16 이전의 우리 사회"였다며 "붉은 공작원과 용공분자…파업으로 사회를 혼란의 도가니로 몰아넣는 분자들은 때를 만난 듯이 날뛰었"다고 주장했다. 따라서 "5·16 이후 혁명위 당국이 법의 권위를 세우고 있는데 성의를 다하고 있는 것은 경하할 일이 아닐 수 없다"고 찬양했다. 바로 이어 "신속 과감하게 용공분자들을 조치"하라고 주문했다.

4월혁명 공간에서 친일반민족행위자 처벌을 요구하는 목소리가 높아지고 노동운동과 진보적 사회단체들의 활동이 늘어나자 그가 위기를 느끼고 있었음을 파악할 수 있다.

박정희는 민족일보 폐간에 이어 쿠데타 일주일만인 23일 당시 916개에 이르던 언론사 가운데 일간지 39개(중앙일간지 15개), 일간통신 11개, 주간지 31개만 남기고 모두 폐간했다. 그는 "언론계 정화"라고 환영하는 사설을 실었다.

그럼에도 군부는 곧 그를 통제하고 나섰다. 6월 4일 그가 1면 중간에 "조속한 정권이양 필요" 제목으로 "윤 대통령 혁명 후 첫 기자회견" 기사를 내보냈을 때였다. 동아일보 사사는 박정희와의 '첫 충돌'을 다음과 같이 서술했다.

6월 3일 윤보선 대통령이 군사 쿠데타 후 첫 공동 기자회견을 했다. 이튿날 동아일보에 실린 회견기사의 골자는 혁명정부가 민간인에게 빨리 정권을 넘겨주어야 한다는 것, 과거 대통령중심제나 의원내각제가 모두 실패로 돌아갔기 때문에 개헌과 관련해 프랑스의 드골식 헌법을 자료로 삼을 필요가 있다고 생각한다는 것 등이었다. 이 기사가 나가자 군정당국은 김영상 편집국장과 정경부 조용중 차장, 이만섭·이진희 기자를 연행했다. 군정당국이 이처럼 민감하게 반응한 이유는 윤대통령의 민정이양 요구에 대한 반발이 첫째였고 자신들의 비위를 거스르는 기사는 아예 내지 못하게 하겠다는 경고가 둘째였다. 김영상과 조용중은 나흘 만에 석방됐으나 이만섭과 이진희는 한 달 이상 육군형무소에 수감 되었다. 그동안 군정당국은 윤대통령의 말을 고의로 왜곡하고 사실을 날조했음을 시인하고 정정보도를 내면 두 기자를 석방하겠다며 타협을 제의해왔으나 동아일보는 거부했다.

당시 UPI통신은 '한국 경찰에 한국 최대의 신문인 동아일보의 편집국장과 기자 1명이 체포되었다'고 보도했다. 군사정권과의 갈등은 조금씩 더 불거지기 시작했다. 군사정부가 제3공화국 헌법의 기초를 마련하는 대로 국민투표에 부칠 계획을 세울 때였다. 1962년 7월 28일자 신문에서 그는 사설로 "국민투표는 결코 만능이 아니다"라고 강조했다. 군정은 그 사설을 자신들의 '권위'에 도전하는 것으로 여겨 바로 집필한 논설위원을 중앙정보부로 연행했고 주필 고재욱—동아일보가 복간할 때 중간사를 썼던 설의식을 좌파로 몰아 내쫓은 뒤 계속 그 자리를 차지하고 있었다—을 구속했다. 김상만 발행인도 중앙정보부에 두 차례 소환돼 조사받았다. 주필과 논설위원에게 들씌운 혐의는 어이없게도 '반공법 위반'이었다. 최두선 사장이 박정희 국가재건최고회의 의장을 만난 뒤 주필은 석방됐다. 집필한 논설위원은 군법회의에서 네 번의 재판을 거친 뒤 검찰의 공소 취소로 128일 만에 풀려났다.

군정은 1962년 12월 6일 계엄령을 569일 만에 해제했다. 더는 계엄령을 지속할 정당성을 찾을 수 없었기 때문이다. 물론, 순순히 풀지는 않았다. 중앙정보부가 나서서 민간단체장, 언론사 간부, 대학교수들을 끌어들여 '재건국민운동본부'를 만들었다. 각 지역에 하부 조직까지 꾸려 자신들의 정당을 만들 셈이었다. 그런데 민주공화당 창당을 앞두고 쿠데타 세력 내부에 갈등이 표면화됐다. 육군대장 출신으로 군사정부의 내각수반을 맡았던 송요찬이 나섰다. '당초 혁명공약대로 정권을 민간에 넘기고 군인들은 정치에 참여해서는 안 된다'고 주장했다.

박정희는 1963년 2월 18일 자신은 민정에 참여하지 않겠다고 선언했다. 하지만 급한 불을 끄려는 '작전상 후퇴'였다. 한 달도 안 되어 3월 16일 '군의 집요한 요구'를 명분 삼아 "과도적 군정 연장이 필요하다"고 말을 바꿨다. 박정희는 '비상사태 수습을 위한 임시조치법'도 공포해 정치활동과 언론, 출판, 집회의 자유를 통제하고 나섰다.

박정희의 군정 연장 발언과 언론 통제에 그는 '사설 없는 신문'으로 대응했다. 사설을 싣지 않는 '무언의 항의'는 3월 18일부터 29일까지 12일 간 이어졌다. 이어 1963년 8월 8일에 박정희의 대선 불출마를 촉구하는 송요찬의 편지를 "박정희 의장에게 보내는 공개장" 제목으로 3면 전체를 할애해 편집했다. "군인은 국방에만 / 나라의 주인은 국민/ 물러서는게 애국"이란 큰 제목을 주렁주렁 달았다.

박정희는 그의 보도와 논평에 예민하게 반응했다. 발행부수 1위 신문에 더해 라디오방송을 소유―민주당 정부 시절이던 61년 1월에 방송국 허가를 받아 시험방송을 거쳐 63년 4월에 공식 개국했다―한 그를 눈엣가시처럼 여겼다. 학계에선 박정희 정권의 언론정책은 '동아일보 대책'이라 해도 지나치지 않다고 분석한다.

박정희가 내놓고 그에게 민낯의 감정을 드러낸 사건이 그해 가을에 일어났다. 윤보선과 박정희가 맞붙은 대선 정국 때였다. 윤보선은 1963년 9월 24일에 "여순반란사건 관련자가 정부에 있는 듯하다"며 "그렇다고 박정희 의장을 보고 공산주의자라 하는 것은 아니다"라고 슬그머니 이름까지 흘렸다. 이어 "누가 민주주의 신봉자이며 누가 민주주의 신봉자가 아니냐는 것, 누가 공산당이며 누가 공산당이 아닌가는 각자의 경력을 캐보면 알 수 있는 것"이라고 강조했다. 이튿날 그는 1면에 "윤보선씨 발언으로 선거전에 새 양상" 제하에 큼직한 머리기사로 보도했다. 다음 날에도 "여순사건 관련 떳떳이 밝히라"는 제목을 1면에 편집했다.

박정희와 공화당은 윤보선이 악랄한 매카시즘 수법을 쓴다면서 선거법 위반으로 고발하겠다고 으름장을 놓았다. 윤보선은 동아일보 기자 출신인 김준하에게 '박정희가 여순사건으로 처벌받은 자료'를 서둘러 확보하라고 긴급 지시했다.

선거정국을 색깔논쟁이 주도하는 가운데 투표 사흘 전이었다. 1963년 10월 12일 동아일보 정경부장 김성열—1948년 기자로 들어와 1985년부터 89년까지 사장을 맡았다—이 박정희와 단독으로 인터뷰에 들어갔다. 그 장면을 동아일보 사사는 다음과 같이 서술했다.

김성열 정경부장과 단독으로 회견하는 자리에서였다. 장충동 최고회의의장 공관에서 마주앉자마자 박정희가 먼저 입을 열었다.

"동아일보는 아무리 일선기자가 (유세장에) 몇 십만이 모였다고 기사를 보내도 본사에서 정치부장이 멋대로 청중 수를 결정해 보도한다지요?"

"청중 숫자는 제가 결정합니다. 다만 제 독단으로 정하는 것이 아니라 현장에 나간 여러 기자들의 보고를 종합해 판단하는 것입니다."

"그럼 공정해야 하지 않겠소. 마음대로 숫자를 조작해 발표하면 어떻게 해요?"

"그렇게 될 수는 없지요. 적어도 7, 8명의 기자가 먼저 유세장 넓

이를 재고 유세가 시작되면 미리 정한 구역별로 청중 밀도를 셈해서 이를 종합하고, 상대방이 이미 유세를 마친 장소라면 그때 촬영했던 사진과 새로 찍은 항공사진을 비교하는 등 세심하게 검토합니다."

"항공사진은 우리 공군에서도 찍어서 보는데 특히 동아일보만 언제나 야당은 많게, 여당은 터무니없이 적게 보도해 유감이요. (점점 목청이 높아지면서) **그런데 내가 왜 빨갱이입니까?**"

"동아방송 거짓말 마시오"

"언제 동아일보가 박후보를 빨갱이라고 했습니까? 대통령 선거 때는 여야 양대정당 후보가 직접 기자회견하거나 선거유세장에서 공개적으로 발표, 주장하는 말은 그대로 보도하는 것이 관례로 되어 있습니다. **사상논쟁은 윤보선 후보의 말을 그대로 보도했을 뿐입니다.** 후보 개인의 경력이나 능력 등에 관해 엇갈린 의견을 정직하게 유권자에게 알려 유권자 스스로 판단하도록 해야지 여야가 말하는 것을 하나하나 확인해서 보도할 시간이 없습니다."

"내가 빨갱이라면, 내가 이북에 가면 김일성이가 나를 받아주리라고 생각하시오?"

벌개진 얼굴로 언성을 높이던 **박후보는 화를 가눌 길이 없었던지 탁자 위 담배함을 집어들더니 힘껏 내던졌다.** 그리고는 일어나 옆방으로 가버렸다. 박후보 단독 인터뷰는 불발로 끝났다.

다음날 야당은 박정희에게 결정적인 일격을 가했다. **48년의 여순반란사건 후 관련자 처벌을 위한 군법회의에서 박정희가 무기형을 선고받은 사실을 폭로**한 것이다. 이 날은 마침 신문을 발행하지 않는 일요일이어서 **동아일보는 이 사실을 호외로 찍어 전국에 배달했다.**

윤보선을 불과 15만 6000표 차이로 누르고 아슬아슬하게 대통령에 당선된 박정희는 이후에도 자주 이 호외 사건을 불쾌한 표정으로 이야기했다고 한다. 동아일보의 험난한 앞날을 예고하는 대목이다.

대통령 선거 당일에도 그는 신경질적인 반응을 보였다. 동아방송의 김남호 아나운서가 투표를 마치고 나오는 그에게 마이크를 들이댔다.

"오늘 투표를 마치고 어떻게 소일하시겠습니까?"

"이런 거 저런 거보다도 동아방송 거짓말이나 하지 마시오."

"무슨 말씀을 그렇게 하십니까? 사실을 공명정대하게 보도하는 것이 동아의 생명입니다."

"…"(불쾌한 표정)

이 가시돋친 문답에서도 동아일보와 군사정부의 관계를 엿볼 수 있다. 독재권력의 일방통행적인 언론관, 이에 굴하지 않는 동아일보와 동아방송의 자세가 그대로 드러나 있다. 그런 만큼 동아일보는 비싼 대가를 치르지 않을 수 없었다.

6·3대선에서 두 후보의 지역별 득표상황은 동아일보 동아방송의 영향력과 직결되는 흥미로운 자료다. 박정희가 영남 호남 및 제주에서 앞선 반면 윤보선은 서울 경기 강원 충남북에서 우세했다. 특히 서울과 경기에서 윤보선은 146만 표 대 75만 표로 압승을 거뒀는데 이 지역은 동아일보 전체 구독 부수의 절반 이상이 몰려 있는데다 동아방송 가청 지역이기도 했다.

박정희는 '사상 논쟁'을 의제로 설정해간 그의 보도에 분노를 감추지 못했다. 인터뷰 자리를 박차고 나간 다음날 뿌려진 그의 10월 13일자 호외 제목은 "민정당 여순사건 자료를 공개/ 당시의 두 신문보도 제시/ 박정희 씨에 무기無期언도"였다.

동아일보 사사는 이에 대해 "6·3 대선에서 두 후보의 지역별 득표상황은 동아일보 동아방송의 영향력과 직결되는 흥미로운 자료"라며 "서울과 경기에서 윤보선은 146만 표 대 75만 표로 압승을 거뒀는데 이 지역은 동아일보 전체 구독 부수의 절반 이상이 몰려 있는데다 동아방송 가청 지역이기도 했다"고 자신의 '색깔 몰이'로 윤보선 후보가 선전했다고 해석했다.

하지만 수도권 유권자들은 낡은 사상 논쟁보다 쿠데타 주모자에 대한 심판의 성격이 강했다고 보아야 옳다. 더욱이 동아일보 사사의 주장과 당시 중앙정보부장 김형욱의 분석은 정반대다. 김형욱은 과거에 '좌파 표'가 많이 나온 지역, 구체적으로 1956년 대통령 선거에서 조봉암 표가 많이 나온 곳, 바로 "좌익세력이 많은 곳에서만 무서울 만큼 박정희 후보의 우세가 나타나고 있었다"고 회고했다.

중앙정보부는 개표 과정에서 "박정희가 당선된다면 좌익 표의 지지 때문이라는 결론"을 내릴 수밖에 없었다고 강조했다. 정계에 막 들어선 김대중도 박정희가 사상논쟁 덕분에 승리할 수 있었다고 평가했다. 김대중은 '윤보선이 박정희를 공산당이라고 비난한 것은 과거 한민당이 김구 선생 등을 빨갱이로 몬 공포정치를 연상케 했다'고 주장했다. 한국전쟁 시기에 인민군에게 점령당했던 호남은 부역자 처벌과 연좌제의 고통을 가장 혹심하게 겪었기에 '빨갱이 소동'을 일으킨 윤보선보다는 빨갱이로 몰린 박정희에게 '동정표'가 쏠렸다는 풀이다.

중앙정보부장 김형욱과 야당 정치인 김대중의 분석은 실제 득표 결과로도 뒷받침된다. 박정희는 윤보선을 겨우 15만 표 차이로 이겼는데, 아무 연고도 없고 김성수 이래 한민당의 아성이던 호남에서 박정희가 윤보선을 35만 표 차이로 이겼다. 결국 박정희는 "전라도 표로 대통령이 된 셈"이라는 말이 설득력 있었다. 박정희가 유세 과정에서 사상논쟁의 책임을 묻겠다고 약속했지만 대통령에 당선 된 뒤 누구도 처벌하지 않은 사실도 흥미롭다.

하지만 더 중요한 지점은 야당 후보이자 4월혁명으로 들어선 정부의 대통령이었던 윤보선 후보와 동아일보가 박정희 후보를 겨냥해 사상 공세를 폈다는 사실이다. 한국전쟁을 거치고 육군 소장으로 쿠데타를 일으켜 2년 넘도록 군정을 이끈 인물에게 '빨갱이' 혐의를 씌우는 선거운동은 '한민당'의 후예다운 행태로 '이해'할 수 있다. 하지만 언론마저 그래도 좋을까.

언론이라면, 더욱이 4월혁명 때 민중들로부터 박수를 받은 신문이라면, 박정희의 반민주적 쿠데타 의제를 집중적으로 설정해야 옳았다. 대통령 될 사람의 과거가 중요하다면, 사상 공세보다 박정희의 친일 행적을 부각해야 옳았다. 1939년 3월 11일자 〈만주신문〉―만주 지역에서 일본어로 발행되던 신문―은 "혈서 군관 지원, 반도의 젊은 훈도訓導로부터" 제목의 기사에서 조선의 청년 박정희가 연령 초과로 만주국 군관 선발에서 탈락하자 "한 번 죽음으로써 충성함―死以テ御奉公 朴正熙"이라는 혈서를 써 편지를 보냈다고 보도했다. 신문에 실린 박정희의 편지는 다음과 같다.

일본인으로서 수치스럽지 않을 만큼의 정신과 기백으로 일사봉공一死奉公의 군건한 결심입니다. 확실히 하겠습니다. 목숨을 다해 충성을 다할 각오입니다. 한 명의 만주국군으로서 만주국을 위해, 나아가 조국을 위해 어떠한 일신의 영달을 바라지 않겠습니다. 멸사봉공, 견마의 충성을 다할 결심입니다.

하지만 박정희가 결국 일본육사까지 나온 행적을 윤보선 후보 쪽과 동아일보는 제기할 생각이 없었거니와 그럴 수도 없었다. 윤보선 자신은 친일반민족행위가 없었지만 줄곧 정치 활동을 해온 한민당과 그 후신인 민국당, 민주당은 물론 동아일보 모두 친일반민족행위에서 자유롭지 못했기 때문이다.

박정희는 대통령에 당선된 뒤에도 그를 의식했다. 첫 국무총리로 동아일보 사장에서 막 퇴임한 최두선을 지명했다. 언론계와 정가에서 '방탄 내각'이라는 비판을 받으며 국무총리를 맡은 최두선은 채 반년도 지나지 않아 1964년 5월에 사퇴했다. 그해 봄부터 일본과의 굴욕적 협상을 비판하는 시위가 활발하게 일어났다.

그런데 법원이 시위 학생들에게 관대한 판결을 한다며 제1공수특전단 군인들이 집단으로 법정에 난입한 사건이 일어났다. 그의 지면은 법원에 들이닥친 군인들을 날카롭게 비판했다. 그러자 서울에 비상계엄령이 내려진 가운데 6월 6일 새벽 공수특전단장을 비롯한 8명의 장교가 동아일보 광화문 사옥으로 난입해 들어왔다. 대통령 경호실장 박종규의 사주를 받은 공수부대 장교들은 숙직하던 기자를 두들겨 깨운 뒤 40분 넘게 소란을 피웠다. 계엄당국은 사전 검열로 보도를 못하게 막았지만 언론계 안팎에 소문이 빠르게 퍼져가자 6월 8일 동아일보사와 국민에 대한 사과문을 발표했다.

박정희는 법적 통제를 구상했다. 1964년 8월 2일 이른바 '언론윤리위원회법'이 여당인 공화당의 주도로 국회에서 통과됐다. 언론윤리위원회가 특정 언론사를 회원사에서 제명할 수 있으며 정부도 언론사에 '적절한 행정조치'를 취할 수 있게 됐다. 언론윤리위원회가 정부의 통제 아래 놓일 것이 명백한 만큼 이 법의 국회 통과는 권력이 언론사의 생사여탈권을 쥐었음을 뜻했다.

그러자 언론계는 발행인, 편집인, 기자 가릴 것 없이 악법 철폐를 요구했다. 그가 앞장섰다. 9월 1일 그와 조선일보, 경향신문, 대구매일신문 4개사 편집국장이 모였다. 편집국장들은 언론윤리위원회법을 반대하는 언론사를 겨냥한 정부의 보복조치가 이성을 상실한 처사라고 비판하면서 "끝까지 투쟁할 것을 엄숙히 선언한다"는 공동성명을 채택했다.

다음 날 그는 전체 8개 면 가운데 3개면을 언론윤리위원회법 반대 특집으로 편집했다. 함석헌과 장준하를 비롯한 재야인사들이 궐기해 자유언론수호대회를 열기로 했다는 소식을 1면 머리기사로 보도했다.

그의 결연한 보도에 독자들의 격려 전화와 전문, 편지가 쏟아졌다. '굽히지 말라, 국민은 정부보다 변절 언론인을 더 규탄한다'라고 쓴 혈서와 성금 30만 원을 보내온 독자도 있었다. 국제사회에서도 박정희의 언론 탄압은 이슈가 됐다. 국제언론인협회[IPI] 회장은 박정희에게 '정치성을 띤 언론윤리위원회와 법을 이용해 신문을 억압하는 것은 민주적 표현의 자유를 파괴하려는 독재정권만이 사용하는 방법'이라는 전문을 보냈다. 나라 안팎의 여론이 불리하게 돌아가자 박정희는 9월 7일 언론윤리위원회법 시행을 전면 보류한다고 발표했다.

한국 언론의 투쟁은 국제사회에서 높은 평가를 받았다. 1965년 5월에 32개국 신문발행인과 편집인 320여 명이 참석한 IPI 런던총회에서 IPI는 동아일보 주필을 단상으로 불러 '자유언론의 영웅'이라고 찬사를 보냈다.

하지만 박정희 정권은 집요했다. 1965년 7월 2일 '비밀보호와 보안조사에 관한 법률안'을 만들었다. 국가기밀 보호라는 명분 아래 정부의 공식 발표문 외에는 거의 보도할 수 없을 정도로 언론을 통제할 깜냥이었다. 법안이 임시국회에 상정될 예정이라는 사실이 알려지자 언론계가 다시 반대 운동에 나섰다. 야당과 대한변호사협회도 이에 호응했다. 상황이 불리하자 박정희는 또 재검토를 지시했다. 그럼에도 10월 정부는 다시 '신문 통신 등 등록에 관한 법률 개정안'을 준비했다. 국헌을 문란하게 하거나 국위를 손상하는 경우, 공서양속을 해치는 경우, 기밀을 누설해 국가이익을 손상하는 경우 따위를 기존 등록취소 요건에 추가했다. 정기간행물의 등록취소 요건 범위를 넓혀 언론을 길들일 속셈이었다. 이 법안 역시 그와 언론계의 격렬한 반대에 부닥쳐 흐지부지되었다.

언론법을 둘러싼 공방 과정에서 동아일보 취재기자와 편집국 간부에 대한 연행과 조사는 끊임없이 이어졌다. 1965년 9월 7일 오후 11시 45분 변영권 편집국장대리의 집 문 앞에서 폭발물이 터져 안벽이 허물어졌고 유리창이 산산조각 났다. 1시간도 채 지나지 않은 8일 0시 40분에는 동아방송 조동화 제작과장이 집으로 들어와

"시경에서 왔다"는 괴한 4명에게 납치된 뒤 몰매를 맞았다.

1966년 3월 25일부터 그는 '독주獨走'라는 제목의 연재물을 시작했다. 최영철 기자는 "소신은 만능인가" 제목의 기사에서 "어떠한 소신일지라도 이를테면 대통령의 소신일지라도 그것이 절대적일 수는 없다"며 "박 대통령은 항상 이렇게 말한다. '모든 책임을 내가 지겠다. 소신대로 하라.' 그러나 무한책임은 바로 무책임과도 통하는 것이 통치의 세계다. 더구나 책임은 한 사람이 진다해도 그로 인한 무거운 불행의 멍에는 3000만이 두고두고 지는 것 아니겠는가"라고 정면 비판했다.

기사가 나가고 정확히 한 달 뒤인 4월 25일 퇴근하던 최 기자는 집에 거의 도착할 때 두 명의 괴한에게 폭행당했다. "최영철 펜대 조심하라. 너의 생명을 노린다 – 구국특공단장"이라고 적힌 하얀 봉투가 현관 안쪽에서 발견됐다. 한국기자협회는 즉각 발표한 성명에서 "언론인 테러 사건의 진상이 밝혀지기도 전에 또다시 최 기자 피습사건이 발생한 것은 민주언론의 창달을 위해 불행한 일"이라며 범인을 색출해 진상을 밝히라고 촉구했다. 흥미롭게도 기자 최영철은 그 뒤 박정희 정권에 참여해 유정회 국회의원을 비롯해 노태우 정권에 이르기까지 장관직을 누렸다.

하지만 정권의 테러는 그치지 않았다. 7월 20일에는 권오기 정치부 차장이 퇴근길에 최 기자를 폭행한 괴한들과 인상착의가 비슷한 범인들에게 폭행당했다. 동아일보 기자들이 잇달아 테러를 당하자 내무장관 엄민영은 국회에서 범인 체포에 현상금까지 걸었다며 반드시 잡겠다고 공언했다. 하지만 아무도 잡히지 않았다. 그러자 상이군경회까지 난동에 나섰다. 그해 12월 28일에 "취직 미끼

300만 원 사취, 상이군경회 두 간부 구속" 기사가 나가자 다음 날 상이군경회 50여 명이 편집국에 난입해 기물을 부수고 기자들을 폭행했다.

그는 12월 31일자 송년 사설을 통해 "언론에 대한 폭력의 보복이 얼마나 결정적인 민주질서에의 도전인가 하는 일반론도 우리 현실에서 요원하기만 한 이야기"라며 "벌거벗은 힘이 도의를 이기는 정치, 돈의 액額이 법률을 비웃는 경제, 말보다 주먹이 앞서는 사회, 이 모두가 폭력의 온상이 아닌가 생각할 때 우리나라에서의 폭력문제는 훨씬 깊은 데서부터 파헤치지 않으면 해결이 안 될지도 모른다"고 개탄했다.

그 결과다. 민중들은 그를 더 미더워했다. 창간 47주년을 맞은 1967년 4월 1일, 그는 한국 신문 사상 처음으로 발행부수 50만 부를 돌파했다고 밝혔다. 1면에 52만 3천호를 인쇄 배부했다고 기록했다. 1956년 30만 부에서 7년을 거쳐 40만 부를 넘어섰다가 4년 만에 50만 부를 이룬 셈이다.

박정희 정권은 정부나 신문협회의 추천이 없으면 윤전기와 신문 용지의 수입이 불가능했던 현실을 십분 이용했다. 신문협회장은 언제나 정부의 기관지인 서울신문 사장이 맡고 있었다. 경제성장이 빨라지면서 광고 물량도 크게 늘어나고 그만큼 신문사들은 증면과 고속윤전기가 필요했다. 그러나 정부는 8면 이상의 증면을 허가하지 않았다.

박정희는 은밀하게 장기집권을 계획하면서 그를 확실히 손볼 뜻을 굳혀 갔다. 말 그대로 호시탐탐 기회만 노리고 있을 때 그의 월간지 신동아가 1968년 12월호에서 차관 도입의 의미와 그 과정에서 발생한 문제들을 보도했다. 김진배·박창래 기자가 심층 취재해 쓴 기사는 외자 도입의 필요성을 인정했지만 "20억 달러에 가까운 외국 빚을 얻어오는 데 얼마의 돈이 정치자금 또는 뇌물조로 바쳐졌을 것인가"라는 의문을 제기했다. 최근 6년간 지불보증 과정에서 뜯은 돈이 상업차관 8억 달러의 5퍼센트만 잡아도 4천만 달러는 훨씬 넘으리라 추산했다. 기실 기사에 담은 '5퍼센트 커미션설'이나 '정치자금 4인 공동관리설', 재벌과 정치권력의 유착은 당시 정가에서 공공연한 비밀이었다. 하지만 정부가 외채 총액도 발표하지 않던 시절이었기에 독자들로서는 처음 듣는 이야기였다.

중앙정보부는 기사 필자와 함께 신동아 부장 손세일, 주간 홍승면을 연행했다. 그에 맞서 주필 천관우는 11월 29일자에 "신동아 필화" 제목으로 긴 사설을 내보냈다. 중앙정보부는 주필 천관우와 함께 부사장 겸 발행인 김상만까지 연행하고 홍승면과 손세일을 반공법 위반으로 구속했다. '차관' 기사로는 혐의를 잡을 수 없었기에 그보다 앞서 10월호에 게재된 미국 미주리대 교수 조순승의 "북괴와 중소분열" 기고문을 트집 잡았다. 영어원문을 번역하면서 김일성을 '공비 두목'이라 하지 않고 "빨치산 지도자"라고 표현했다는 것이다.

박정희 정권은 홍승면과 손세일을 풀어주는 대신 관련자 전원의 해직을 요구했다. 동아일보는 천관우, 홍승면, 손세일의 사표를 받았다. 하지만 세 사람은 곧 복직했고 중앙정보부는 모르는 척 했다.

신동아 필화사건으로 취재 기자부터 발행인까지 모두 12명이 중앙정보부에 불려 다녔는데도 중앙 일간지 어느 곳도 이를 보도하지 않았다. 기자협회보가 신동아 사태에 대한 언론보도를 특집으로 다루며 해직된 천관우 주필을 인터뷰했다. 천관우는 "한 자그마한 필화사건"이라 부르며 "패군지졸에게 할 말이 있을 까닭이 없다"고 밝혔다. 그러면서도 "필화사건 자체는 비교적 경미했지만, 그 사건의 여파가 도리어 경미하지 않았다"고 뼈 있는 말을 덧붙였다.

신동아 필화가 입증해주듯이 중앙정보부의 언론 통제는 갈수록 커져 갔다. 이윽고 정보부요원이 아예 언론사에 상주하는 단계까지 이르렀다. 중앙정보부가 박정희의 '특명'에 따라 국내담당 제3국장 아래 각 신문사 담당 요원을 임명했기 때문이다. 부장 김형욱은 "당시 중정의 언론 담당반들의 공작 내용"은 "기껏해야 신문사 주변에 얼쩡거리며 영향력 있는 기자나 간부들을 만나 커피나 맥주를 마시며 협조를 사실상 사정사정하고 자극적인 기사를 완화하도록 무마하는 것이 고작"이라고 회고했지만, 정보기관원들이 신문사에 상주하는 것은 언론자유에 중대한 침해였다. 중앙정보부가 상주하자 경찰에 국군보안사령부까지 신문마다 담당 요원을 두었다. 신문사로 출퇴근하는 그들을 기자들은 "신문사 출입기자"라고 야유하며 자조했다.

정보부는 '불온한 기사'를 쓴 기자들을 연행하면 곧장 '남산(중앙정보부 서울분실의 별칭)'의 지하실로 끌고 가서 무조건 두들겨 팼다.

'공포 효과'는 컸다. 기자들은 자기도 모르게 기사를 쓰거나 편집할 때 자기검열에 익숙해갔다. 중앙정보부는 '채찍'만 휘두르지 않았다. 눈여겨 둔 간부들에게는 일정한 '촌지'를 정기적으로 지급했다. 채찍, 당근과 함께 젊은 기자들의 분노도 차곡차곡 쌓여갔다.

6

자유언론실천선언과
동아투위

1970년 4월 1일 그가 창간 50돌을 맞았다. 기념 사설에서 그는 "민족·민주·문화의 반세기에서 본보의 창간 전통과 3대 사시를 재음미하고 본보가 꼭 지켜야 할 자세를 다시 가다듬는다. 그것은 선인들이 난국에 처해서 시범한 그 밝은 지혜와 그 백절불굴했던 인내력과 그 불퇴전의 용기를 우리도 몸에 지녀서 민족·민주·문화의 강령을 70년대에 맞게 해석하고 이를 국민에게 주지시키는 데 매진하는 것"이라고 다짐했다.

창간 50돌 기념식에서 처음으로 '동아일보 찬가'(김광섭 작사 김성태 작곡)가 울렸다. "아 영원한 민족의 얼/ 3·1정신 이어받아 사나운 비바람에도/ 민족의 길 밝힐 등불 슬기롭다 정의의 필봉/ 눌리고 밟혔건만 쓰러진 글자없이/ 겨레에 바친 충성 살아서 돌아와/ 자유와 같이 나라 섰네."

하지만 젊은 기자들은 50돌을 자축할 수 없었다. 사설의 다짐이나 찬가와 달리 '대한민국 대표 권위지'에 대한 비판이 무장 커져가고 있었기 때문이다. '권력 감시'의 제 구실을 못하는 언론에 가장 먼저 대학생들이 들고 일어났다. 각 대학 교내에서 '언론 화형식'을 열며 언론의 타락과 무기력을 통렬하게 비판하고 나섰다.

1971년 3월 26일에는 대학생 50여 명이 서울 광화문 동아일보 사옥 앞에서 "민주의 소리 외면한 죄 무엇으로 갚을 텐가"라는 펼침막을 들고 '언론인에게 보내는 경고장'과 '언론 화형 선언문'을 낭독했다. 대학생들의 경고장 내용은 자못 엄중했다.

우리는 더 이상 좌시할 수 없어 이 쓰러져 가는 민주의 파수대 앞에 모였다. 나오라, 사이비 언론들이여, 나오라. 이 민주의 광장으로 나와 국민·선배에게 속죄하라. 선배 투사의 한 서린 해골 뒤에 눌러앉아 대중을 우민화하고 오도하여 얻은 그 허울 좋은 대가로 안일과 축재를 일삼는 자들이여! 나오라, 사이비 언론 뒤에 도사린 너 정보원이라는 이름의 제6적 나오라. 민주 정신의 혈맥을 빨아먹는 흡혈귀여!

안타깝다, 그 자리 그 건물이건만 **민주 투사는 간 곳 없고 잡귀만 들끓는가. 사자의 위용은 어디 가고 도적 앞에 꼬리 흔드는 강아지 꼴이 되었는가.** 이것이 일컬어 제7적이런가. 정치 문제는 폭력이 무서워 못 쓰고, 사회 문제는 돈 먹었으니 눈감아 주고, 문화 기사는 판매 부수 때문에 저질로 치닫는다면 더 이상 무엇을 쓰겠다는 것인가.

신문이 신문을 위해 있는 것이 아니요, 대중을 위해 있는 것일진대, 폭력이 무서웠다고, 돈이 좋았다고, 그렇게 나자빠져 버리면 그만인가. 도둑 지키라는 파수꾼이 망보기꾼으로 둔갑한 꼴이 아니고 무엇인가! 듣건대 일선 기자의 고생스런 취재는 겁먹고 배부른 부차장 선에서 잘리기 일쑤고, 힘들게 부차장 손을 벗어나면 편집국장 옆에서 중앙정보부원이 지면을 난도질하고 있다니 이것이 무슨 해괴한 굿거리인가.

동아야, 너도 보는가. 하늘 무서운 줄 모르고 올라만 가는 조선의 저 추잡한 껍데기를. 너마저 저처럼 전락하려는가. 동아야, 너도 알

맹이는 사라지고 껍데기만 남았는가. 우리는 신문 경영자가 이미 정
상배로 전락했음을 단정하고 또한 신문을 출세의 발판으로 이용하려
는 가짜들이 적지 않음을 알고 있다.

여기서 우리는 한 가닥 양심을 지니고 고민하고 있는 언론인이
어딘가에 있으리라 믿으며 그들께 호소한다. 신문은 이미 인적으로
동일체성을 상실하고 있으며 거기에는 엄연한 대립 관계가 존재함
을 직시하고 **과감히 편집권 독립 투쟁에 나서라.** 그것은 결코 반항
도 아니요, 자신의 존재 이유의 확인에 불과한 것이다.

학생들은 경고장 마지막 부분 결의에서 "언론은 권력으로부터
독립하라. 특히 자주적인 편집을 방해하는 중앙정보부원을 신문사
에서 축출하라"고 촉구했다. 학생들은 유인물을 낭독하면서 이를
행인들에게 나누어주다가 급습한 경찰에 끌려갔다. 편집국 창문에
서 연행되는 학생들을 내려다보던 기자들은 큰 충격을 받았다. 당
시 사회부 사건기자였던 김종철은 다음과 같이 증언했다.

동아일보사 정문 앞에서 '언론 화형식'이 벌어진 3월 26일, 내가
저녁에 경찰서 기자실에서 편집국으로 돌아와보니 젊은 기자들이
웅성거리고 있었다. 학생들이 발표한 성명서가 구구절절 옳다는 말
이 여기저기서 나왔다. 그 화형식은 독재권력 앞에서 침묵과 굴종을
거듭하던 젊은 언론인들의 양심을 쇠망치로 두들기는 듯했다. 의무
위에서 잠자던 기자들을 깨우는 자극제가 되었다.

대학생들의 시위가 자극을 주었지만 어디까지나 언론운동의 주

체는 동아일보의 젊은 기자들이었다. 그들은 학창 시절에 4·19 혁명을 체험했다. 더구나 4월 혁명 현장에서 만난 동아일보는 희망이기도 했다. 동아일보 깃발을 단 취재차량이 어렵사리 사람들 틈을 뚫고 오다가 마침내 시위대에 갇혀 오도 가도 못하는 사태가 벌어지는 일이 있었다. 시위하던 민중들은 외쳤다.

"동아일보다! 동아일보!"

"길을 터줍시다!"

그때 신문기자라는 직업에 큰 감명을 받은 젊은이들은 "신문기자가 민중과 대의를 같이 할 경우 저토록 사랑을 받을 수도 있다는 사실을 난생 처음 알게 되었다." 당시 다른 신문 기자들에게도 그 광경은 깊은 인상을 남겼다.

동아일보, 그는 민중들에게 가장 미더운 언론이었다. 많은 젊은이들이 동아일보 기자가 됨으로써 한국 민주주의에 기여할 수 있다고 믿었다.

편집국 분위기도 자유로웠다. "아무리 후배라 해도 굽힘없이 자유로이 의견을 개진할 수 있었고, 선배나 상사도 불합리하게 후배들의 의견을 억누르는 일이 없었"다.

바로 그렇기에 쿠데타로 권력을 잡아 독재를 펴나가는 정권에 굴복할 수 없었다. 권력 감시는 저널리즘의 생명이기도 했다.

언론자유를 억압하는 군사정권에 분노가 쌓여가고 있을 때 대학생들이 신문사 앞으로 몰려와 돌을 던지고 삿대질을 하며 욕설을 퍼부었다. 4월 혁명 때와 사뭇 달랐다. 사실 보도조차 똑바로 못 하는 주제에 무슨 신문이냐고, 무슨 기자냐고 외치는 대학생들 앞에 "대한민국 최고의 신문사 기자라고 우쭐대던" 자신이 부끄러웠다.

대학생들의 언론 비판은 학교별로 지속적으로 이어졌다.

1971년 4월 15일 동아일보 기자들은 중앙정보부원의 사내 상주 또는 출입을 거부하고 기자적 양심에 따라 진실을 자유롭게 보도할 것을 결의하는 선언문을 채택했다. 한국 언론 최초의 언론자유 수호 선언이었다. 김상만 사장과 간부들이 만류했음에도 강행한 선언대회에는 기자들과 문제의식을 공유한 논설위원 송건호, 사회부 데스크 김중배가 합류했다. 편집국장 박권상은 중앙정보부에 전화를 걸어 중정요원의 철수를 요구했다. 박권상은 그날을 다음과 같이 회고했다.

> 아침 일찍 중앙정보부 보안담당 차장보에게서 기자들의 선언 경과를 묻는 전화가 걸려왔다. 그때 동아일보를 출입하던 중정요원이 문화부 쪽에서 왔다갔다 하는 것이 눈에 띄었다. 나는 차장보에게 "젊은 기자들이 당신들의 출입금지를 결의했다. 나로서는 받아들이지 않을 수 없으니 당장 철수시켜 달라"고 말했다. "지금 철수시키지 않으면 우리가 쫓아 내겠다"고 경고했다. 그는 "15분만 기다려 달라. 부장(이후락)의 허락을 받아 철수 시키겠다"고 말했고 곧 그 요원은 사라졌다. 이날부터 8개월 후인 12월의 국가비상사태 선포까지 기관원의 출입은 중단됐다.

동아일보 기자들의 선언은 언론계에 큰 파문을 일으켰다. 바로 다음날 한국일보 기자들이 언론자유수호선언에 나섰으며 17일엔 조선일보, 대한일보, 중앙일보 기자들이 함께 했다. 5월 초까지 전

동아 평전

국 14개 언론사로 퍼져 갔다.

그러나 그해 10월 박정희 정권의 위수령 발동으로 언론자유는 다시 위축됐다. 언론자유수호 선언에 조직적 뒷받침이 없었기에 더 그랬다. 편집부 성유보 기자는 "1970년대 언론인 사회는 '술 중독의 사회'였다"며 다음과 같이 통렬히 비판했다.

박정희 정권은 1967년부터 모든 언론사에 중앙정보부원과 경찰의 정보형사들을 출입시키기 시작했다. 잇단 '기사 협조'라는 이름의 압박으로 정치·경제·사회적 정책기사는 제대로 보도되지 못했다. 일선 기자들은 '취재가 제대로 안 되니까', '취재를 했더라도 데스크들에 의해 원고가 곧바로 쓰레기통에 들어가서 기사가 신문·방송에 별로 보도되지 않으니까', '재수 없으면 몰래 정보기관에 끌려가 심한 고통을 겪으니까', 취재하러 신나게 돌아다닐 이유가 없었다. 무료해진 기자들은 출입처에서 받은 '촌지'로 주로 포커판에 매달렸다. 그리고 저녁에는 '촌지 뒷돈'으로 술판을 벌여 곤드레만드레가 되었다.

1972년 10월 17일 박정희는 돌연 헌정을 중단하고 '유신'을 선포함으로써 형식적이나마 남아 있던 민주주의를 압살했다. 다음 날 "비상계엄 선포의 의의" 제목의 사설에서 그마저—조선일보에 비하면 사뭇 체면을 차리긴 했지만—유신 선포를 "평화지향적"이고 "자유민주주의적"이라고 썼다.

박정희가 유신헌법 개헌안을 공고한 1972년 10월 27일부터 12월 말까지 모든 신문의 1면과 7면에는 '통일을 위한 구국영단 너도

나도 지지하자' 또는 '새 시대에 새 헌법, 새 역사를 창조하자'라든
가 '뭉쳐서 헌정 유신, 힘 모아 평화통일' 따위의 문화공보부가 정
한 표어들이 날마다 6단 크기로 실렸다. 사회부 기자 박종만은 자
신의 참담했던 경험을 털어놓았다,

그렇게 힘들여 취재한 기사가 날이 갈수록 쪼그라들더니 마침내
서울 일원에 위수령이 선포된 이후엔 아예 한 줄도 반영되지 않는
현실을 보면서 끓어오르는 울분을 억제할 길이 없었다. 특히 수도경
비사령부 병력이 고려대학교에 난입하던 현장에서, 군인들이 비슷
한 또래의 학생들을 곤봉으로 사정없이 후려친 뒤 트럭에 가마니때
기 싣듯이 쌓아올리는가 하면, 최루가스를 발사하며 4층 강의실까
지 학생들을 쫓아올라가는 바람에 달아나던 학생이 결국 4층에서
떨어지는 모습을 보고는, 최루탄 때문이 아니라 마음속 깊은 곳에서
솟아오르는 격정 때문에 진짜 눈물을 흘리며 기사를 송고해야 했다.
그런데 그 기사가 한 줄도 보도되지 않을 때는 정말로 기자라는 직
업을 그만두고 싶어졌다… 1973년 3월, 나는 아주 사소한 기사 하나
때문에 육군 제3범죄수사대에 연행되어 치욕스러운 욕설과 협박을
당하는 어처구니없는 경험을 했다. 기사 내용은 '한 방위병이 변심
한 약혼녀의 집에 방화했다'는 것이었다. 그 기사가 보도되자 육군
범죄수사대는 나를 포함해서 11명의 언론인들을 연행해 조사했다.
그들은 내가 조사실에 들어서자마자 "야, 이 빨갱이 새끼야. 너 군·
민을 이간질시키는 간첩새끼지?"하는 욕설을 퍼부어대며 협박했다.

기자들이 언론자유수호선언을 했지만 중앙정보부 요원들은 여

전히 편집국에 무시로 들락거리며 지면 구성을 좌지우지했다. 사회부에서 편집부로 옮겨 일하던 김종철은 신문편집의 현장을 생생하게 증언했다.

종합면이자 신문의 얼굴인 1면 편집을 맡고 있던 기자가 갑자기 중앙정보부로 연행되었다. 이유는 단 한 가지였다. 유신헌법 개헌안에 대한 '찬반 토론을 금지한다'는 내용을 1면 머리기사 제목으로 뽑은 것이 여론에 악영향을 끼친다는 것이었다. 남산(중앙정보부의 통칭)에서 고문과 매질을 당하고 나서 편집국으로 돌아온 그는 다리를 심하게 절었다. 그 기자는 결혼식을 며칠 앞두고 있었다. 수사관들은 "이런 악질은 평생 사내구실을 못하게 해야 한다"면서 발바닥을 몽둥이로 마구 때렸다…

아침부터 석간신문이 나오는 오후 1시까지 편집국 안에서 일하다 보니 중앙정보부에서 나온 기관원의 움직임을 낱낱이 볼 수 있었다. 방(方)이라는 성을 가진 그 40대 남자는 중앙정보부에서 상당히 힘을 쓰는 직위에 있다고 했다. 10월 유신이 발표된 날부터 그는 편집국장의 책상머리와 정치부를 비롯한 취재부서, 그리고 특히 편집부 데스크 앞에서 아예 살다시피 했다.

편집국장, 부국장, 편집부장과 함께 신문 대장을 보면서 이 기사는 줄이고 저 기사는 아예 빼는 것이 좋겠다고 조언이 아닌 지시를 했다. 그것을 바라보는 젊은 기자들의 속은 부글부글 끓었지만 드러내놓고 항의를 할 수가 없는 상황이었다. 편집부 기자들은 기관원이 그렇게 사전검열을 한 대장을 들고 서울 시청에 자리 잡은 계엄사 공보장교들에게 검열을 받으러 가야 했다. 군인들은 빨간 펜으로 마음에 들지 않는 기사를 난도질하곤 했다. 당국이 허용하지 않는 기사는 한 줄도 보도하지 못하는 반면에 계엄사령부의 발표문이나 정부당국이 배급하는 해설기사는 토씨 하나 고치지 못하고 그대로 대서특필해야 했다.

기자 개개인이 언론의 자유와 편집권 독립을 외치기에는 현실이 너무 엄혹했다. 권력에 맞서 싸우려면 해직과 감옥살이를 각오해야 했다. 더욱이 '고참'이나 간부들 중에는 정권의 강압에 치열한 고뇌는커녕 순응하고 더 나아가 적극적으로 협력하며 자기 영달을 꾀하는 기자들이 적지 않았다.

10월유신 직후인 1973년 봄부터 기자들은 편집국 안에서 투쟁에 나섰다. 지면 개선을 요구하며 숱한 나날 철야농성에 들어갔다. 사주와 고위간부들의 반응은 냉랭했다.

1973년 10월 초에 서울대에서 유신체제 이후 최초의 반정부 시위가 일어났다. 그 기사가 중앙정보부의 개입으로 강제 누락되자 해당 지면을 백지 상태로 발행했다. 언론 탄압의 실상을 대내외에 알리자는 의도였다.

유신체제 아래서 민청학련과 인혁당 사건으로 숱한 청년·학생이 연행되고 민주화운동가들이 사형 선고를 받기까지 그들의 최후진술은 물론이고 변호인들의 변론 내용조차 신문에 보도되지 않자 기자들의 자괴감은 점점 깊어갔다. 기자들은 2차, 3차 언론자유수호 성명을 채택했다. 구속자 가족들의 피 맺힌 호소를 듣고 기사를 작성해도 부·차장이나 편집국장 또는 방송뉴스 담당 부국장의 손에서 원고가 휴지통으로 떨어지는 것을 본 기자들은 분노와 수치심에 몸서리쳤다.

1974년 3월 8일, 기자들은 사장 김상만을 비롯한 경영진의 부당한 인사와 독선적 운영에 힘을 모아 맞서기로 했다. "단결 협력으로 용기를 얻기 위해" 마침내 노동조합을 결성했다. 노조를 창립하며 "1단으로라도 민주화운동 기사를 실어보자"며 결의를 다졌다.

사주는 기자들이 주도해 노조를 설립했다는 소식을 듣자마자 그날로 노조 임원 11명을 전격 해고했다. 같은 날 71년 제1차 언론자유수호선언 주동자인 심재택과 박지동도 학생운동 경력을 이유로 해임했다. 해고를 결정한 동아일보 인사위원회 회의록을 들춰보면 "과거 2~3년 이래에 여러 차례에 걸쳐 발생했으며, 최근 다시 새로이 태동하기 시작한 편집국, 출판국 및 방송국의 하급 기자들을 중심으로 한 집단소요행동에 관하여 논의하고 이를 근절하기 위한 방안 중의 하나로서 상습적인 주동, 가담자들에 대하여 이제까지 보류해온 처벌조치를 금회에 단행키로 결정한 것"이라고 기록되어 있다.

사주의 행패에 기자들은 주눅들지 않았다. 다음날인 3월 9일에 조합원은 170여명에 이르렀다. 그만큼 노조 설립의 필요성을 절감하고 있었다는 증거다. 사주는 13명의 해고로 끝내지 않았다. 잇달아 대책위원을 비롯한 22명에 대해 해고, 무기정직, 감봉으로 초강수의 징계조치를 이어갔다. 사주는 전혀 머뭇거림없이 '노조 설립과 활동이 회사의 명예를 실추시켰다'고 주장했다. 노조 설립 열흘 뒤 사내방송을 통해 직접 김상만 사장이 "노조를 인정할 수 없는 회사의 방침은 변할 수 없다"고 밝혔다. 하지만 명백한 부당해고이기에 소송에 패배할 수 있다는 자체평가에 따라 사주는 해임을 취소하면서도 거듭 "노조를 인정하지 않는다"고 강조했다.

박정희 정권도 노동조합 설립신고 필증을 내주지 않았다. 긴급조치 1호와 4호는 유신철폐 투쟁을 일시적으로 누그러뜨렸지만 미국, 일본, 유럽에서 한국의 민주화를 위한 단체들이 결성되었다. 1974년 7~8월 미국 하원 외교위원회에서 '한국 인권문제 청문회'가 열렸다. 미국 정계에서 한국의 인권 탄압과 전체주의적 통제를 이유로 경제·군사 원조를 크게 삭감하자는 여론이 커져가자 박정희는 1974년 8월 23일 긴급조치 1호와 4호를 해제했다.

가을에 대학이 개학하면서 '민청학련 구속자' 석방을 요구하는 운동이 본격적으로 시작되었다. 9월 17일 고려대 총학생회가 구속 학생 석방을 요구하는 유인물을 제작했다가 경찰에 압수당했고, 23일에는 이화여대 학생 4천여 명이 교내에서 집회를 열고 구속된 인사와 학생 석방, 국민기본권 보장, 언론자유 보장을 촉구했다.

대학가의 반유신투쟁은 폭압에 맞서 줄기차게 이어졌다. 재야의 반유신 민주화운동도 전열을 강화해나갔다. 9월 23일 강원도 원주교구에서 열린 성직자 세미나에 참석했던 신부 3백여 명이 천주교정의구현전국사제단을 결성하고 인권과 민주회복을 위한 기도회를 잇달아 열기로 결정했다. 9월 26일 사제단은 서울 명동성당에서 2천여 명의 성직자와 신도가 참여한 가운데 '순교자 찬미 기도회'를 열고, 유신헌법 철폐와 긴급조치 무효화, 국민의 기본권 보장, 민주헌정 회복을 요구하는 시국선언문을 발표했다.

당시 동아일보 편집국장 송건호는 그해 가을의 언론계를 다음과 같이 회고했다.

특권층 여성들의 보석 밀수사건이 터졌다. 돈은 남아돌고 쓸 곳은 별로 없고 그래서 이런 특권층 여성들이 보석을 밀수했으며 이것이 적발되어 MBC 방송에 한번 나가 버렸다. 세상이 발칵 뒤집혔다. 당국도 당황해 이를 보도관제하려고 했다. 그 논리는 이러했다. '만약 이같은 사실이 보도되어 세상에 알려지면 대한민국 고관들이 극도로 부패되어 있다고 판단, 북괴의 남침을 유발할 가능성이 있다'는 것이다.

이 당시 언론은 법률 외적 통제를 받아 거의 제구실을 못하고 있었다. 기관원이 무상출입하여 일상적으로 신문 제작에 압력을 가했으며 조금이라도 말을 안 듣거나 비위에 거슬리는 기사를 썼을 경우에는 '임의동행'이라는 형식으로 연행하여 조사·위협했으며, 걸핏하면 기자들에게 폭행을 가해 공포에 떨게 했다.

기자들은 자유언론실천운동이 한 단계 더 나아가야한다고 뜻을 모았다. 10월 21일 자유언론실천운동을 본격적으로 벌이기 위해 기자협회 동아일보분회를 전면 개편하고 노조와 협의해서 10월 24일을 결행의 날로 잡았다. 당시 한국은 유엔(국제연합)에 가입하지도 않은 상태에서 '유엔의 날'인 10월 24일을 공휴일로 기념했다. 그래서 취재 기자들도 출입처로 가지 않고 편집국에 모일 수 있었다. 모든 준비를 마친 상황에서 때마침 10월 23일 '서울농대 데모'를 보도했다는 이유로 송건호 편집국장을 비롯해 간부 3명이 중앙정보부에 연행됐다. 기자들은 연행된 간부들이 돌아올 때까지 철야 농성에 돌입했다.

이튿날인 10월 24일 오전 9시 30분 기자협회 분회장인 장윤환 기자의 신호로 집행부를 맡고 있던 기자들이 편집국 한가운데 있던 사회부장 자리 앞으로 모여들었다. 붓으로 쓴 '자유언론실천선언 – 동아일보사 기자 일동'이라는 세로 두루마리를 기둥에 걸었다. 출판국과 방송국 기자·프로듀서·아나운서들도 달려왔다. 순식간에 180여명이 모였다. 장윤환이 '한국기자협회 동아일보사 분회 자유언론실천선언 기자총회 개회'를 선언했다. 사회를 맡은 기협분회 보도자유부장 장성원이 기자총회를 소집한 이유와 경위를 설명했다. 이어서 분회 집행부 총무를 맡은 편집부 기자 홍종민이 '자유언론실천선언'을 낭독했다.

우리는 오늘날 우리 사회가 처한 미증유의 난국을 극복할 수 있는 길이 언론의 자유로운 활동에 있음을 선언한다. 민주사회를 유지하고 자유국가를 발전시키기 위한 기본적인 사회 기능인 자유언론은 어떠한 구실로도 억압될 수 없으며 어느 누구도 간섭할 수 없는 것임을 선언한다.

우리는 교회와 대학 등 언론계 밖에서 언론의 자유 회복이 주장되고 언론의 각성이 촉구되고 있는 현실에 대해 뼈아픈 부끄러움을 느낀다. **본질적으로 자유언론은 바로 우리 언론 종사자들 자신의 실천 과제일 뿐 당국에서 허용 받거나 국민 대중이 찾아다 쥐어 주는 것이 아니다.**

따라서 우리는 자유언론에 역행하는 어떠한 압력에도 굴하지 않고 자유민주사회 존립의 기본 요건인 자유언론 실천에 모든 노력을 다할 것을 선언하며 우리의 뜨거운 심장을 모아 다음과 같이 결의한다.

1) **신문·방송·잡지에 대한 어떠한 외부 간섭도 우리의 일치된 단결로 강력히 배제한다.**

1) 기관원의 출입을 엄격히 거부한다.

1) 언론인의 불법 연행을 일절 거부한다. 만약 어떠한 명목으로라도 불법 연행이 자행될 경우 그가 귀사할 때까지 퇴근하지 않기로 한다.

1974년 10월 24일 동아일보사 기자 일동

10·24 자유언론실천선언은 유신의 서슬이 시퍼렇던 암흑의 시대에 절실하고 절박한 절규였다. 동시에 한국 현대 언론사에 한 획을 긋는 사건이었다. 중앙정보부의 모진 탄압이 불을 보듯 뻔한 데도 자유언론 실천의 깃발을 높이 들고 '정보부 기관원'의 언론사 출입을 정면으로 거부하고 나섰다.

기자들은 기자총회 관련 기사와 자유언론실천선언문 전문을 1면에 5단 이상으로, 방송의 경우 신문보도에 상응하는 비중으로 보도할 것을 경영진에 요구했다. 하지만 경영진은 기자들의 요구를 단호히 거부했다. 기자들이 신문 제작에 나서지 않으면서 당시 석간이던 24일자 신문이 25일 새벽 1시나 돼서야 제작됐다.

기자들의 투쟁으로 10월 25일자 1면에 머리기사와 맞물린 3단 크기로 "동아일보 기자 일동/ 자유언론 실천선언" 제하의 기사를 담았다. 부제로 "외부간섭 배제 등 3개항 결의"를 달았고, 그 기사에 이어 "본사 편집국장 등/ 정보부서 조사" 제하의 기사를 편집했다.

실천 선언의 파급 효과는 3년 전에 낸 첫 언론자유수호선언의 파장을 넘어섰다. 그날 오후 한국일보와 조선일보 기자들이 자유언론실천선언에 나섰고 다음 날에는 경향신문, 중앙일보를 비롯해 31개 전국 신문·방송·통신사 기자들로 퍼져갔다. 그는 "왜 자유언론을 부르짖는가" 제목의 25일자 사설을 통해 기자들의 자유언론 실천은 "국가와 국민을 위한 우리의 사명을 다하려는 책임감의 선언"이라고 다짐했다.

하지만 보도는 쉽게 바뀌지 않았다. 10월 26일자 사회면에 대학생들의 성명과 시위를 1단 기사로 5건을 이어서 편집하는 생색내기 수준에 그쳤다. 당시 상황을 박종만 기자는 다음과 같이 증언했다.

동아일보와 동아방송은 12시간 넘는 진통 끝에 일선 언론인들의 결의를 독자와 청취자들에게 보도했으나 25일자, 26일자 신문 지면과 방송보도 역시 기자들의 요구수준과는 거리가 멀었다. 자연히 기자들 사이에 불만의 목소리가 터져 나왔다. 그래서 기자들은 '자유언론실천 특별위원회'를 구성하여 매일 오전 모임을 갖고 그날그날 신문과 방송에 자유언론실천 결의가 어느 정도 반영되고 있는지 분석 평가하고 대책을 논의했다. 여전히 신문제작과 방송보도가 정부의 가이드라인을 벗어나지 못하고 있었기 때문이다. 이른바 문제기사는 사내 간부들의 자체검열에 의해 여지없이 평가 절하되거나 송두리째 삭제되는 일이 다반사였다. 여전히 신문과 방송 제작을 둘러싸고 회사와 기자들은 갈등을 빚고 있었다. 갈등이 가장 첨예하게 드러난 사건이 11월 12일에 있었던 가톨릭 인권회복 기도회 관련기사의 처리를 둘러싼 줄다리기와 제작거부 사태였다. 이 사건으로 동아일보는 결국 11월 12일자 신문이 결간되고, 13일자 사회면에 이

기사를 크게 보도했다. 이 사건 하나만 보더라도 기자들의 자유언론 실천 과정이 얼마나 험난했는지 짐작할 수 있을 것이다.

자유언론 실천에 나선 기자들이 싸워야 할 대상은 정치권력만이 아니었다. 편집국 내부의 데스크들과 싸워야 했다. 문화부 기자 문 영희의 회상이다.

10·24 자유언론실천운동 선언 발표 이후 좀 조용히 지내고 싶었 지만 그럴 수가 없었다. 데스크들이 우리 젊은 기자들을 너무 실망 시킨 것이다. 그들은 기자들의 자유언론 실천정신을 제대로 이해하 려 들지 않은 데다, 기관원들은 여전히 밖에서 전화로 지시를 내리 고 있었기 때문이다. 중앙정보부가 일찍부터 신문사 데스크들에게 정기적으로 촌지를 주면서 통제의 끈을 놓지 않고 있다는 소문이 파 다했다. 그래서 당시 언론사 데스크 치고 '나는 깨끗했고, 소신껏 일 했다'라고 말할 사람은 아마 드물 것이다.

기자들은 신변의 위험을 무릅쓰고 분투했음에도 사태는 참혹하 게 전개됐다. 박정희 정권은 광고주들을 압박했다. 자유언론실천선 언이 나온 지 두 달도 안 된 시점인 74년 12월부터 그의 지면에 광 고가 사라지기 시작했다. 그는 35년 뒤에 당시 상황을 다음과 같이 기사화했다.

그해 12월 20일 그렇게 시작된 광고해약 사태는 1년 중 광고가 가장 많이 들어오는 12월 24일 크리스마스이브에 무더기로 몰아닥

쳤다. 동아일보 광고 수입의 절반 이상을 점하던 8개 광고주가 일시에 광고계약을 철회했다. 크리스마스였던 12월 25일엔 극장광고가 일제히 끊겼다. 급기야 12월 26일엔 일부 광고면을 공란으로 내보내는 '백지광고 사태'가 초래됐다. 광고탄압 한 달가량인 1975년 1월 23일까지 평상시 상품광고의 98%가 사라졌다. 동아방송의 광고도 1월 7일 무더기로 사라지기 시작해 역시 한 달 만인 2월 7일까지 건수로는 88.7%, 금액으로는 91.7%가 떨어져 나갔다.

이런 사실이 알려지자 전국에서 동아일보를 격려하는 격려광고가 물밀 듯 쏟아졌다. 1975년 1월 1일자 '자유언론수호 격려'란 제하의 광고란에 22건의 광고를 필두로 31일까지 한 달간 무려 2,257건의 격려광고가 쏟아졌다. 이러한 격려광고는 5,069건으로 최고를 기록한 2월을 포함해 격려광고가 끊긴 5월 중순까지 1만 352건에 이르렀다.

백지광고 사태에 맞선 민중들의 격려광고에 외국 언론들도 감동했다. 당시 동아노조와 기협분회 대변인을 맡으며 편집국에서 외신기자 언론 브리핑을 매일 한 두 차례 가졌던 이부영 기자의 증언이다.

크고 작은 격려광고는 민주시민들의 함성이었고 독재정권에 대한 항의였다. 국내 언론들은 어느 한 곳도 세계 언론사상 처음 있는 '백지광고', '격려광고' 사태에 한마디 글도 말도 내놓지 않았으나 외신기자들이 동아일보 편집국으로 밀려들었다. 도쿄지국장과 특파원들이 몰려왔다. 언론사인 동아일보가 세계가 주목하는 취재대상이

된 것이었다. "유령이 한 신문사 주위를 감싸고 있다"는 유명한 한 페이지 칼럼을 쓴 워싱턴포스트의 돈 오버도퍼, 뉴욕타임스의 리처드 핼로런, 로스앤젤레스 타임스의 샘 제임슨, 아사히의 다메다, CBS의 브루스 더닝 등 미국과 일본의 주요 언론 뿐 아니라 독일의 프랑크푸르터알게마이네, 디차이트, 프랑스의 르몽드, 리베라시옹 등 유럽의 유수 언론사 특파원들이 취재하러 왔다. 당시에는 유신체제의 긴급조치가 발동 중이었다. 외국 언론에게 비록 자유언론운동에 관한 것이라도 정치탄압으로 백지광고 사태가 초래된 사실을 언급하는 것은 긴급조치에 의해 처벌받도록 규정되어 있었다.

놀라운 사실은 외신기자 인터뷰가 거의 모두 중앙정보부에 보고되어 있었고 3월 17일 해직 뒤 6월 중순경 중앙정보부에 연행되었을 때 긴급조치와 형법 104조 2항 국가모독죄 위반으로 조사할 준비를 하고 있었다. 동아일보 대량해직사태에 대한 사후처리 방안을 박정희 유신정권은 빈틈없이 준비하고 있었던 것이다.

민중의 '격려 광고'가 쏟아지는 상황에서 정작 경영진은 박정희 정권과 '야합'하기 시작했다. 김성수의 장남 김상만은 1975년 3월 8일부터 '경영난'을 이유로 자유언론 투쟁에 앞장선 기자들을 무더기로 해임하기 시작했다.

사주의 야합과 횡포에 항의해 신문·방송·잡지 실무 제작진의 절반이 넘는 160여 명이 제작 거부와 사내 농성에 돌입했다. 3월 15일 편집국장 송건호는 사주에게 기자들을 자르면 안 된다고 읍소했다. 하지만 사주는 전혀 들으려 하지 않았다. 송건호는 사표를 던졌다.

이틀 뒤, 그러니까 농성 엿새째인 3월 17일 새벽 3시에 경영진이 동원한 괴한 200여 명이 산소용접기와 해머, 각목을 들고 농성장으로 난입해 들어왔다. 날이 밝을 때까지 필사적으로 저항하던 기자, PD, 아나운서, 엔지니어 165명은 모두 쫓겨났다. 다음은 사회부 기자였던 김동현의 증언이다.

폭도들은 기자 한 명에 3, 4명씩 달려들어 몽둥이질, 주먹질, 발길질을 하며 창밖으로 끌어내었다. 단식에 지친 기자들이 양쪽 겨드랑이를 잡힌 채 아래층 차고까지 끌려 내려가는 동안 조금이라도 반항을 하면 그들로부터 돌아오는 것은 주먹질이었다…이미 5일째 단식 중이어서 기자들은 쇠잔해졌는데도 보릿자루를 옮기듯 거칠게 다루었던 것이다.

해직 또는 무기정직 처분을 받은 사람은 모두 132명에 달했다. 끝까지 신문사로 돌아가지 못한 113명은 '동아자유언론수호투쟁위원회(동아투위)'를 결성하고 신문사 밖에서 투쟁을 이어갔다.

마침내 그를 '제압'한 박정희 정권은 두 달 뒤인 5월 13일 긴급조치 9호를 선포했다. 긴급조치 9호는 "유언비어를 날조, 유포하거나 사실을 왜곡하여 전파하는 행위"와 "집회, 시위 또는 신문, 방송, 통신 등 공중公衆 전파수단이나 문서, 도서, 음반 등 표현수단에 의하여 현행 헌법을 부정, 반대, 왜곡 또는 비방하거나 그 개정 또는 폐지를 주장, 청원, 선동 또는 선전하는 행위"를 금했다.

긴급조치를 위반한 사람이나 단체에 대해 주무장관은 단체의 대표나 장에게 임직원·학생의 해임이나 제적을 명할 수 있게 되었다.

더 나아가 주무장관이 직접 대표자나 장, 임직원, 학생의 제적조치를 취하고, 위반 기관에 대해 정간, 폐간, 휴업, 휴교, 해산, 폐쇄 조치를 취할 수 있게 했다. 심지어 법관의 영장 없이 체포, 구금, 압수 수색하여 1년 이상의 징역에 10년 이하의 자격정지를 병과하게 했으며, 미수나 예비음모까지 처벌토록 했다.

그럼에도 반유신독재 투쟁은 움츠러들지 않았다. 긴급조치 9호가 발동된 1975년 5월 13일부터 중앙정보부는 더 악명을 떨치며 무소불위의 힘을 휘둘렀다. 심지어 동아투위에도 '붉은 색깔'을 칠하려고 공작했다. 6월에 이부영·성유보 기자를 전격 연행하며 마치 동아투위가 '빨갱이들의 조종'을 받는 듯이 호도했다. 재학시절 같은 학내서클에서 활동했던 두 기자를 고문하며 이른바 '용공세력'으로 몰아갔다. 결국 두 기자는 국가보안법과 반공법, 긴급조치 9호, 국가모독죄(형법 104조 2항) 혐의로 1심에서 이부영 징역 9년, 성유보는 1년 6월을 선고 받았고, 대법원에서 각각 2년 6월과 1년이 확정됐다. 대법원은 39년이 지난 2014년에 무죄를 선고했다.

박정희가 중앙정보부장 김재규에게 죽음을 당한 1979년 10월 26일까지 4년 5개월은 민주주의 암흑기였다. 신문과 방송은 긴급조치 9호에 위반될 가능성이 있는 기사와 논설은 단 한 건도 싣지 않았다.

동아투위를 결성한 '거리의 언론인'들은 1978년 1월 1일자로 발행한 '동아투위소식'을 통해 제도언론이라 불러온 기성 매체들을 "권력의 주구, 민중의 배신자, 민족의 반역자"라고 비판했다. 그해 4월 7일 신문의 날을 맞아서는 '제도언론 타도'를 주창했다.

1978년 10월에 자유언론실천선언 4주년을 앞두고 열린 동아투위 상임위원회는 언론의 '비겁한 침묵'과 '진실 왜곡'을 더 이상 방관할 수 없다는 결론을 내렸다. 10·24 선언 4주년 기념일에 발행할 동아투위소식지에 1977년 10월부터 1978년 10월까지 1년 동안 제도언론이 외면한 사건들을 종합해서 알리자고 뜻을 모았다.

서울 명동의 음식점에서 연 '10·24 자유언론실천선언 4주년 기념식'에서 배포한 동아투위소식지에는 "보도되지 않은 민주·인권 사건일지(민권일지)" 제목 아래 125건의 사례가 담겼다. 민권일지는 '진정한 민주·민족 언론의 좌표' 제하의 글에서 다음과 같이 주장했다.

올해 들어 이른바 현 제도적 언론기관들에서 보도된 큰 사건만 하더라도 농협 고구마 수매 부정사건, 아파트 특혜 부정사건, 교사 자격증 부정 사건, 국회의원 성낙현 씨의 여고생 추행사건 등이 있다. 우리가 굳이 현재의 제도언론기관 앞에 '이른바'라는 용어를 쓴 데는 그럴 만한 이유가 있다. 제도언론들이 보도하지 않고 묵살해 버린 더 크고 많은 사건들이 너무나 많기 때문이다…"교수가 학생에게 술을 사 먹이는 현실, 학생들이 교수에게 돌멩이를 던지는 현실"을 개탄하고 자책하면서 교수로서 최소한의 양심을 지키려고 '우리의 교육지표'라는 양심적 선언을 했다고 감옥에 가는 세상, 역사상 유례를 찾아보기 힘든 사태가 일어나도 우리의 제도언론에선 그런 일이 언제 있었느냐는 듯이 컬러 화보에 '밝고 맑은 젊은 지성의 숨결'만 더욱 활짝 웃고 있다… **언론의 이 같은 보도 자세는 그 자체가 범죄일 뿐 아니라 현실적으로도 국민 모두를 멍들게 한다. 올해 들어 지금까지만 되돌아보아도 마땅히 언론이 하여야 할 일을 하지 못**

동아 평전

하고, 또 하지 않음으로써 얼마나 많은 사람들이 이 땅의 정치적 문제, 경제적 문제, 사회적 문제를 몸으로 제기해야만 했고, 그럼으로써 또 그 중 얼마나 많은 사람들이 박해와 고통을 받고 있는가… 우리가 진정한 민주·민족 언론인으로서 언론자유와 사실 보도의 권리를 갖고 다시 현역에 복귀하기 위해서는 자유언론을 압살하는 모든 제도와 법이 당연히 철폐되어야 함을 10·24 자유언론실천선언 4주년을 맞아 분명히 천명하는 바이다.

경찰은 4주년 기념행사가 끝난 밤 10시쯤 명동성당 앞에서 동아투위 총무 홍종민을 연행했다. 이틀 뒤인 26일에는 위원장 안종필과 위원 안성열, 박종만을 체포했다. 경찰은 '민주인권 일지'를 작성한 경위를 추궁했다. 30일에는 위원장 대리 장윤환, 위원 이규만, 이기중, 김종철 등 10명을 연행했다.

박정희 정권은 11월 1일 안종필, 홍종민, 안성열, 장윤환, 박종만, 김종철을 긴급조치 9호 위반 혐의로 구속했다. 동아투위는 새 집행부를 구성해서 무죄석방 운동을 벌였다. 1978년 12월 27일 명동성당 문화관에서 재야인사 200여 명이 참석한 가운데 열린 동아투위 송년모임은 "자유언론은 영원한 실천과제" 제목의 성명서를 담아 동아투위소식지를 배포했다. 경찰은 동아투위 위원장 대리 윤활식, 총무 대리 이기중과 위원 성유보를 구속했다.

동아투위 해직기자들이 구속된 사건의 진상은 어떤 신문과 방송에도 보도되지 않았다. 그래서 한국 언론사상 단일 사건으로 가장 많은 언론인이 구속된 사실을 민중들은 알 수 없었다. 그 사건을 변호하기 위해 전국적으로 22명의 변호사들이 무료 변론을 자청했다.

박정희 정권은 법적 탄압에 그치지 않았다. 실업자가 된 언론인들의 생업도 가로막았다. 정보기관의 감시와 미행, 취업 방해, 공민권 제한 따위가 끊임없이 이어졌다. 해직 기자와 가족들은 김밥 장사, 날품팔이 번역, 단행본 외판원, 바둑 월간지 영업사원, 우동장사, 부동산중개업, 세탁소와 같이 기자직과 무관한 생업 전선에 뛰어들어 가족의 생계를 꾸려가야 했다. 더러는 외국어 서적을 우리말로 번역하거나 출판사를 운영했다. 문영희 기자의 경험담은 권력의 집요한 감시와 취업 방해 실태를 생생히 고발한다.

내 고교 동창 가운데 대신증권 총무과장을 하던 친구가 있었다. 1977년 여름 그에게 취직을 한번 부탁해 보았다. 이력서가 전달되고 곧 양재봉 전무를 면담했다. 양 전무는 이 회사의 오너 격이었다. 한 달 쯤 지나 친구가 나를 불렀다. '어, 미안해서 으짠당가. 우리 회사에는 중부경찰서 정보과 형사가 출입한단 말이네. 양 전무가 그 사람에게 자네 문제를 상의했더니 그런 불순분자를 채용하면 회사가 다친다며 무조건 반대했다더라'는 것이었다. 그래서 증권회사 취직 길은 막혔다.

사주의 잘못을 지적하고 사표를 던진 편집국장 송건호도 예외가 아니었다.

두 번이나 울었어요. 기자들 앞에서 울고, 또 이제 그만두면 다시는 언론계에 들어올 수 없을 것 같아 울고. 그만둘 것인가 말 것인가를 며칠을 두고 고민했습니다. 있으려면 그냥 있을 수도 있었는데…
하여간 사주에게 백 몇 명은 복직시키라고 요구했는데 복직시켜주
겠어요? 동아일보를 나와서는 생활고에 몹시 시달렸어요. 그때는 내
일은 또 어떻게 사느냐가 제일 고민이었습니다. 아주 고민했어요.
심지어 자식들 대학 공부도 못 가르치고….

실업자가 되었을 때 송건호는 49세였으며 학교를 다니는 6남매
를 둔 가장이었다. "대책 없는 실직은 현기증을 일으키는 공포였다"
고 토로했던 송건호는 생전에 한길사 대표 김언호와 나눈 대화에
서 자신이 '투사'가 된 이유를 이렇게 설명했다.

　—직접 뵙게 되면 투사적인 모습이라곤 전혀 없는데요.
　"나는 천성적으로 투사가 될 수도 없고 운동가도 될 수 없습니다.
나는 가만히 놔두었으면 평범한 신문기자로 늙어 죽을 사람입니다.
이 경우 없는 시대가, 이 더러운 세상이 나를 가만히 놔두질 않고 재
야운동가로 만들었습니다. 나는 본의 아니게 투사 아닌 투사가 되었
습니다. 나를 처음 보는 사람들은 당신이 정말 송건호냐고 물어요.
그렇다고 하면 의외라는 표정입니다."
　—저 이름난 남영동에서 고문당하실 때 무엇이 머리에 떠올랐습
니까?
　"매일처럼 두들겨 패는데, 이러다간 내가 여기서 죽고 말겠다는
생각이 들었습니다. 얼마나 억울한가, 어떻게 하든지 살아서 나가야
되겠다는 독한 생각을 하게 되었고, 우선 살기 위해 저들이 하라는
대로 허위자백했습니다. 나는 고문을 당하면서, 여자를 남자로 만드

는 것은 못할지 몰라도 무엇이든 다 할 수 있겠구나 하는 생각을 했습니다. 영양실조로 머리가 한 움큼씩 빠져나갔습니다. 권력의 유지를 위해서 얼마나 반인간적인 짓을 자행하는가를 그 속에서 뼈저리게 느꼈습니다."

동아투위 총무 홍종민은 '남영동'으로 연행됐다가 23일 만에 풀려날 때, 몸무게가 13kg이나 빠져 갈비뼈가 앙상하게 드러날 정도였다.

계속 잠을 안 재워 미칠 것만 같았어. 태어나서 지금까지 일어났던 일을 전부 쓰라고 해서 쓰면 핵심이 빠졌다고 더 쓰라 하고 쓴 내용을 가지고 심문하고 이렇게 하다 보니 비몽사몽이 되어 수시로 졸면서 쓰러졌나 봐. 수사관들이 그때마다 마구 때리거나 물을 끼얹어 깨어나곤 했지… 옆방에 송건호 선생이 잡혀왔는데 수시로 소름 끼치는 비명이 들려왔어. 수사관들은 나에게 '송건호 저 새끼 머리에 총을 대고 쏴 죽여 버릴까 말까 한다'고 겁을 주었어. 그땐 죽을 수도 있다는 느낌이 들었어.

동아투위 해직기자들이 고문과 투옥으로 고통 받고, 생계마저 어려울 때 사주 김상만은 모르쇠를 놓았다. 신동아 필화 사건으로 해직된 기자들을 곧바로 복직시킨 사례와 전혀 달랐다. 1979년 10월 박정희가 중앙정보부장 김재규의 총에 맞아 죽고, 1987년 6월대항쟁으로 군부독재가 쫓겨난 뒤에도 김상만은 해직기자들을 복직시킬 뜻이 없었다.

그런데 2000년을 맞아 펴낸 사사에서 동아일보는 자유언론실천선언을 자신들의 공적으로 과시했다. 1974년 10월 24일 '동아일보사 기자 일동'으로 자유언론실천선언을 발표한 순간을 다음과 같이 기록했다.

박수가 터져나왔다. 언론자유를 확보하려는 의지가 힘차게 맥박치기 시작하는 순간이었다. 기자들은 선언식과 선언문을 1면에 3단 이상 크기로 보도하기로 의견을 모았고 회사측도 이를 수용했다. 이날 밤 김상만 사장이 기자들을 격려하기 위해 편집국으로 들어서자 기자들은 "동아일보 만세"를 외치며 박수를 보냈다… 자유언론 실천선언 후 동아일보의 지면은 확 달라졌다. 유신반대 집회와 시위를 다룬 기사들이 본격적으로 실리기 시작했다. 사회면 왼쪽은 항상 대학의 시위기사로 채워지는 가운데 하루 평균 7~10개의 시위기사가 실렸다.

시위기사만이 아니었다. 김영삼 신민당총재가 "개헌을 위해 원외투쟁을 벌이겠다."고 선언한 기자회견 내용이 11월14일자 1면 머리기사로 올랐다. 윤보선 백낙준 김대중 함석헌 천관우 김재준 등 각계대표 민주인사 50여 명이 서울 종로 기독교회관에서 가진 '민주회복 국민선언대회'도 11월 27일자 1면 머리를 차지했다. 국민들의 반응도 뜨거웠다. "역시 동아일보다." "동아일보 보는 맛에 산다."는 격려전화가 쇄도했다. 당시 사회부기자였던 김진홍은 "단 한 줄의 시위기사 속에서도 민주회복의 열망을 확인하고 희망을 잃지 않았던 시대였기에 동아일보의 보도는 국민 전체에게 놀라움과 감동을 선사했던 것 같다."고 회고했다. 동아 자유언론 실천운동이 민주화운동을 확산하는 형태로 급진전하자 마침내 유신정권은 일찍이 유례가 없는 광고탄압으로 동아일보를 압박하게 된다.

동아 자유언론 실천운동이 한국 언론사와 민주화운동에 끼친 영향은 지대하다.

첫째는 언론자유가 민주주의를 정착시키는 제1의 요건이라는 투철한 의지를 구현했다는 점, 둘째는 이후 70년대 민주화 운동에 기폭제가 됐다는 점이다. 국민의 지지가 뒤따르지 않으면 언론자유를 쟁취하기 어렵다는 사실도 동아 자유언론 실천운동을 통해 얻은 교훈이라고 할 수 있다.

사사는 박정희의 광고탄압에 맞선 독자들의 격려광고에 대해서도 상세하게 설명했다. 1월 8일부터 동아일보는 신문 4면에 '언론자유수호 격려란'을 두고 일반인의 격려광고를 싣기 시작했다. 그러자 격려광고가 해일처럼 밀려왔다. 시작하고 사흘 만에 격려광고란은 5개면으로 늘어났다. 심지어 몰려오는 광고를 다 싣지 못해 "오늘 격려광고 일부는 지면부족으로 내일로 미룹니다"라는 안내문이 나갈 정도였다. 이석렬 광고1부장은 그 열기를 동아일보 사내보인 〈동우東友〉지 75년 2월호에 다음과 같이 소개했다.

…돼지 저금통을 들고 와서 몽땅 털어 놓고 "아저씨들 힘내세요." 하며 머리를 숙이는 어린이들, 새마을 취업장에서 하루 종일 일한 대가로 받은 돈을 내놓고 간 중년 노동자, 50년 동안 피우던 담배를 끊고 모았다는 담뱃값 3,000원을 들고 찾아온 7순 노인, "우리 아버지 이름을 대면 여러분이 놀랄 거예요. 비겁한 기업가의 아들이지만

한 달 용돈 일부를 놓고 갑니다"고 한 어느 부유한 집안 젊은이, "어깨에 힘을 좀 주셔야겠어요"라는 말과 함께 핸드백 속의 돈을 몽땅 털어놓고 간 여사무원, 여성동아 60권을 직장에서 팔아 남은 돈 몇천 원을 들고 찾아온 구로공단 여직공들, "우리는 결코 불행한 시대에 살고 있다고 생각하지 않습니다. 우리 국민이 진정한 자유와 정의를 갈망하고 있으니까요. 자유와 정의는 동아 그 자체라고 믿어요."라는 글을 남기고 간 단발머리 여학생들…

격려광고의 문장들은 대부분 그에 대한 격려에서부터 불의와 부정을 규탄하는 내용까지 다채로웠다. "동아일보 보는 재미로 세상을 산다"는 독자의 격려광고 문안처럼 민중들은 가슴 속에 맺힌 말을 여백의 광고란에 주저없이 털어 놓았다. 언론사적 의미로 보면 '민중언론의 구현'이라고 평가할 만큼 목소리 없던 사람들의 목소리가 신문 지면에 듬뿍 실렸다. 격려광고는 '가장 먼저 읽는 칼럼'이라는 말도 나돌았다. 독재의 야만적 언론탄압이 빚어낸 역설이었다.

먼 훗날 내 아들이 나에게 1975년에 무엇을 했느냐고 묻는다면 새마을운동보다 자유언론수호운동에 앞장섰다고 자랑스럽게 말하겠다(조씨 부부)

배운 대로 실행 못하는 부끄러움을 이렇게 광고하나이다(서울대 법대 23회 동기생)

동아야, 너마저 무릎 꿇으면 진짜 이민 갈 거야(이대 S학생)

4·19의 피의 꽃은 어드메 피었는고(용산고 2년생 6명)

뭐라고 가르칠까(여고교사 2인)

안타까운 마음으로 이 여백을 삽니다(밥집 아줌마)

이름을 잃어야 하는 아픔을(유·곽)

배고픈 것보다 눈과 귀를 막는 것이 더 고통스럽다(홍은동 김태현)

왜 정부에선 신문을 못살게 할까요(국민학교 명숙·미진)

벼랑에 핀 꽃 고난을 이기고… 동아 만만세(익명 김)

이럴 수가!(서대문구 익명 독자)

씹히지 말자, 이빨 부러질 때까지(두 의대생)

동아방송을 살릴 아이디어를 모집합시다(한대생)

동아여 이제부터다!(익명의 재수생)

동아의 무거운 짐 우리도 지고 싶다(숭문고 24회 졸업생)

한 줌의 정성이라도 보탬이 되었으면(백영숙·백순기)

위정자들이여, 기업가들이여, 국민들이여, 비겁한 군상이 되지 말자!(고교교사 이)

대한체육회 점심을 먹지 않고 그 돈을 동아에 드립니다(수영연맹 K)

친구와 제가 불우한 이웃돕기로 신문을 종로3가에서 판 돈을 이번에는 광고봉쇄로 어려움을 겪는 동아일보를 돕는 데 쓰기로 하고 앞으로 많이 동아일보에 협조하겠습니다(서부운수 안내원 은·홍)

동아일보를 보는 재미로 세상을 산다(익명 서점주)

반세기 수난 속에 횃불을 밝힌 동아여! 천만대 그 혼 길이 전하세(상계동 성기탁)

민족의 양심이며 민주수호의 선봉인 동아의 고통은 우리 자신의 고통이다. 우리는 이 고통을 같이 하는 데 솔선하자(로스앤젤레스 장동환)

일본 총독부에 대항한 동아의 민족주의와 민주주의 투혼에 경의를 표합니다(日本人 堀川桂)

민족지를 지키자. 동아일보 만세(워싱턴 교포 김용태)

이럴 수가 있습니까(최근 현역서 제대한 두 예비군)

해마다 1년간 모은 돼지 저금통을 깨서 불우한 이웃에게 전해왔으나 이번에는 광고해약으로 어려움을 겪는 동아일보를 돕는 데 쓰기로 했습니다(이우민·지인)

외국서적 판매원 여러분! 광고 한 줄로 동아를 살리자(일당 4000원 책장수 진경호)

외국 언론들도 대서특필했다. 1월 한 달 동안만도 2,943건의 격려광고가 실렸다. 동아일보는 호주머니를 털어 광고료를 내고 격려광고를 낸 독자들에게 일일이 감사문과 기념메달을 증정했다. 김상만 사장 명의의 감사문은 "귀하께서 동아일보사와 언론자유수호를 지원하기 위한 격려금을 보내주신 데 대해 뜨거운 감사를 드립니다"라고 적었으며, 기념 메달 앞면에 횃불 도안과 함께 "언론자유수호 격려, 1975", 뒷면에는 동아일보 마크와 더불어 "감사합니다. 동아일보·동아방송"을 새겼다.

사사를 보면 사주 김상만은 기자들의 자유언론실천 운동을 지지했고 독자들의 격려광고에도 '뜨거운 감사'를 보냈다. 과연 진실인가? 아니다. 우리가 짚어보았듯이 김상만은 편집국 기자들의 민주언론 뜻과 독자들의 격려광고에 독재정권과 유착한 해직으로 답했다.

사사는 당시 상황을 어떻게 설명하고 있을까. 광고탄압이 한 달을 넘기면서 평소 광고의 98%가 떨어져 나가 "백척간두에 몰렸다"고 기록한 사사는 "광고탄압 이후 극심해진 경영난을 타개하기 위해 회사는 기구축소 감원 등의 방법을 택했던 것이다. 이 조치에 따라 심의실과 편집국의 기획부 과학부, 출판국의 출판부를 폐지하고 소속 기자 18명을 해임했다"고 서술했다. 이어 "동아사태는 불행했던 한 시대의 역사가 할퀴고 간 상처였다. 동아일보사는 90년대 들어 동아투위 가족들과 끊임없이 접촉하며 화해와 치유를 위한 노력을 거듭했다"고 밝혔다.

하지만 '화해와 치유'는 이뤄지지 않았다. 세월이 흐르며 동아투위 해직 언론인들은 하나 둘 세상을 뜨고 있다. 경영난 때문에 해직할 수밖에 없었다는 논리는 창간 90돌을 맞아 연재한 "동아일보를 통해 본 대한민국 근현대사"의 "자유언론실천운동과 광고탄압" 편 기사(2010년 9월 27일)에서도 나타났다.

하지만 동아일보의 경영상태는 악화일로였다. 1972년 3,300여만 원의 흑자를 기록했던 동아일보는 1973년 1억 1,000만 원 적자로 돌아선 데 이어 1974년엔 적자규모가 1억 7,000만 원으로 불어났다. 광고 해약사태 이후엔 하루 평균 315만 원의 손실이 발생했다. 결국 **경영난 돌파를 위해 그해 3월 1실 3부를 폐지하는 과정에서 기자 18명이 해임됐다. 이 조치는 49명 해임, 84명 무기정직으로 이어진 '동아투위사건'으로 이어지며 동아일보에 큰 내상을 안겼다.** 유신정권은 이후에도 타협을 종용해왔다. 6월 중순 양두원 중앙정보부 차장이 이동욱 주필에게 면담을 요청해 유신체제를 계속 수호 발전시켜 나가야 한다는 사설을 게재하라고 요구했다. 동아일보는 이를 단호히 거부했다. 사설 게재 요구를 철회한다는 조건으로 7월 11일 김상만 사장과 양두원 차장이 만나 밤샘 담판을 벌인 끝에 '긴급조치 9호를 준수한다'는 선에서 타협이 이뤄졌다. 광고 게재는 7월 16일 재개됐다. 광고탄압이 시작된 지 8개월 만이었다.

하지만 동아투위는 문제의 기사에 대해 곧바로 '동아일보가 당시 기자들을 해직한 것은 중앙정보부의 압력 때문이었음에도 해직행위를 정당화하기 위해 경영 적자 핑계를 대고 있다'고 반박했다. 실제로 사사에 올라 있는 손익계산서를 살펴보면 1971년부터 75년까지 적자를 낸 해가 없으며 광고 탄압이 있었던 74~75년에는 되레 흑자가 급증했다. 73년 흑자는 3,400만 원, 74년 4,600만 원, 75년 1억 2,800만 원의 당기순이익을 냈다.

동아투위의 날카로운 지적에 동아일보사는 사사에 "순이익을 기록한 것으로 되어 있다는 대목은 사실이지만 이는 회사 전체의 '손익계산서'상 장부로서 광고영업 외에 판매 영업, 자산 운용에 따른 손익 등을 모두 합친 것"이라고 밝혔다. 광고 영업에서는 적자였지만 판매나 자산 운용에서 이익을 보았다는 궁색한 변명이다. 결국 경영난으로 기자들을 해직했다는 설명은 앞뒤가 맞지 않는다. 당시 동아일보의 광고와 판매 수입 비율은 5대 5 정도였기에 얼마든지 안정적인 경영이 가능했다.

기실 사주가 경영난을 들먹이던 시점에도 자유언론실천선언에 나선 기자들은 대안을 제시했다. 기자들은 "경비 절감을 위해 직원들을 집단 해직할 것이 아니라 직원 전원의 봉급을 인하함으로써 같은 효과를 거두라는 것"이라며 "이 길만이 동아가 처한 난국을 가장 현명하고 명예롭게 수습하는 길"이라고 소식지를 통해 공개적으로 천명했다.

고통을 함께 나누자는 깨끗한 결의였지만 사주는 바로 다음 날 '회사 허가를 받지 않은 유인물인 알림을 배포했다'며 장윤환 기자를 해임했다. 동아일보의 창간기념일 기사가 얼마나 진실을 왜곡하고 있는가를 극명하게 보여주는 대목이다.

동아투위는 결성 이후 2020년대를 맞은 지금까지 줄기차게 자유언론 수호를 위해 열정을 다하고 있다. 한국 언론사에 동아일보 기자들은 자유언론실천선언이라는 기념비를 세웠다. 그 역사적 기념비를 세우고 고통의 길을 걸어간 동아투위 113명을 평전에 새긴다.

강정문	권근술	김두식	김덕렴	김성균	김유주	김인한
김재관	김진홍	김창수	박노성	배동순	성유보	송재원
신태성	심재택	안병섭	안상규	안종필	오정환	우승용
윤활식	이병주	안성열	이계익	이의직	이인철	조민기
조성숙	조양진	홍선주	홍종민	홍휘자		

(이상 고인 33분·2021년 2월 현재)

강운구	고준환	국흥주	권도홍	권영자	김기경	김대은
김동현	김명걸	김민남	김병익	김순경	김양래	김언호
김영환	김욱한	김재관	김종철	김창선	김태진	김학천
남기재	맹경순	문영희	박경희	박순철	박종만	박지동
서권석	서창식	송경선	송관률	송준오	신양휴	신영관

신정자	신해명	심정섭	양한수	오봉환	유영숙	윤석봉
윤성옥	이경자	이규만	이기중	이길범	이동운	이명순
이문양	이부영	이영록	이재민	이종대	이종덕	이종욱
李宗郁	이지선	이태호	이해성	임부섭	임수진	임웅숙
임채정	조학래	임학권	장윤환	정동익	정연주	정영일
정흥렬	조강래	조영호	최남경	최학래	한현수	허육
홍명진	황명걸	황윤미	황의방			

(이상 80명)

7

오월의 굴욕,
유월의 굴기

동아일보의 민주 언론인들을 대량 학살한 박정희는 결국 제 무덤을 팠다. 언론을 통제하라며 무소불위의 힘을 실어준 중앙정보부의 부장 손에 1979년 10월 26일 비참한 죽음을 맞았다. 부산과 마산의 민중들이 민주주의를 요구하며 기리로 나선 항쟁이 유신체제의 정점에 균열을 일으킨 결과였다.

하지만 '서울의 봄'은 쉽게 올 수 없었다. 박정희가 군 내부에 키워놓은 전두환·노태우를 위시한 '정치군인'들이 달포 만에 12·12 사태를 일으켰기 때문이다. 군사반란으로 정승화 계엄사령관을 체포하고 지휘계통을 장악한 이른바 '신군부'는 민주화 순항에 가장 큰 암초였다.

그럼에도 유신체제에 길들여진 언론은 전두환의 위험성을 제때에 부각하지 못했다. 1980년에 들어서면서 개헌 논의와 함께 언론 자유도 시대적 과제로 떠올랐다. 동아일보사가 해직기자들의 복직에 적극적 의지를 보이지 않자 2월 20일 경향신문, 3월 5일 한국일보 기자들이 각각 동아투위 기자들의 전원 복직을 요구하는 성명을 발표했다.

이어 4월 7일에는 한국기자협회가 신문의 날을 맞아 '헌법 개정과 언론자유'라는 주제로 강연회를 개최하며 송건호를 초청했다. '해직기자의 대부'로 불렸던 송건호는 '언론의 독립'을 강조했다. 송건호는 "신문사를 소유한 기업주들은 기자들이 편집권 독립을 주장하면 '그럼 나는 바지저고리냐'는 식으로 발끈하지만, 이는 당치도 않은 말"이라며 "언론이나 교육 사업은 그 자체가 막중한 공공성을 갖고 있기 때문에 이를 기업이나, 사유물로 보아서는 안 된다"고 강조했다. 이어 언론을 소유한 기업주들로부터 편집의 자율성 보장, 곧 편집권 독립이 시대적 과제임을 제시하며 이를 새 헌법에 반드시 명문화해야 옳다고 역설했다. 송건호의 해법은 자유언론수호운동 당시에 동아일보 사주가 독재 권력과 야합한 경험에 밑절미를 두고 있었다.

상황은 정반대로 흘러가고 있었다. 군부를 장악하고 권력을 탐한 전두환은 언론에 대한 검열을 점점 강화했다. '검열 필' 도장을 찍는 과정에서 멋대로 뉴스를 각색하기도 했다. 이를테면 당시 중국의 지도자 덩샤오핑이 '한반도의 안정에 변함이 없고 북한의 침공은 절대 불가능하다'고 밝힌 내용이 외신으로 들어왔지만 '보도 불가' 지침을 내리며 전면 삭제했다. 민주화 시위로 연행된 대학생의 수와 학교별 전국종합 보도 또한 '불가'이고, 부상 통계는 경찰관이 포함된 숫자만 가능하며, 학생이 다친 사실만 부각하는 보도는 '불가'로 분류했다.

동아일보 기자들은 1980년 4월 17일 '자유언론을 위한 선언문'을 채택하고 4개항의 실천사항을 결의했다.

민족의 해방과 4월 혁명 이래 최대의 변혁기를 맞은 새 시대의 문턱에서 우리 동아일보 기자 일동은 현 시국과 언론상황에 관련하여 역사의 방향을 가늠하는 일단의 견해를 피력하고자 한다.
민주주의란 국민이 원하는 정권을 선택할 수 있어야 한다는 것이 근본원리이며 이의 실현은 국민의 자유로운 의사개진 없이 불가능하다. 국민의 자유로운 의사소통 통로가 되고 정치권력 및 경제·사회 제반에 대한 여론을 수렴해야 할 우리는 민주주의의 파수꾼으로서 무거운 책임과 사명을 통감한다.

언론자유는 모든 자유와 권리의 기본이며 민주발전의 요체다. 민족사의 발전이나 국민복리, 나아가 통일과업도 자유와 민주주의에 대한 신념 없이는 이룩될 수 없다. 개개인의 의사가 자유롭게 교환되지 못하고 약자의 항변이 묵살된 채 강자의 논리가 통해온 사회가 얼마나 불신을 심화시키고 국민적 일체감을 저해했는가를 우리는 알고 있다.

연면한 민족사에 얼룩을 남겼던 암울한 과거를 상기하며, 권력의 횡포로 민중의 자유가 억압되고 언론의 본질마저도 왜곡됐던 아픔 또한 기억한다. 체제 유지를 지상목표로 삼아왔던 **권력으로부터 숱한 제약을 강요당한 우리는 긴 세월 동안 언론의 참모습이 잠식되는 현장에서 스스로 무력했음을 시인한다.**

우리는 또 언론의 자유가 저절로 주어지는 것이 아니라 끈질긴 투쟁의 소산임을 믿으면서도 자유언론의 구현을 위해 과감하지 못했음을 자성할 수밖에 없다. 그러나 우리는 역사를 거스르는 거센 역류 속에서도 자유언론 및 민주주의를 향한 꿈과 의지를 꺾지는 않았다.

오늘 이 순간 우리는 자유를 제약하여 경직된 질서를 정착시켰던 구체제 하의 시련을 딛고 일어나 어떤 압력이나 유혹에도 굴하지 않고 진실보도에 충실할 것이며 자유와 사회정의 실현에 앞장서고자 한다.

10·26사태 후 우리는 대망의 민주화를 앞당기기 위해 의연한 자세를 보여 왔던 국민들과 더불어 시국의 전개를 주시해왔다. 이제 본격적인 민주화 작업이 역사의 필연이라고 판단하는 우리는 과도정부가 민주적 공동체 건설을 위해 구체제적 정치발상을 버려야 할 것이며, 비상계엄은 하루빨리 해제되어야 할 것임을 주장한다.

구체제 하에서 자유언론실천운동이 타율적으로 이간 분열되어 동료간의 불신, 질타, 매도, 자조의 풍조가 만연했던 비극이 더 이상 반복되어서는 안 된다. 언론자유운동은 이제 역사의 물결 속에 다시금 본연의 모습을 되찾아야 하며, 해직언론인 문제가 원만히 해결되기를 바란다. 더 이상 좌절할 수 없는 자유언론 실천을 위해 우리는 다음과 같이 결의한다.

—우리는 국민의 알 권리와 언론의 알릴 의무에 충실할 것을 다짐하며, 검열, 사찰, 압력, 간섭 등 언론에 대한 모든 타율로부터 벗어나 자유언론을 실천한다.

—우리는 일부 지식인과 언론인들의 기회주의적 지식 오용이 국가와 사회에 해독을 끼쳤던 구시대의 타락상에 유의하면서 곡필아세曲筆阿世를 엄중 경계하고 정론을 구현하기 위해 새로운 자세를 가다듬고 동지애로 뭉친다.

—**우리는 해직기자들이 벌였던 자유언론 실천운동의 근본정신에 원칙적으로 공감하며 이들의 문제가 합리적이고 긍정적으로 해결되어야 한다는 데 뜻을 모은다.**

—이와 같은 우리의 결의를 실천하는 과정에 부당한 연행·구속·제재조치가 발생할 때는 모든 기자가 공동대처한다.

동아투위가 결성된 1975년 이후 해마다 들어온 젊은 기자들은 해직기자들의 복직이 당연하다고 판단했다. 그런데 사주나 고위 간부들은 해직기자들의 복직에 적극적 자세를 보이지 않았다.

더구나 전두환이 마침내 본색을 드러내며 5·17쿠데타에 나서고 광주에서 학살극을 벌이기에 이르렀다. 하지만 검열로 진실을 보도할 수 없었다. 19일자 사설에서 그는 "광주에서 온 소식은 참으로 가슴 아픈 것이다… 그러나 총을 쏘아서는 안 된다. 데모하는 시민은 우리 국민이지 적이 아니므로 군인이 국민에게 총을 쏘아서는 안 된다"고 썼으나 검열에 걸렸다. 그 대목을 모두 삭제하라는 검열당국에 맞서 동아일보는 아예 사설을 싣지 않았다. 닷새 간 사설이 나오지 않자 독자들의 문의와 격려전화가 빗발쳤다. '무사설의 저항'은 '최소한의 양심 표시'였다.

하지만 계엄군이 탱크와 헬기까지 동원해 전남도청을 지키던 광주 민중을 학살한 다음 날 그는 5월 28일자 신문에서 "악몽 씻고 재기 몸부림/ 10일간의 혼란 스쳐간 오늘의 광주"를 사회면 머리로 편집했다. 다른 신문과 달리 "폭도"나 "난동자"라는 표현을 쓰지는 않았다. "악몽"이란 말도 이해할 수 있다. 계엄군의 만행은 악몽 이상이었기 때문이다. 하지만 "10일간의 혼란"이란 표제는 전남도청에서 벌어진 학살의 참상을 은폐하는 것은 물론 민중항쟁의 의미를 퇴색시키는 편집이라는 비판을 받을 수밖에 없다.

더욱이 그는 전두환 군부가 발표한 '광주사태의 전모'를 5월 31일자 3면에 그대로 받아썼다. 계엄사 발표문은 민주주의를 외친 광주의 민중을 '폭도'로, 항쟁을 '난동'이나 '폭동'으로 표기했다.

1980년 7월 들어 전두환 군부는 주도면밀하게 준비해온 언론인

숙정을 강행하기 시작했다. KBS 140명 해직, 문화방송·경향신문 97명 해직에 이어 8월에 들어서서는 '자율'이라는 미명 아래 전국의 모든 언론사로 '해직 광풍'을 몰아갔다. 해직된 기자들 대부분은 검열을 비판하는 제작 거부에 참여했거나 군부에 비판적이었다. 국군보안사령부 언론대책반의 실무 집행에 따라 8월 9일 동아일보에서도 해직이 이뤄졌다. 무사설의 항의에 나섰던 박권상 논설주간을 비롯해 33명이 해직됐다.

해직의 칼날 앞에 언론계는 잔뜩 엎드렸다. 전두환이 대통령 자리에 오르는 길에 더는 걸림돌이 없었다. 동아일보조차 톡톡히 한몫을 했다. 8월 11일자 1면 머리로 "한국 새 세대의 지도자 필요" 제하의 "전두환 장군 NYT회견" 기사를 올렸다. 같은 날 1면 머리 기사 제목과 맞물려 "북괴 제2~3 광주사태 획책" 제하의 기사는 통일원장관이 대학생연수교육에서 주장한 내용을 담았다. 의도했든 안했든 마치 "북괴"가 "광주사태"와 관련이 있다는 오해를 불러일으키기 십상인 편집이었다.

8월 23일자 1면은 "WP지 보도"라며 "미, 전두환장군 지지"를 제목으로 부각했고 "사우디교민회 全장군 추대성명" 제목도 뜬금없이 들어가 있다. 3면에는 '새 시대가 바라는 새 지도자 상' 기사를 "한국사회 그 비리와 폐습" 제목의 연재물과 맞물려 편집했다.

8월 26일 전두환 국보위 상임위원장이 통일주체국민회의에서 11대 대통령으로 당선됐다. "새 시대의 기수 전두환 대통령-우국충정 30년… 군생활 통해 본 그의 인간상" 제목으로 3면을 가득 채운 기사(8월 29일자)를 읽어보자.

사소한 이해관계에 연연하지 않는 성품으로 항상 정의와 대국을 판단 기준으로 삼기 때문에 주위에서는 전 대통령을 **추진력과 용단의 인물**이라고도 부른다. …전 대통령을 아는 많은 사람들은 그를 신념과 의지의 인물이라고 부른다. 29년 동안의 군 생활을 통해 공사생활을 막론하고 전 대통령은 신념과 의지로써 일관해왔다고 한다. **가장 평범한 진리를 가장 철저히 지킴으로써 '평범 속의 비범'을 지켜왔다.** 사소한 이해관계에 연연하지 않는 성품으로 정의와 대국을 판단기준으로 삼기 때문에 주위에서는 전 대통령을 추진력과 용단의 인물이라고도 부른다… 전 대통령의 또 다른 성품으로 도덕적인 엄격성을 빼놓을 수 없다. 육사 선후배 사이에서 '앞에 가면 떨리는 무서운 분'이라는 소문도 있었지만 직접 대면하면 부드러운 태도와 화술에 되레 놀란다고 한다. 무섭다는 인상은 그의 도덕적인 엄격성 때문이다. 누구나 한번쯤은 손대 본 포커카드 놀이나 고스톱 화투놀이도 모른다는 것이다. 그 자신 스스로 안 할 뿐 아니라 부하들이 손대는 것도 용서 않는다고 한다…**청렴결백의 성품**은 전 대통령의 또 다른 특성이다. 공화당 정권 18년 동안 군인으로서는 상당 기간 축재를 할 수 있었던 권력의 주변에도 있었으나 그는 물질적으로는 결코 썩지 않았다고 한다. 그것은 사치를 모르고 물욕을 초월한 그의 성격 때문이다.

기사는 전두환에게서 "높이 사야 할 점은 아무래도 수도승에게서나 엿볼 수 있는 청렴과 극기의 자세로, 사람치고 대개가 물욕에 물들었지만 그는 항상 예외"라고 주장했다. 명백한 가짜 뉴스였다. 그 '수도승'은 1997년 대법원 확정판결에서 2,205억 원의 추징금을 선고받았고 그 이후에도 아무런 성찰 없이 탐욕스런 언행을 이어갔다.

전두환의 권력 공고화에 언론은 크게 기여했다. 10월 27일 제5공화국 헌법이 공포됐다. 언론인 대량 해직의 광풍이 채 가시지 않은 11월에 들어서서 전두환 정권은 언론기관의 통폐합을 단행했다. 동아일보사는 방송국을 잃었다. 국군보안사령부가 김상만 회장과 이동욱 사장을 보안사 지하실로 데려가 동아방송DBS 포기를 강요했다. 보안사령부는 11월 30일 고별 방송을 할 때도 "모든 고별 멘트 또는 고별 프로그램의 녹음, 녹화용 대본, 큐시트는 필히 사전에 계엄사의 검열을 받아야 함. 검열 받은 원고, 대본 외에 일체의 애드리브를 불허한다"는 지침을 보냈다.

해직사태 이후 지면이 그랬듯이 전두환의 집권 과정에서 동아일보는 다른 신문들과 큰 차이가 없었다. 물론, 조선일보처럼 전두환 군부와 내놓고 밀착하지는 않았다. 사주 김성수가 이승만과 결별한 뒤 30년 남짓 유지해온 '대한민국 대표 권위지'의 과거가 '권력의 앞잡이' 노릇까지 허용하진 않았다. 그럼에도 전두환 찬가를 읊어대는 굴복은 독자들을 크게 실망시켰다.

그렇다면 동아일보 사사는 1980년대 초반의 굴욕을 어떻게 서술하고 있을까. 사사는 "언론이 극도로 제약받아 암울하기만 하던 5공 치하에서 김중배 칼럼 '그게 이렇지요'는 저널리즘의 바른 길과 시대의 양심을 밝히는 빛 같았다. 82년 3월 6일부터 토요칼럼으로 등장한 '그게 이렇지요'는 '입술은 떨려도 진실만은…' 제하의 첫 회를 시작으로 회를 거듭할수록 많은 독자들의 성원과 격려 속에 동아일보의 간판 칼럼으로 성장했다"고 기록했다.

오월의 굴욕, 유월의 굴기

창간 90돌을 맞았을 때는 지면 기사로도 김중배 칼럼을 자랑했다. "권력의 부당함 질타한 김중배 칼럼/ 비유 상징으로 독자사랑 한 몸에/ 정권 제재로 2년 만에 중단" 제하의 기사는 다음과 같다.

1980년대 제5공화국 치하에서는 언론인 대량 해직과 언론 통폐합, 행정부가 자의적으로 등록을 취소할 수 있는 조항이 담긴 언론 기본법 등으로 언론이 극도의 제약을 받았다. 동아일보는 김중배 논설위원의 칼럼 '그게 이렇지요'를 통해 바른 언론의 길을 제시하고 국민을 외면하는 권력의 부당함을 꼬집었다… 김 논설위원은 주로 부패한 권력과 그로 인한 사회 부조리를 고발하고 이 같은 잘못을 언론 통제로 감추려는 정권의 행태를 비판했다…'손바닥으로 하늘을 가리는가'(1984년 1월 21일자)에서는 해외 언론에서 광주 민주화운동을 다루고 있는데 국내 언론만 막는다고 해서 역사의 진실을 가릴 수 없다는 점을 분명히 했다. '사람을 사람답게'(1982년 12월 11일자)에서는 그리스 희곡 안티고네의 이야기를 들어 인권의 중요성을 강조했다. 칼럼 '그게 이렇지요'에는 그리스 희곡뿐 아니라 소설, 해외 언론 사례, 해외에서의 경험, 역사 속 인물 등이 다양하게 등장한다. 김 논설위원은 훗날 "글자를 흔드는 폭풍은 거세었다. 그 때문에 나는 그 글자들이 '死字(사자)' 아닌 '活字(활자)'로 살아나도록, 비유와 상징 등 우회의 화법을 일삼아 왔다는 걸 솔직히 고백한다"고 밝혔다.

은유적 우회적 표현이었지만 5공의 제재와 간섭을 피해 오래갈 순 없었다. 칼럼은 시작한 지 2년 만인 1984년 2월 25일 '미처 못다 부른 노래'란 제목의 글로 끝을 맺었다.

동아 평전

사사와 기사가 밝혔듯이 1980년대 신문 독자들에게 일주일마다 활자화 된 김중배 칼럼은 언론계 안팎의 화제였다. 인터넷 시대가 열리면서 칼럼을 쓸 공간이 사실상 '무한'으로 확대됐지만, 1980년 대에 칼럼을 쓸 곳은 몇몇 신문에 국한되어 있었다.

동아일보는 1982년 5월 15일 3면에 "서울은 지금 몇 시인가" 제 목의 김중배 칼럼을 통단 머리로 편집했다. 칼럼은 부패로 망한 베 트남을 사례로 소개하며 "나는 당신에게 묻고 싶다. 오늘 서울은 몇 시인가. 아니, 나 스스로에게 물을 수밖에 없다"며 다음과 같이 썼다.

세상이 시끄러워 질 때마다 월남의 비극이 들먹여지지만, 그것은 '부패의 종착역'이기도 했다는 사실을 강조하는 사람은 드물다. 〈업 저버〉지의 사이공 특파원이었던 브루드워즈는 그 날의 부패상을 이 렇게 증언한다. "베트남의 부통령이었던 구엔 카오 키 장군은 '아시 아의 정치가 열 사람 가운데 아홉 사람은 부패자들이다. 나도 역시 그 중의 하나다'라고 말함으로써 미국사람들을 놀라게 했다. 그러 면서도 부패를 부끄러워하거나 머리 숙여 사퇴하기는커녕 뻔뻔스 럽게 구태의연한 수법으로 그 자리를 지켜났다." 나는 태국 말을 전 혀 알지 못한다. 다만 한마디, '킨무은'이라는 말을 귀에 익혔을 뿐 이다. 그것은 뇌물을 먹는다는 부패의 표현이다. 그러나 직역하면 '나라를 먹는다'는 뜻이 된다. 부패의 표현치고 '킨무은' 이상으로 기막힌 말은 없다. 부패족을 식인종 아닌 '식국종食國種'으로 부를 법 하다는 근거는 월남과 캄보디아의 비극만으로도 충분하다. 경국 傾國의 부패는 알려진 대로 절대권력을 온상으로 삼는다. 그 이름조차 제대로 부르기 싫은 이번 사건만 보더라도 그렇다. 설령 백보를 양보해서 호가호위狐假虎威의 놀음이었다할지라도 호랑이 없이 여우가 위세를 부릴 수는 없다. 때문에 부패의 처방은 바로 민주의 구축으로 이어진다. 민주 추구의 역사는 바꾸어 말해 부패추방의 역사이기도 하다.

칼럼을 쓸 당시 '대한민국 건국 후 최대 규모의 금융사기'로 꼽힌 장영자·이철희 사건은 독재 권력의 비호를 받으며 사채시장의 '큰손'으로 군림해온 장영자와 그의 남편 이철희가 저지른 '권력형 부패'였다. '서울은 지금 몇 시인가?'의 칼럼이 나간 5일 뒤인 1982년 5월 20일, 검찰이 발표한 장영자 사건의 전모에 따르면 대통령 전두환의 처삼촌 이규광(당시 광업진흥공사 사장)의 처제인 장영자와 이철희(육사 2기 출신으로 중앙정보부 차장과 유정회 의원을 지냈다) 부부는 자기자본율이 약한 건설업체들에게 유리한 조건으로 자금을 제공해주는 대신 담보조로 대여액의 2배에서 9배에 달하는 액수의 어음을 받았다. 다시 그것을 사채시장에서 할인해 자금을 조성해 주식투자를 하는 수법으로 1981년 2월부터 82년 4월까지 6,404억 원에 달하는 거액의 사기 행각을 벌였다. 재판 결과 이철희·장영자 부부에게는 법정 최고형인 징역 15년에 미화 40만 달러, 일화 800만 엔 몰수, 추징금 1억 6,254만 원이 선고됐다. 대통령 전두환의 처삼촌 이규광도 징역 1년 6월에 추징금 1억 원을 선고받았다.

흔히 1980년대 한국 언론을 '제도언론'을 넘어 '권언 복합체' 개념으로 설명한다. 박정희 정권 아래서 언론이 권력의 한 제도로 전락했다면, 전두환 정권에서는 군부권력과 유착해 함께 지배세력을 형성했다는 분석이다. 그 분석은 80년대 신문과 방송을 조금만 살펴보아도 적실성을 확인할 수 있다. 신문에선 조선일보가 단연 '전두환 대통령 만들기'와 권언복합체 형성에 앞장섰다. 방송도 조선일보 못지않게 노골적이었다. 80년대에 한국의 TV방송은 KBS와 MBC가 전부였다. 두 공영방송이 노상 전두환 대통령을 찬양하자 '땡전뉴스'라는 말이 방송가 안팎에 나돌며 곧바로 사회 전체에 피졌다. 정각 9시를 알리는 시보가 '땡' 하고 울리면 곧바로 첫 소식에서 "전두환 대통령은…" 이라는 앵커 멘트가 나왔기 때문이다. '또한뉴스'라는 말도 입방아에 올랐다. 땡전 보도에 바로 이어 "또한 이순자 여사는…" 뉴스가 이어졌기 때문이다. KBS가 대통령 영상만 취급하는 전용 편집실을 따로 두자 MBC도 따라갔다.

따라서 80년대의 한국 언론을 '권언복합체'로 규정하는 시각은 결코 편향적이지 않다. 다만, 동아일보는 조금 다르다. 큰 틀에서 다를 바 없다고 볼 수도 있겠지만 너무 거친 분석이다. 1975년 3월 해직사태 이후 동아일보가 제도언론의 길로 들어간 것은 맞다. 1980년 광주 민중항쟁 보도와 '전두환 대통령 만들기'에 동참한 것도 사실이다.

하지만 1982년부터 등장한 '김중배 칼럼'은 동아일보가 조선일보와 달랐다는 명확한 증거다. 무엇보다 김중배 논설위원의 기명 칼럼은 동아일보 편집국만이 아니라 언론계의 뜻있는 젊은 기자들에게 용기를 주었다. 1980년대 중반 들어 동아일보의 기사에도 변화의 조짐이 나타났다. 땡전뉴스와 또한뉴스의 KBS에 '수신료 납부 거부운동'이 활활 타오른 배경에도 그의 적극적인 보도가 있었다.

무엇보다 돋보이는 보도는 1987년이 열리면서였다. 당시 상황에 대한 동아일보사사의 다음 기록은 충분히 수긍할 수 있다.

1987년 1월 15일 오후 3시 경 동아일보 편집국 사회부가 술렁거렸다. 석간 중앙일보 2판에 실린 '서울대생 박종철朴鍾哲군이 서울 시내 갈월동 소재 치안본부 대공분실에서 조사를 받다 숨졌다.'는 짤막한 2단기사 때문이었다. 한 대학생의 죽음을 보도한 이 한 줄 기사가 바로 동아일보 취재팀이 철저히 파헤쳐 사회적 분노와 함께 6월항쟁으로까지 이어지는 이른바 '박종철군 고문치사 사건'의 단초였다. 80년 제5공화국 출범 이후 외견상 평온을 유지해오던 전두환 정권은 집권말기로 접어들면서 정통성 시비에 휘말렸다.

정부는 86년 10월부터 신민당 유성환兪成煥 의원 구속, 야당의 대통령 직선제 개헌촉진국민대회 원천봉쇄 등 강수를 연발하더니 87년에 들어서자마자 학원가 소요의 주동인물 일제검거에 나섰다. 서울대 언어학과 3학년에 재학 중이던 21세의 박종철 군도 조사 대상이었다.

여러 차례 시위를 주도했던 그는 당시 집회 및 시위에 관한 법률 위반 사건으로 집행유예 처분을 받고 하숙집에 눌러 있었다. 박군이 연행조사를 받게 된 것은 자신이 관련된 혐의사실보다도 서울대 민주화추진위원회 사건 관련 주요 수배자인 친구의 소재 수사 때문이었다. 박군은 수사를 위한 참고인에 불과했지만 운동권 학생이기 때문에 가혹한 조사를 받은 것이다.

강민창姜玟昌 치안본부장은 박군의 사망 사실이 보도된 날 기자회견을 갖고 ▲ 박종철이 1월 14일 서울 신림동 하숙집에서 치안본부 대공수사대 형사들에 의해 연행됐으며 ▲ 연행된 뒤인 오전 9시 16분경 경찰이 제공한 콩나물국으로 아침식사를 하다가 "전날 술을 마셔 갈증이 난다."며 냉수를 청해 마셨다. ▲ 조사가 시작되고 30분쯤 지난 11시 20분경 갑자기 "억"하고 쓰러져 병원으로 옮겼으나 차속에서 숨졌다고 발표했다. 강 본부장은 이어 ▲ 외상이 전혀 없으며 가족들도 시체를 확인했다. ▲ 따라서 쇼크사로 본다. ▲ 부검결과가 나오면 경찰의 결백을 증명해보이겠다고 장담했다. 이른바 "책상을 '탁' 치니 '억'하고 쓰러졌다."는 당시 유행어는 바로 강 본부장의 입에서 나온 것이었다.

그러나 **동아일보는 1월 16일자 보도에서 박군의 삼촌 박월길의 증언을 인용해 '숨진 박군은 두피하 출혈과 목, 가슴, 하복부, 샅타구니 등 수십군데에 멍자국이 있었다'고 반론을 제기하고 나섰다. 그의 죽음이 단순한 쇼크사가 아님을 처음으로 주장한 것이다.**

이어 17일자부터는 박군의 시체를 처음 본 중앙대학교 부속병원 의사 오연상吳演相과 부검에 입회한 한양대학교 부속병원 박동호朴東皓의 증언을 상세히 보도했다. 특히 오연상의 증언 가운데 박군이 중앙대 용산병원으로 옮기던 도중 숨진 것이 아니라 자신이 대공수사단에 도착했을 때 이미 숨져 있었고, 사망원인이 호흡곤란으로 판단됐으며, 물을 많이 먹었다는 말을 조사경찰관으로부터 들었으며, 변을 배설한 채 숨져 있었고 복부팽만이 심했으며, 폐에서 수포음이 들린 점, 조사실 바닥에 물기가 있었던 점 등에 관한 것은 박군이 혹독한 고문으로 숨졌을 개연성을 보여주기에 충분했다.

사사는 바로 이어서 김중배 칼럼을 다시 '소환'한다. 같은 날 실린 "하늘이여, 땅이여, 사람들이여" 제하의 칼럼을 소개했다. 사사는 칼럼의 서두만 옮겼지만, 칼럼을 조금 더 읽어볼 필요가 있다. 한국 언론사에 남을 명문이기 때문이다.

하늘이여, 땅이여, 사람들이여. 저 죽음을 응시해주기 바란다. 저 죽음을 끝내 지켜주기 바란다. 저 죽음을 다시 죽이지 말아주기 바란다. 태양과 죽음은 차마 마주볼 수 없다는 명언이 있다는 건 나도 안다. 태양은 그 찬란한 눈부심으로, 죽음은 그 참담한 눈물줄기로, 살아있는 자의 눈을 가린다.

그러나 서울대학교 언어학과 3학년 박종철군, 스물한 살의 젊은 나이에 채 피어나지도 못한 꽃봉오리로 떨어져간 그의 죽음은 우리의 응시를 요구한다. 우리의 엄호와 죽음 뒤에 살아나는 영생의 가꿈을 기대한다.

"흑흑흑 …"

걸려오는 전화를 들면, 사람다운 사람들의 깊은 호곡이 울려온다. 비단 여성들만은 아니다. 어떤 중년의 남성은 말을 잇지 못한 채 하늘과 땅을 부른다. 이 땅의 사람다운 사람을 찾는다. 그의 죽음은 이 하늘과 이 땅과 이 사람들의 회생을 호소한다. 정의를 가리지 못하는 하늘은 '제 하늘'이 아니다. 평화를 심지 못하는 땅은 '제 땅'이 아니다. 인권을 지키기 못하는 사람들은 '제 사람들'이 아니다.

이제 민주를 들먹이는 입술들마저 염치없어 보인다. 민주는 무엇을 위한 민주인가. 사람이 사람답게 살아가는 하늘과 땅을 가꾸기 위해서다. 그렇다면 민주를 들먹이기 이전에 인권을 말하자. 그 유린을 없애고, 그 죽음을 없애는 인권의 소생을 먼저 외쳐야 한다.

나는 '인권이 곧 나라'임을 서슴없이 말해온다. 인권이 희석되면, 나라의 바탕인 민民의 연대도 희석된다. 연대의 끈이 끊긴 나라는 '사막의 나라'일 뿐이다. 그 어길 수 없는 실감은 호곡하는 전화의 울림 속에서도 거듭 확인된다.… 박종철, 그의 죽음과 이름은 거듭 되새겨지고 거듭 불려져야 한다. 건강과 밝음이 충만했다는 그 젊음이 무슨 변고로 주검이 되어 우리 앞에 나타났는가. 우리는 그 진상을 한 점의 의문도 없이 밝혀야 한다. 그를 죽음에 이르게 한 '사인死因'을 파헤쳐 되풀이 될 수 없는 그 '사인'을 죽여야 한다. 그것이 박종철, 그의 죽음을 살리는 길이다.

경찰은 책상을 '탕'하고 한 번 쳤더니 '억'하고 쓰러졌다고도 말한다. 그럴 수가 있는가. 연행의 시간과 자리도 하숙집 주인의 진술과는 어긋난다. 사망 전후의 병원 이송 여부와 사망의 경과도 이미 애당초의 발표와는 일치되지 않는다.… 인권은 이데올로기가 아니다. 그것은 어김없는 사람의 사람다운 도리인 것이다. 그 사람의 도리를 어기는 땅에선 어떤 찬란한 이데올로기도 무색할 뿐이다. 그 역리를 바로 잡으려면 우선 박종철, 그의 죽음이 우리 앞에 눈이 부시도록 조명되어야 한다. '사인'은 거침없이 밝혀지고, 그 '사인'을 죽이는 길이 열려야 한다.

그 무거운 과제는 경찰이나 검찰만의 책무는 아니다. 그의 죽음은 이제 나라의 일이다. 겨레의 일이다. 한 젊음의 삶은 지구보다도 무겁다. 죽음의 무게도 그보다 가벼울 수는 없다. 국회도 불을 밝혀야 하고 법률전문직 단체도 무심할 수만은 없다. 그의 죽음과 삶은 그 한 젊은이만의 죽음과 삶일 수 없다. 우리 모두의 죽음과 삶이다.

이제 거짓의 하늘은 사라져야 한다. 거짓의 땅도 파헤쳐야 한다. 거짓의 사람들도 다시 태어나야 한다. 나라의 중심도 권력 쪽에서 내려 잡혀야 한다. 나라의 중심이 힘을 가진 자 쪽에 두어져서는 안 된다. 힘이 없는 민중 쪽에 나라의 중심이 내려 잡혀야 한다.

광주의 5월에 이어지는 '5월시' 동인들은 일찌기 '하늘아, 땅아, 많은 사람아'를 외쳤다. 이제 박종철, 그의 죽음 앞에서 '하늘이여, 땅이여, 사람들이여'의 호곡이 피어난다. 그 호곡을 잠들게 하라. 새로운 하늘, 새로운 땅, 새로운 사람들이 피어나게 하라. 그것이 그의 죽음을 영생으로 살리는 길이다.

동아일보의 발행부수와 영향력은 당시 부동의 1위였다. 그 신문에 실린 '하늘이여 땅이여 사람들이여'는 군부독재 정권 아래서 숨죽이고 있던 사람들의 가슴에 '불화살'로 꽂혔다. 신문을 읽은 독자들은 편집국으로 전화를 걸었다. 울먹이며 말했다. "사인을 꼭 밝혀 달라" "동아일보를 믿는다." 그는 특별취재반을 구성했다. 박종철의 시신을 처음 살펴본 의사 오연상과 부검에 입회한 박동호의 증언을 보도하면서 고문이 있었을 개연성을 거듭 부각했다. 이틀만인 1987년 1월 19일, 마침내 경찰은 고문을 인정했다. 거기서 그치지 않았다. 동아일보는 집요하게 진실을 파고들었다.

사회부 데스크와 특별취재반 및 경찰기자 전원이 박종철군 고문치사사건과 관련한 특집취재계획에 따라 총력전에 나섰다. 1월 19일 지면에는 사회면 머리기사와 관련해 백인수 화백이 그린 고문치사 장면 그림과 조사실 도면이 실렸다. 사건 진상을 그대로 보여준

이 대담한 기획은 독자들에게 더욱 강렬한 충격과 분노와 슬픔을 안겨주었다.

경찰은 1월 19일에야 일부 진상을 털어놨다. 발표에 따르면 박종철군은 하숙집에서 연행돼 박종운 군의 소재를 추궁당하다가 결정적인 단서를 제공하지 않는다는 이유로 수사실에 딸린 욕조에서 물고문을 당해 사망했다는 내용이었다. 처음으로 고문에 의한 사망임을 인정한 것이다. 고문 경찰은 조한경 강진규 등 2명. 박군의 사체는 가족들이 희망한다는 이유로 화장한 뒤 임진강에 재로 뿌려졌다.

그러나 박군이 재학 중이던 서울대 언어학과는 박군의 빈소를 치우지 않았고 한국기독학생회는 철야기도로 그의 죽음을 애도했다. 가톨릭, 개신교, 불교 등 종교단체들도 각각 규탄성명을 발표하고 항의농성에 돌입했다. 야당과 재야단체도 1월 20일 '고문 및 용공조작저지 공동대책위원회'를 구성하고 이 날부터 26일까지를 박종철 군 추모기간으로 선포했다.

정부는 김종호金宗鎬 내무장관과 강민창 치안본부장을 해임하는 것으로 불을 끄려 했다. 그러나 파문은 가라앉기는커녕 점점 더 커져만 갔다. 5월 18일 서울 명동성당에서 '5·18 광주항쟁 희생자 추모미사'가 끝난 뒤 김승훈金勝勳 신부는 사제단 명의로 "박종철 군 고문치사 사건은 조작되었다."고 주장했다. 검찰도 사흘 뒤 박군 고문치사 사건에 가담한 경찰관이 당초 경찰이 발표한 2명보다 3명이 더 많은 5명이었다고 밝히고 이들을 추가로 구속했다.

바로 다음 날인 5월 22일 **동아일보는 1면 머리기사로 '치안본부 5차장 박처원朴處源 치안감, 대공수사2단 5과장 유정방劉汫邦 경정, 5과 2계장 박원택朴元澤 경정이 간부모임에서 범인축소 조작을 모의했**

다'는 충격적인 내용을 특종 보도했다. 이어 이튿날에는 '법무부와 검찰 고위관계자들이 이미 석달 전인 2월경부터 경찰 상급자들의 범인 축소 및 사건은폐 조작사실을 알고도 수사지휘권 발동을 포기했다'고 폭로했다.

이 보도는 엄청난 회오리를 몰아왔다. 당시 정부 관계자 중에는 "동아일보가 사실을 왜곡보도하고 있다"고 강변하는 이가 있는가 하면 일부 제작진에 "신변을 조심하라"고 협박까지 하는 이도 있었다.

민심이 걷잡을 수 없을 정도로 악화되자 결국 정부는 5월 26일 대폭적인 문책개각을 단행했다… 이종남李種南 신임 검찰총장은 개각 이튿날인 27일 박군 사건을 전면 재수사하라고 대검 중앙수사부에 지시하기에 이르렀고 이틀 뒤 박처원 치안감과 유정방·박원택 경정이 범인도피혐의로 구속됐다.

동아일보가 진실 규명에 앞장선 박종철 고문치사 사건은 6월 항쟁으로 이어졌다. 야당과 재야단체들은 '박군 고문살인 은폐조작 규탄 범국민대회 준비위원회'를 결성하고 "6월 10일 전국 규모의 규탄대회를 개최한다"고 선포했다. 사사가 자부하듯이 그는 민주화의 "새벽을 여는 데 일조"한 것이 사실이다. 1980년 오월의 굴욕을 씻어내는 '유월의 굴기'라 할 수 있다.

5월 25일 편집국과 출판국 기자 132명이 서명한 '민주화를 위한 우리의 주장'은 "민주화를 위한 현행 헌법 개정은 국민적 합의이며, 국민적 여망인 민주화는 더 이상 지체될 수 없고 정략적 도구로 이용될 수도 없는 이 시대의 최우선 과제"라고 선언했다. 성명은 "개헌논의 자체를 일방적으로 중단케 한 (전두환의) '4·13 특별담화'는 국민적 합의에 대한 배신이므로 즉각 철회되어야 한다"고 주장했다. 이어 자유언론 의지를 다음과 같이 밝혔다.

오늘날 사회 각계각층에서 자유언론의 회복을 민주화의 최선결 요체로 손꼽고 있으며 또 '신문과 방송은 있으나 언론은 없다.'는 지적이나, 심지어 관·언 복합체, 제도언론 등의 질타가 있음을 우리는 부끄럽게 여기고 자성한다. 현 언론 상황을 볼 때 이른바 언론 자유가 전국민적 관심사가 되어 있는 현실에도 정부는 보도지침, 기관원의 언론사 출입, 기사 삭제, 발매중지 위협 등 명백한 제작 간섭과 언론통제를 계속하고 있으며 심지어 취재기자에 대한 불법 감금 및 무차별 구타까지 서슴지 않고 있다.

언론자유의 진정한 회복은 정부가 검토하고 있다는 언론기본법 개폐나 지방주재 기자부활 정도로 이뤄질 수도 없으며 명백하고도 현존하는 정부의 언론통제가 근원적으로 철폐되고 언론인 스스로가 언론 자유를 찾고 지키려는 노력을 기울일 때만 확보된다고 우리는 믿는다. 언론 자유는 또한 언론 내부만의 문제가 아니라 국민의 간절한 여망인 민주화의 필수 전제라고 할 때 정부는 언론에 대한 명백한 제작 간섭과 탈법적 통제 및 모든 형태의 압력을 즉각 중지할 것을 엄중히 요청하며, 우리는 언론 자유를 찾고 지키는 모든 자구 노력을 기울일 것임을 천명하고, 모든 언론인들이 이 자구 노력의 대열에 나설 것을 제창한다.

종교계와 문학예술계, 출판계에 이어 언론계에서 나온 첫 시국성명이었다. 기자들의 시국성명은 다음 날 일본 아사히신문에 보도됐고 AP통신을 통해 세계로 전해졌다. 김수환 추기경도 5월 26일 명동성당의 저녁미사에서 "동아일보 기자들이 '민주화를 위한 우리의 주장'을 발표해 언론자유의 회복이 민주화의 최선결 요체임을 밝힌 것은 박해와 희생을 무릅쓴 용감한 궐기"라며 "이런 분들이 있는 한, 그리고 이와 같은 움직임이 지속되는 한 이 땅에 언론의 자유는 반드시 회복될 것으로 믿는다"고 말했다.

6월 9일 연세대생 이한열이 교내에서 최루탄을 맞고 의식불명 상태가 되었다. 그 사실이 언론에 보도되면서 민중의 분노와 저항은 폭발했다. 6월 10일 전두환의 '직선제 거부를 규탄하는 국민대회'가 서울을 비롯한 전국 22개 도시에서 열렸다. 사사는 다음과 같이 자부했다.

그(이한열)의 비극은 6월 10일부터 26일에 이르는 숨가쁜 소용돌이 속에서 내내 분노의 불꽃으로 타오른다. 야당과 재야 세력이 '최루탄 추방의 날'로 선포한 6월 18일의 시위에는 전국 14개 도시 247개소에서 20만 명이 참가했고 진압경찰과 충돌해 21개 파출소와 차량 13대가 부서졌다. 산소호흡기로 27일을 버티던 이한열 군은 7월 5일 결국 숨을 놓았다. 7월 9일 이군의 장례 때는 전국에서 150만 명의 애도인파가 물결쳤다.

권위주의 정권 아래서 언론은 '이것도 나쁘고 저것도 나쁘다.'는 식의 양비론으로 몸을 사리기 쉽다. 그러나 민중항쟁이 6월 18일을 분기점으로 국민혁명적 성격을 띠면서 언론도 민주화 대열에 적극 동참하기 시작했다. 결국 민중항쟁이 6·29선언으로 대미를 장식하는 데는 언론이 견인차 역할을 했다. 동아일보는 6월 한 달 동안 '6월 민중항쟁'과 관련한 내용을 22차례나 1면 머리기사로 보도했다. 네 번의 일요휴간을 감안하면 사실상 거의 매일 6월항쟁 기사가 1면 톱으로 올랐던 셈이다.

6월 항쟁 앞에 전두환은 결국 직선제개헌을 받아들였다. 6월 29일 오전 10시 '6·29선언'이 발표됐다. 동아일보 사사는 "하루아침에 야당인사로 변신한 듯 민주주의 신앙고백을 담은 노태우 민정당 대표의 선언 8개항이 전파를 타고 흐르는 순간 국민들은 일제히 환호성을 터뜨렸다. 마침내 민권은 승리한 것이다. '6·29선언'이 나오자 동아일보는 '민주화를 향한 대결단'이라는 제하의 사설로 6월 항쟁 집중보도를 마감했다"고 서술했다.

여기서 물음표가 남는다. 과연 6·29선언은 '민주화를 향한 대결단'일까? '민주화를 향한 대결단' 제목의 사설로 "6월 항쟁 집중보도를 마감"해도 과연 좋을까. 먼저 사설부터 읽어보자.

… 6·10사태 이후 진통을 거듭해온 시국이 이 날을 고비로 새로운 국면에 접어들었다. 집권당이 드디어 민의의 흐름과 요구에 겸허하게 화답함으로써 이 나라가 민주발전의 길로 갈 수 있는 대방략大方略을 제시했기 때문이다. 사실 29일 발표된 **노태우 민정당 대표의 특별선언은 의외로 대담하고 광범위한 내용을 담고 있다.** 집권당의 차기 대통령 후보이기도 한 그는 "조속히 대통령 직선제 개헌을 하고 새 헌법에 의한 대통령 선거를 통해 88년 2월 평화적 정부이양을 실현하겠다."고 다짐했다.

그가 간선제의 미련을 버리고 대통령 직선제를 받아들인 것은 아무리 좋은 제도라도 다수 국민의 지지를 받지 못한 것임을 간파하고 나라의 주장인 국민의 뜻에 따르기로 한 때문이라고 한다. 이 특별선언은 국민적 화해와 대단결을 위해 김대중씨가 사면복권되어야 하며 모든 시국사범도 석방되어야 한다고 밝혔다. 노태우씨는 또 이 선언에서 국민의 기본인권 신장을 위해 구속적부심을 전면 확대하며 언론자유를 위해 언론기본법 폐지 등을 다짐, '정부는 언론을 장악하려고 시도해서도 안 되며 국가안보를 저해하지 않는 한 언론은 제약받아서는 안 된다.'고 선언했다.

…그동안 기회 있을 때마다 **여당이 민주발전에 앞장서야만 국민의 희생 없이 그리고 광주사태와 같은 과거의 아픈 상처도 아물릴 수 있다고 주장해온 우리는 이제야말로 화해와 타협의 정치를 새로 시작할 때라고 본다.** 집권당의 이같은 구상과 전환을 여야가 국가적 전기로 삼고 대타협의 대도를 걷기를 바란다. 앞으로 권력구조 선거법 국회의원 선거구 등 여야 정치인들에게 민감한 문제들이 있지만 큰 정치 국민 국가의 차원에서 협상해가기 바란다. 이 결단으로 말미암아 세계가 지켜보는 가운데 민주화일정을 순조롭게 진행하고 그 힘과 화합의 바탕 위에서 88올림픽을 멋지게 치러낼 수 있다면 우리 한민족의 자존과 긍지는 끝없이 고양될 것이다…1987년 6월 29일이 민주발전사에 빛나는 첫 페이지가 되도록 여야 정치인과 국민 모두가 다 함께 힘을 합해 노력하자.

사설은 6·29선언이 기만극일 가능성을 전혀 의심하지 않고 있다. 노태우의 '대담한 결단'으로 평가했다. 더욱이 "광주사태와 같은 과거의 아픈 상처"라는 표현도 적절하지 않다. 광주 민중항쟁은 결코 "과거의 아픈 상처"도 아닐뿐더러 당시에도 6월 항쟁의 원동력 가운데 하나였기 때문이다. 그럼에도 "과거의 아픈 상처"를 들어 "이제야말로 화해와 타협의 정치를 새로 시작할 때"라고 주장하는 것은 지나치게 안이한 인식이라 하지 않을 수 없다.

6·29선언의 진실은 민중적 저항에 직면한 전두환 정권의 기만적 기획이자 재집권 전략이었다. 마치 전두환에 맞선 '노태우의 과감한 결단'으로 이루어진 듯이 청와대가 포장했고 동아일보를 비롯한 모든 언론이 그대로 따랐다.

하지만 송건호는 달랐다. 자신을 발행인으로 한 해직언론인들의 매체 〈말〉에 긴급 기고했다. '6월 항쟁의 의미' 제하의 권두 시론에서 송건호는 고립된 채 중대 결단의 기로에 선 군부독재정권과 입지 상실의 위기에 처한 온건 보수세력 모두 위기를 맞았다고 현실을 진단했다.

실제로 당시 미국은 자국의 이권 유지와 그것을 대행해온 친미 세력을 보호하기 위해 나섰다. 미국이 군부의 계엄 발동으로 인한 유혈사태나 민중혁명을 모두 반대한 까닭이다. 송건호는 미국이 "한국 민중의 민주화 열망을 체제 내로 수렴, 개량화하고 민족민주 운동 세력을 고립시키는 예방전술을 펴면서 위기관리자로서 직접 개입했다"고 분석했다.

따라서 송건호에게 6·29선언은 제도언론 논평처럼 '민주화 결단'이나 '국민 뜻에 항복한 선언'이 아니다. 그 상황에서 "군부정권이 취할 수 있는 가장 적극적인 공격"이다. 군부정권은 부분적이고 형식적인 양보를 통해 보수 세력끼리의 협상을 유도함으로써 국민운동본부의 투쟁력을 약화시킨 뒤 그 영향권 안에 있는 "광범위한 대중도 행동을 보류한 채 대기토록 하거나 일부를 자기들 쪽으로 끌어들임으로써 결과적으로 자신들의 열세를 만회하고 민족민주 운동 세력을 고립 또는 개량화시켜 재집권을 노리는 반격적인 역 포위 전술을 구사하고 있는 것"이라고 경고했다. 전두환 기획에 노 태우 연출인 6·29선언을 꿰뚫어 본 글이다.

물론 송건호도 6·29선언이 군부정권의 일정한 패배이자 민중이 쟁취한 성과임을 부정하지 않는다. 6·29선언은 민중의 부분적 승 리인 동시에 반격을 위한 지배세력의 기만책으로 양면성을 모두 보아야 옳고 실제로 그 뒤 두 흐름 모두 지속되었다.

그렇게 볼 때 동아일보 사설은 한계가 또렷했다. 더구나 6·29선 언이 전두환과 노태우의 기만적 합작품이라는 진실이 다 드러난 상황에서 집필한 사사에서도 아무런 문제의식이 보이지 않고 "정 치적 민주화의 새벽이 열렸다"고 서술했다.

사사가 바로 이어 부각한 대목은 신문 판매였다. "민주화 열풍은 신문 판매에도 대단한 영향을 끼쳤다. '6·29선언'이 발표된 날 동 아일보는 서울시내 가판에서만 40만 2,800부라는 놀라운 판매부 수를 기록했다"면서 "이런 기록적인 판매증가는 당시 국민들이 동 아일보에 보내준 신뢰를 그대로 보여주는 대목"이라고 기록했다. 항쟁에 나선 민중의 성원과 신뢰에 그가 어떻게 답했는가를 성찰 하는 모습은 사사에 전혀 보이지 않는다.

8

언론자유의
새로운 도전

그를 비롯한 모든 신문과 방송이 6·29선언으로 '6월대항쟁의 마감'을 주장할 때 전국에 걸쳐 노동조합 설립 운동이 일어났다. 한국 언론은 군부정권 아래서 내내 억압되었던 노동운동이 기지개를 펴자 불편해하거나 적대적인 시선을 던졌다.

하지만 노동조합 설립이 크게 늘어나면서 언론계에서도 노조 설립 움직임이 일어났다. 동아일보 기자들은 74년 자유언론실천선언에 나선 기자들이 노동조합을 설립했지만 신고필증을 받지 못한 채 대량 해고된 경험이 있었기에 신중했다. 하지만 한국일보 기자들이 10월 29일 처음으로 노조 결성에 나서자 더는 지체할 수 없었다. 11월 18일에 동아일보노동조합이 설립됐다. 사주인 김상만은 선친 김성수로부터 '노조는 안 된다는 유훈'을 받았지만, 6월 항쟁이 열어놓은 민주화공간에서 더는 노조를 부정할 수 없었다. 12월에 들어서면서 전국의 모든 언론사에 노동조합 설립이 이어졌다.

언론노동조합의 합법화로 기자들은 언론민주화운동을 조직적으로 전개할 수 있는 공간을 언론사 내부에 확보했다. 권력과 손잡고 '제도언론' 또는 '권언복합체'의 길을 달려온 언론자본과 마주 앉아 편집과 경영 문제를 논의할 수 있는 합법적 토대를 마련한 것은 중요한 변화였다. 기업별 노동조합의 형태로 창립한 언론노동조합들은 이듬해 전국언론노동조합연맹(언론노련)을 결성하면서 본격적인 언론민주화운동에 돌입했다.

동아 평전

동아일보 경영진에도 변화가 있었다. 87년 6월 항쟁의 연장선에서 88년 12월에 언론청문회가 열렸다. 여든 살을 앞두고 국회 청문회에 불려나간 김상만은 곧바로 장남 김병관을 사장에 앉히고 한발 물러섰다.

1989년 3월 25일 사장에 취임한 쉰다섯 살의 김병관은 4월 1일 창간기념일을 맞아 신문에 실은 취임사에서 "동아일보의 거룩한 창간 전통에 다시 한 번 중흥의 불을 댕기는 제2의 창간을 이룩해야겠다는 결의"를 밝혔다. 이전까지는 권력의 횡포를 억제하는 저항적 기질만 가지고도 대다수 국민의 호응과 박수갈채를 받을 수 있었지만 달라진 시대에는 시시비비에 대한 균형감각과 민주주의를 위해 봉사하는 투철한 정신이 더 필요하다고 역설했다.

창간 정신인 민족·민주·문화주의도 새롭게 조명했다. 민족주의는 일제강점기 지상과제였던 독립을 넘어 민족의 화합과 통일 및 국제사회의 일원이 되기 위한 기틀로, 민주주의는 반제국주의·반독재의 소극적 저항을 뛰어넘어 자유 평등 정의를 추구하는 적극적이고 실질적인 개념으로, 문화주의는 계몽성에서 벗어나 창조성의 자양분이 되고 새로운 삶의 질을 꽃피우는 방향으로 나아가야 한다고 강조했다.

사사는 김병관의 제2창간 선언을 "민주주의의 기초가 마련된 1980년대를 지나 민주화 세계화 정보화의 시대로 들어선 1990년대에 맞춘 새로운 이정표였다"며 "이는 동아일보를 21세기 종합 미디어그룹으로 도약시키기 위한 준비이기도 했다"고 높이 평가했다.

그런데 김성수에서 김상만을 거쳐 김병관까지 3대까지 신문사를 세습하며 제2창간을 내건 배경에는 위기의식이 깔려 있었다. 1990년을 맞으며 경영진은 80년대 내내 권언유착으로 빠르게 부수 확장을 해온 조선일보에게 발행부수 1위를 빼앗길 수 있다고 우려했다. 더구나 자신들이 대거 해직한 동아투위와 송건호 중심으로 '국민주주 신문'인 한겨레가 창간되었다.

김병관은 명칼럼으로 신문의 지가를 올린 논설위원 김중배를 전격적으로 편집국장에 임명했다. 김병관과 김중배는 동갑으로 각각 광고국과 편집국에 몸담고 있을 때부터 종종 술잔을 나누던 사이였다. 김중배는 몇몇 후배들과 함께 동아가 나아갈 방향에 대해 초안을 만들어 김병관에게 건네며 "사장의 의견을 중요하게 참고하겠지만 그렇다고 편집국장으로서 하는 일에 너무 개입하는 것은 절제를 하는, 서로가 그런 전제에서 자리를 맡으면 좋겠다"고 말했다.

당시 경영진 일부와 편집국장 출신의 고위간부들 사이에 "신문에 읽을 만한 기사가 없다"거나 "노선이 문제"라는 이야기들이 나돌았고, 조선일보처럼 만들어야 한다는 요구도 있었다. 김중배는 "조선일보처럼 만들어서 동아일보가 일등을 지킬 수 있으면 그런 길을 선택할 수 있다. 그런데 내 판단은 글쎄다"라고 말했다. 김중배는 지금 조선일보를 따라가면 제일 잘해야 2등이고 2등에서도 떨어질 가능성이 높다고 사장에게 강조했다. 나중에 동아일보노조도 노보 제목으로 '남의 흉내를 내는 사람은 제일 잘해야 2등밖에 못됐다. 그리고 2등이 되기도 어렵다'고 썼다.

1990년 10월 5일 군 정보기관인 국군보안사령부가 민간인을 사찰했다는 사실이 윤석양 이병의 기자회견으로 불거지자 김중배는 한겨레와 함께 연일 1면과 사회면 머리기사로 다루며 사안의 심각성을 부각했다. 당시 기자협회보는 "보안사 사찰 보도와 관련해 동아일보가 지면 구성, 보도 태도, 접근 방식 등에 있어 타지에 비해 돋보였다. 동아는 이 사건을 정면으로 다루어 정치사찰 금지와 군의 정치적 중립의 계기로 삼으려는 적극적 자세를 보였다"고 평가했다.

김중배 편집국장이 '동아마당'을 섹션으로 만들며 사내 안팎에서 호응을 얻고 있을 때, 대구 페놀 사건이 일어났다. 1991년 3월 14일에 경북 구미의 두산전자에서 페놀원액을 담아둔 탱크에서 30톤이 흘러내려 대구 상수원을 오염시키고 수돗물에서 악취가 난 사건이다. 페놀은 낙동강을 타고 계속 흘러 대구는 물론, 부산과 마산을 포함한 영남 모든 지역이 '페놀 수돗물' 파동에 휩쓸렸다. 사건을 덮는 데 급급한 두산그룹에 '불매운동'이 일어났다. 두산전자는 조업정지 처분을 받았지만, 단순 과실이라는 이유로 20일 만에 조업 재개가 허용되었다. 그런데 4월 22일 페놀 탱크에서 다시 2톤이 낙동강에 유입되는 사고가 일어났다. 항의 시위가 확대되면서 두산그룹 회장이 물러나고, 환경처 장차관이 경질됐다.

김중배는 대구에서 '시민 취재반'을 만들 구상을 했고 환경운동가 최열도 참여했다. 김중배는 사장에게 '편집국은 낙동강 페놀 사건을 집중적으로 계속 보도하겠다. 우리 신문이 경북에서 열세라니까 판매 쪽에서도 캠페인을 같이 했으면 좋겠다'고 제안했다. 김병관은 그 자리에서 판매이사를 불러 편집국을 도우라고 지시했다.

그런데 며칠 뒤 달라졌다. 두산그룹에서 김병관 사장을 비롯해 이사들을 찾아다닌 뒤였다. 주필을 비롯해 이사들이 모인 자리에서 사장은 돌연 편집국장을 추궁했다.

"아니, 신문사가 그 신문사의 대광고주를 그렇게 함부로 비난을 해도 되는 거요?"

김중배는 사장의 돌변이 개탄스러웠다. 그 뒤 편집국 안팎에 '김중배 사회주의를 경계해라'는 말이 나돌았다. 전국 곳곳에서 골프장이 온 산을 만신창이로 만든다는 기사를 사회면 머리로 올렸을 때도, '우루과이라운드가 온다'는 연재물을 통해 농업의 미래로 유기농을 비롯해 대안을 제시해갈 때도 경계하는 목소리들이 나왔다. 이윽고 사장과 동창이자 동아일보 이사인 변호사가 김 국장을 만나자고 하더니 '동아일보가 진행하고 있는 보도 방향과 관련해 대한민국은 자유민주주의 국가이고 시장경제를 중시한다'고 강조했다.

편집국장 김중배는 담담하게 답했다. 우리 헌법은 자유민주주의를 지향하면서 기본권 조항으로 인간에 대한 존중, 노동에 대한 존중을 담고 있다, 더구나 제헌헌법부터 말하면 그 시작은 사회적 경제다, 그런 것을 살리는 것이 왜 '좌경'이고 '사회주의'냐고 반문했다. 김중배는 정당한 비판은 얼마든지 받아들이겠는데 그런 식으로 비판을 하면 어떻게 하느냐고 덧붙였다.

1991년 동아일보 내부에서 일어난 '색깔 시비'는 그해 봄부터 불거졌다. 당시 동아일보 노사는 머리를 맞대고 보도와 논평 과정에서 기자들의 바람직한 자세를 담아 강령을 만들기로 합의했다. 그런데 '기자윤리강령제정위원회'의 공식 회의 자리에서 당시 경영진의 대표로 나온 편집담당 상무이사가 기자들이 작성한 윤리강령 초안에서 '민중'이란 말을 빼라고 강요했다. 이유가 더 황당했다. 민중이란 말은 '좌경화된 용어'인데 왜 자꾸 쓰느냐는 논리였다.

명색이 언론사, 그것도 6월항쟁을 선도했다고 평가받던 동아일보에서 사상과 표현의 자유가 정면으로 부정되는 일들이 거듭 일어난 것이다.

이윽고 김병관 사장은 1991년 8월 1일 김중배 편집국장을 돌연 경질하고 조사연구실로 발령 냈다. 이어 편집국 기자들에게 '발신자'가 명시되지 않은 문건을 회람시켰다.

동아일보의 사시가 말하듯이 동아는 어디까지나 민족, 민주, 문화주의를 소명으로 삼고 있으며, 내가 말하는 제2의 창간도 이 사시를 한층 더 높은 경지로 승화시키는데 있다. 더욱이 통일을 앞두고 급변하는 국제정세 속에서 이 사시를 시대성에 맞게 구현하는 데 제2창간의 뜻이 있는 것이지 동아의 근본 이념이나 철학을 재정리하는 데 있지 않다. 그러나 **어떤 이가 혹 내 제2창간의 뜻을 잘못 이해하거나 자기 나름의 해석을 통해서 우리 동아가 흡사 사회계층 간 위화감을 조장하고, 또 극소수의 반체제인사들에 의한 체제의 성토 광장으로 이용할 소지나 우려를 준다면 이 기회에 제2창간의 뜻을 분명히 해야겠다.** 불의나 부정이나 독재 등을 묵과하는 신문이 되어서는 절대로 안 되지만 우리의 사시인 민주, 민족, 문화주의와 자본주의 체제를 부정하고 극소수의 극렬분자들을 단지 '소수'요, '약자'이기 때문에 비호할 수는 없는 것이다. 근래 우리 지면에 특히 서평란(예: 윤정모 책, 폴 바란 책), 난맥 매듭을 풀자(안병욱), 자전수필 필자(빈민운동가)의 선택이나 그들 말의 인용 등은 동아를 아끼는 독자들의 빈축을 사고 있을 뿐 아니라 동아의 노선을 의심할 정도의 비판이 있음은 매우 유감스러운 일이다. **비판 없는 체제의 옹호도 우리의 사시가 용납하지 않을 터이지만 체제 부정이나 국민의 위화감 조성에 지면을 할애함은 용납할 수가 없어 편집진의 변화를 통해 동아 편집방향의 재정비를 제2창간 실현의 시작으로 삼으려고 한다.**

발신자 표시는 없지만 사장 김병관의 지침임을 모를 기자는 없었다. 문건에 확연히 나타나듯이 '3대 사주' 김병관은 편집국장을 돌연 경질하면서 "체제 부정이나 국민의 위화감 조성에 지면을 할애함은 용납할 수가 없어 편집진의 변화를 통해 신문의 편집 방향을 재정비"하겠다고 못박았다.

문제는 '체제부정'이나 '국민의 위화감 조성'의 근거로 사주가 든 사례에 있다. 윤정모의 소설을 서평란에 소개하고 역사학자 안병욱이나 빈민운동가 제정구의 글을 지면에 실었다는 것이 '체제부정 편집'의 '증거'라고 주장함으로써 사주의 민주주의관이 얼마나 편협한지 단적으로 드러났다.

군사독재 체제에서 상대적이나마 '야당지'의 모습을 보였던 신문사에서 사주가 자신의 뜻과 다르다는 이유로 편집국장을 전격 해임한 사태는 자유언론 수호에 나선 기자들을 대량 해고한 75년 동아사태에 이어 언론자본이 공론장 형성에 얼마나 큰 장애물인가를 다시 확인해준 사건이었다.

사주가 회람시킨 문건은 편집권에 대한 사주의 자의적 판단과 전횡 의지를 민낯으로 드러내고 있었다. 그럼에도 노동조합은 나

서지 않았다. 노동조합을 창립할 때 내세운 과제가 '편집권 독립'이
었음에도 그랬다. 기자윤리강령 제정위원으로 활동했던 편집부 손
석춘 기자는 사주의 편집권 유린이 단순히 동아일보만의 문제가
아니라 한국 언론이 직면한 문제라고 판단했다. 바로 전 해에 한국
기자협회로부터 한국기자상을 수상했던 그는 기자협회보에 "숨은
권력과 편집국 민주주의─한 칼에 꺾인 '편집국의 꽃'"(1991년 8월 14
일자) 제목의 글을 기고해 전국의 모든 기자와 문제의식 공유에 나
섰다.

  권력은 그것이 노골적으로 드러나고 철권을 휘두를 때 차라리 정
  직하다. 은폐된 곳에서 그의 논리를 냉혹하게 관철하는 '숨은 권력'
  은 그 가면을 벗기지 못할 때까지 '민주주의의 수호신'으로 자처하
  기 마련이다… 민족의 표현기관을 자임해온 한 신문에서 오랜 세월
  독재와 싸워온 편집국장을 13개월 만에 경질한 사실이 알려지면서
  다양한 해석들이 제기되고 있다. 물론 이러한 사태들에서 과거와 같
  은 '정직한 권력'의 손은 보이지 않는다. 그러나 더 본질적이고 '무
  서운 힘'이 숨어있던 그 모습을 확연히 드러내고 있는 것이다… 모
  든 권력으로부터 편집권의 자유를 확보하는 것, 이것은 민주주의와
  통일의 길로 걸어가기 위해 한국 언론이 오늘 반드시 해결해야 할
  선행 과제이다. 편집국 민주주의가 없다면 한국 언론의 내일도 한국
  사회의 성숙한 민주화 전망도 어두울 뿐이다. 무엇보다 언론 자유를
  위해 언론인으로서 열린 마음이 필요하다. 닫힌 금단의 문은 그래서
  열려야 한다.

그럼에도 편집국과 노동조합의 침묵은 이어졌다. 마침내 경질된 편집국장 김중배가 더 선명한 언어로 직접 나섰다. 1991년 9월 6일 저녁, 동아일보사 4층 편집국에서 국장 이·취임식이 열렸다. '동아일보 편집국장' 이전에 군부독재와 맞서 싸운 칼럼으로 언론계 전반의 젊은 기자들로부터 존경을 받고 있던 김중배는 "이 자리에 목욕재계를 하고 나왔다"며 이임사의 운을 뗐다.

1990년대가 열리면서 우리는 권력보다는 더 원천적이고 영구적인 도전의 세력에 맞서게 되었다는 게 신문기자 김중배의 진단입니다… **정치권력만이 아니라 가장 강력한 권력은 자본이라는 생각을 떨쳐버릴 수 없습니다. 그 사태에 우리는 직면하고 있는 것입니다. 그리고 자본주의 체제가 지속되는 한 언론에 대한 자본의 압력은 원천적이고 영구적인 것입니다**… 이 도전에 대한 언론의 응전은 어떠해야 할 것인가? 이것을, 저도 소주 좋아합니다만, 소주 한 잔 먹고 개탄하고 한풀이하고 분노를 토로하고 이런 것만으로 우리가 이것을 극복할 수 있는 것인가? 그리고 이것은 영원한 도전입니다. 그리고 원천적인 도전입니다. 이것을 즉흥적인 순발적인 그런 감상, 격정만으로 우리가 극복하고 대응할 수 있는 것인가? 그것이 여러분의 숙제이면서 동시에 제 숙제입니다. 이것은 정말로 우리 선후배, 동료 여러분들의 숙제입니다…

이것은 개인으로서 대응할 문제가 아니기 때문에 문제를 제기한 바 있습니다마는 정말로 고민하고 그리고 연대하고 허물어서 극복 가능한 이런 우리의 숙제가 아닌가 그런 생각을 저는 도저히 포기할 수 없습니다. 제가 어떤 결단을 함으로써 그것이 풀어진다고 생

동아 평전

각을 하는 그런 환상주의자는 아니올시다. **누군가 돌멩이 하나를 던져야 파문이 일어날 것이 아닌가**, 그런 충정으로 저는 감히 오늘 이 환송회의 자리가 김중배가 동아일보 편집국장 자리를 물러서는 자리가 아니라, 김중배가 동아일보를 물러서는 자리의 환송회로 인식하고 저는 물러가고자 합니다.

자본의 언론 지배를 통렬히 경고한 이임사는 언론계 안팎에서 '김중배 선언'으로 회자되었다. 김중배는 "90년대 들어 언론이 이제 권력보다 더 원천적이고 영구적인 제약세력인 자본과의 힘겨운 싸움을 벌이지 않으면 안 되는 시기에 접어들었다"고 전제하고 "최근 동아가 취한 일련의 인사 조치와 국장 경질 뒤 자유로운 편집을 제약하고 자본의 논리를 강요하는 일명 '보도지침'이란 괴문서가 사내에 공공연히 나돌고 있는 것은 바로 그 대표적인 사례"라고 말했다. 침묵하는 기자들에게 신문자본과의 싸움에 나서줄 것을 촉구하며 사직이란 수단을 동원한 것이다. 편집권을 유린한 동아일보사 사주를 '숨은 권력'으로 비판했던 기자 손석춘도 같은 날 사표를 던졌다.

기실 75년 자유언론 실천에 나선 기자들이 대량 해직된 동아사태에서 사주가 정치권력과 야합한 사실에 주목한다면, '자본과의 싸움'이 새삼스럽게 91년 사태에서 처음 제기된 것은 아니다. 다만 75년 동아사태 이후 독재권력 뒤에 '숨은 권력'으로서 사실상 신문 제작에 무소불위의 힘을 '채찍과 당근'으로 휘둘러온 자본이 91년 사태를 계기로 한국 언론의 자유를 위협하는 최대 걸림돌로 정체를 드러냈다고 판단할 수 있다,

김중배의 호소처럼 거대한 자본에 대한 대응은 언론인이 스스로 나서지 않는 한 그 누구도 해결해줄 수 없는 문제다. 김중배는 그 문제 해결을 위해서 작은 초석 하나 놓겠다고 선언했다.

동아일보사노동조합은 9월 19일 '발행인과의 대화'를 요구해 사주와 만난 자리에서 '보도지침'에 집단 항의했다. "문제의 발단이 된 '보도지침'에 대해 사장의 분명한 의사표시가 있어야 한다. 잘못됐으니 취소하겠다든지, 정정하겠다든지, 아니면 유감이라든지 분명히 말해야 한다"는 기자들의 요구에 김병관은 "절대 취소도 정정도 않겠다. 분명히 말하지만 그것은 보도지침이 아니고 신임국장에게 준 메모에 불과하다. 그것을 어떻게 소화하느냐는 국장의 자유다"라고 단호히 답하며 기자들의 기세를 꺾었다.

91년 동아사태는 그해 8월 1일 편집국장 전격 경질에서 편집국 기자들이 발행인과 만나 집단 항의한 9월 19일까지 전개된 일련의 사태를 아우른다. 동아일보사의 의미 축소와 다른 언론사들의 침묵으로 일반인들에게는 알려지지 않았지만, 그 사건으로 드러난 신문사주의 '숨은 손'은 지금도 동아일보는 물론 대부분의 언론사 내부에서 진행형이다.

언론 자본이 자신의 힘을 노골적으로 드러내는 반면에 노동조합은 제도적 틀에 안주하면서 초기에 보여준 공정보도 투쟁은 찾아보기 어려울 만큼 위축돼갔다. 가령 동아일보노동조합이 1995년 3월 조합원들을 대상으로 한 임단협 설문조사에 따르면 노사협상에서 노조가 가장 주력해야 할 분야로 '근로조건 및 환경개선'(37.3%)을 꼽았다. 이어 임금인상(32.9%), 복지향상(22.8%) 순이었으며 '공정보도'는 겨우 6.9%에 지나지 않았다. 특히 편집국과 출판국의 20대

동아 평전

조합원 가운데 '공정보도'에 응답한 사람이 단 한 명도 없었다는 사실은 많은 것을 시사해준다.

그렇다면 '김중배 선언' 또는 '91년 동아사태' 이후를 사사는 어떻게 서술하고 있을까. 사사는 '김중배 칼럼'이 독자들의 심금을 울린 사실을 부각할 때와 달리 김중배 국장이 사표를 던지며 외친 '언론자유'에 대해선 단 한 줄도 쓰지 않았다. 다음과 같이 1990년대의 외형적 성장만 강조했다.

창간 73주년 기념일인 93년 4월 1일, 동아일보는 30년이 넘는 긴 석간시대를 마감하고 '아침신문'으로 발행체제를 바꿨다. 한때 발행부수 1위 자리를 내주고 있던 동아일보가 조간화라는 사운을 건 결단을 내린 데에는 조간 대세론이 크게 작용했다. 이제는 세상이 달라져 정보의 효율적인 공급과 광고 효과면에서 조간이 유리한데다 석간신문과는 달리 저녁시간대에 TV와 경쟁을 피할 수 있고 밤사이에 인쇄와 수송이 가능해 교통난을 덜 수 있는 장점도 있기 때문이다. 조간화를 앞둔 3월 22일 주주총회는 김병관 사장을 대표이사 회장(발행인)으로, 권오기 부사장을 대표이사 사장(편집인)으로 선임했다.

권오기 신임 사장은 취임사에서 "자기에게 엄한 신문임을 스스로 다짐하고 독자의 참여를 환영하는 열린 신문을 지향하자"고 강조했다. '아침신문 동아일보'에 대한 독자들의 반응은 아주 좋았다. 32면 증면과 함께 지면제작과 배달체계를 일신한 결과 발행부수는 조간화 6개월 만에 200만 부를 넘어섰다. 광고주들의 호응도 크게 늘어 광고게재 의뢰도 30% 이상 증가했다.

그가 창간기념일에 맞춰 편집한 특집기사에서도 1990년대 이후의 변화를 다음과 같이 자부했다.

1995년 10월 19일자 50판 신문에는 한국사회를 뒤흔든 '노태우 비자금' 사건의 서막을 여는 특종기사를 실었다. 이후 이 사건은 연일 지면을 가득 채웠고, 노태우 전 대통령은 헌정 사상 처음으로 전직 대통령으로서 구속 수감됐다. 1999년 11월 18일자에는 신동아그룹 최순영 회장의 부인 이형자 씨가 남편 구명을 위해 김태정 검찰총장의 부인 연정희 씨에게 고가의 옷을 건넨 이른바 '옷로비 사건'과 관련한 단독보도를 내보냈다. 1면 머리기사로 김정길 대통령정무수석비서관의 부인 이은혜 씨가 강인덕 전 통일부 장관 부인 배정숙 씨에게 이른바 '옷로비 사건'과 관련해 국회 위증을 요구했다는 내용이었다. 본보 법조팀이 6개월간 끈질긴 추적취재를 통해 얻은 결실이었다. 현직 검찰총장의 부인인 연 씨가 연루된 사건을 검찰이 6일 만에 '실패한 로비'로 결론 내린 것에 의구심을 품고 추적한 성과였다.

1990년대는 국제화 혹은 세계화가 사회적 주요 의제였다. 이에 발맞춰 본보는 세계 유수 언론사와 협약을 체결하거나 강화하며 세계화 시대 미디어그룹으로서의 기틀을 다졌다…

사사와 창간기념 기사는 특히 "2000년 시대를 앞둔 1999년 12월 30일에 21세기 뉴미디어 시대의 심장이 될 광화문 '동아미디어센터'를 완공했다"는 사실을 강조했다. "새 천년에도 민족의 신문, 독자의 신문으로 헌신할 수 있는 동아일보의 터전이 완성됐다"며 새 사옥의 규모를 과시했다.

동아미디어센터는 지하 5층, 지상 21층, 총면적 2만 3,200m²의 인텔리전트 오피스빌딩으로 희림종합건축사사무소가 설계하고 대우건설이 시공을 맡았다. 철골구조에 외벽 대부분을 유리로 감싼 건물 외형 이미지에서 정직하고 투명한 언론의 사명을 강조했다. 1층 로비에는 작가 육근병 씨가 제작한 비디오 조각작품 '열매 눈'을 설치했다. 천장의 원형 지지대에 4개의 줄기를 매달고 145개의 비디오 모니터를 수많은 꽃이 한꺼번에 피어나는 듯한 형상으로 묶어 놓아 '살아있는 시대정신과 새 시대에 대한 염원'을 표현했다. 우거진 넝쿨 모양을 한 비디오 줄기는 현대문명과 대자연이 조화하는 모습을 연상시킨다.

동아미디어센터는 2000년 4월 제18회 서울시건축상 준공건축물 부문 동상과 야간경관조명 부문 장려상을 받았다. 10월에는 건설교통부와 대한건축사협회가 선정하는 한국건축문화대상 본상을 수상했다. 세종문화회관 덕수궁 등 역사적 가치가 높은 건축물이 밀집한 장소적 특성을 녹여내면서 한국 언론을 선도해 온 동아일보의 이미지를 잘 부각했다는 평가를 받았다.

2000년 12월 15일에는 건물 4, 5층에 한국 신문의 100년 발자취와 미래를 한눈에 살펴볼 수 있는 국내 첫 '신문박물관'을 열었다. 인쇄시설 등 600여 점의 전시품을 갖춘 신문박물관은 신문역사관, 미디어영상관, 기획전시관으로 구성됐다. 특히 역사관은 구한말 한성순보 독립신문 등의 탄생, 일제강점기 민족 신문의 탄생과 저항, 광복 후 신문 매체의 변천 과정 등을 주제별로 일목요연하게 소개

했다. 미디어영상관에는 신문제작 체험 코너를 마련해 관람객이 능
동적으로 참여할 수 있도록 했다.

동아일보노동조합이 가입해 있던 전국언론노동조합연맹은 언론
개혁에 적극 나섰다. 한국기자협회, 한국방송프로듀서연합회와 더
불어 시민사회와 연대 조직을 모색했다. 언론권력의 정점에 있는
사주, 곧 언론 자본의 '황제적 지위'를 낮추지 않고서는 진정한 언
론 자유가 확보되기 어렵다고 판단했기 때문이다.

전국언론노조를 비롯한 현업 언론인 3단체는 마침내 1998년 8
월에 민주언론운동시민연합을 비롯한 시민사회의 여러 단체들과
더불어 언론개혁시민연대(언론연대)를 창립했다. 언론연대를 비롯한
언론운동 단체들은 언론 자본가인 사주들이 개개 언론사 내부에
서 황제처럼 군림하며 경영권은 물론 편집권을 좌지우지하는 현
실을 고치려면 먼저 언론사 경영의 투명성을 검증받아야 한다고
판단했다.

오랜 세월 군부독재와의 밀월 속에 천문학적 이윤을 챙겨온 언
론사 사주들이 과연 내야 할 세금을 온전히 냈는지, 또 대를 이어
신문사를 소유해온 세습 과정에 상속세는 제대로 냈는지가 언론운
동 단체들의 일차적 관심이었다. 언론 현업인 단체들이 언론사 세
무조사를 정당한 법 절차에 따라 실시하라고 촉구한 이유다.

언론개혁 여론이 높아가면서 동아일보 기자들도 목소리를 내기
시작했다. 자유언론실천선언 25돌을 맞은 1999년 10월 24일, 동아
일보 현직 기자들은 동아투위 선배들을 초청했다. 기념식에서 '동
아일보 기자일동' 이름으로 '10·24 자유언론실천선언 25주년에 즈

음하여'가 발표됐다.

잠시 25년 전 이 자리로 돌아가 봅니다. 74년 10월 24일 오전 9시 15분. 동아일보사 3층 편집국에 180여 명의 기자들이 모였습니다. 편집국 기둥엔 '자유언론실천선언'이라는 유난히 큰 글씨가 나붙었습니다. 몇 장 남지 않은 사진으로만 보아왔던, 그 날 그 자리는 선배들이 뜨거운 가슴을 한데 모아 자유언론실천 결의를 다지는 역사의 현장이었습니다.

'언론인의 각성이 촉구되는 현실에 뼈아픈 부끄러움을 느끼며 어떠한 압력에도 굴하지 않고 자유언론실천에 모든 노력을 다하겠다.' 유신독재의 심장을 향해 활시위를 날렸던 그 무서운 결단은 바로 이곳에서 시작됐습니다. 그 날 이 자리에서 모인 자유언론실천 결의는 투철한 기자정신의 발현이었으며 독재를 거부하고 민주화를 갈망하는 시대정신의 실현이기도 했습니다.

그러나 바로 이 자리는 자랑스러웠던 선배 여러분 중 많은 분이 동아일보사를 떠나야 했던, 불행했던 언론사의 상처가 아직도 남아있는 회한의 자리이기도 합니다.

25년이 흐른 지금, 그 때 그 자리에 선 후배기자들은 '자유언론실천선언'이라는 글자 하나하나를 가슴속 깊이 새겼던 편집국·출판국·방송국 선배들을 다시 생각해봅니다. 우리는 결코 불행했던 우리 역사로부터 자유로울 수 없는 동아일보사의 후배입니다. 그렇기 때문에 오늘 우리는 만감이 교차하는 숙연한 마음으로 이 자리에 나왔습니다. 동아투위 선배들 모두 함께 이 자리에 모시지 못하는 안타까움이 말할 수 없이 답답하게 우리 가슴을 억누르고 있습니다.

언론자유의 새로운 도전   253

그러나 동아일보사를 떠나 거리에서 민주화 투쟁에 앞장섰던 선배들이나, 동아일보사에 남아 그나마 꺼져가는 자유언론의 현장을 지켰던 선배들이나 모두 우리의 자랑스러운 선배라고 생각합니다.

우리 후배들은 '10·24 자유언론실천선언'에 참여하고 그 정신을 실천하려 했던 180여 명의 동아일보사 기자 일동을 모두 우리의 자랑스러운 선배로 부르고 싶습니다. 어느 동아투위 선배는 "오늘 기념식이 열리는 이 자리는 자유언론실천선언의 산실이기도 하지만 자유언론을 외쳤던 선배들이 동아일보사를 떠나야 했던 언론탄압의 현장이기도 하다."고 말했습니다.

역사에는 영욕이 교차합니다. 더구나 우리의 현대사는 오욕과 회한으로 점철된 기록입니다. 오욕과 회한으로 얼룩진 역사 속에서 우리는 모두 그 피해자이기도 합니다. 그러나 우리는 이 불행했던 역사의 상처가 반드시 치유되고 극복되어야만 한다고 생각하며 반드시 치유되고 극복될 것으로 믿습니다. …**우리는 오늘, 25년 전 선배들이 남긴 '10·24 자유언론실천선언' 정신을 제대로 계승하지 못한 점도 이 자리를 빌려 솔직히 밝히고자 합니다. 80년 광주의 진실을 제대로 알리지 못했다거나 독재권력에 정면으로 맞서 싸우지 못했던, 암담했던 시절도 있음을 숨기지 않으려 합니다.**

우리는 독재권력의 폭압적 언론통제 속에서도 자유언론의 명맥을 이어가려 했던 고심의 흔적들을 내세워 스스로를 위안하고 싶지는 않습니다. 암울했던 시절, "그래도 동아일보"라는 국민적 평가는 불행했던 언론사의 한 단면이기도 하기 때문입니다. 그보다도 우리가 오늘에 이르러 깊이 되돌아보아야 할 일은 **지금 우리 후배 기자들의 가슴과 머리속에 선배들이 외쳤던 자유언론의 정신이 얼마나 살**

동아 평전

아 숨쉬고 있는가 하는 점입니다. **취재하고 기사를 쓰고 편집하는 매일 매일의 일상 속에서 우리는 과연 선배들이 했던 것과 같은 처절한 고민과 자기반성을 하고 있는가?** 스스로에게 물어봅니다.

기자정신이란 화두를 놓고 밤을 새우며 치열하게 토론하고 울분을 터뜨리던 뜨거웠던 기억들은 이제 점점 더 아득해지는 게 오늘 우리의 모습입니다. 지금 우리는 과연 권력과 상업주의, 그리고 국민의 알 권리가 상충할 때 어떤 자세를 가져야 할 것인지… 다시 한번 스스로를 되돌아보는 자성이 필요한 시점입니다. 아울러 우리는 **시대적 요구인 언론개혁에 대해서도 '10·24 자유언론실천선언'의 정신이야말로 선배들이 우리 후배들에게 전해준 가장 소중한 자산임을 가슴 속 깊이 간직하고 있습니다.**

25년 전 오늘, 동아일보 편집국에 메아리쳤던 '10·24 자유언론실천선언' 정신을 다시 한 번 되새기며 아직도 역사에 멍에처럼 남아있는 불행했던 과거의 상처가 하루 빨리 치유되기를 간절히 기원합니다.

동아투위로선 25주년을 맞아 현직기자들이 일동으로 낸 성명의 배경이 어떻든 후배들의 선언에 뿌듯했을 터다. 동아투위는 다음날 서울 프레스센터에서 '10·24 자유언론실천선언 25주년 기념식'을 예정대로 열었다. 동아일보노동조합에서도 10여 명이 참석했다. 동아투위는 '세기말 한국 언론인들에게 고함'을 발표했다.

동아투위가 이 땅에 민주주의와 언론자유를 염원하면서 해마다 벌여온 10·24 자유언론실천선언 기념식이 어느덧 25주년을 맞이했습니다. 20세기의 마지막 해이자 21세기를 눈앞에 둔 지금 한국 사회는 진정한 민주화와 사회개혁이 시대적 과제로 되고 있고 언론 분야 역시 예외일 수 없습니다. 그런데 우리 정치 분야가 구태의연한 만큼이나 언론 분야의 민주화와 개혁이 뒤처져 있다는 사실은 부인할 수 없습니다.

…우리는 지난 74년 10·24선언에서 본질적으로 자유언론 실현은 우리 언론 종사자들의 실천과제임을 밝힌 바 있고 77년 12월 30일 동아투위와 조선투위가 공동으로 발표한 민주민족언론 선언에서 민중에게 자유를, 민족에게 통일을 가져다주어야 할 언론인의 사명을 강조한 바 있습니다. 그러나 아직도 우리 언론계와 언론인들은 민주화 과정에 대부분 능동체가 아니라 수동체로 머물러 있습니다…

언론자유란 언론인의 자유나 언론 기업인의 자유가 아니라 국민들의 알 권리를 실현하기 위한 자유입니다. 그 자유가 언론인이나 언론사의 자유로 머물 때 언론계는 반민중적·봉건적 구조에 머물고 보도행태는 권언유착, 금언金言유착의 늪에 빠져 **우리 시대가 요청하고 있는 민족적·민중적 진실의 소리**는 외면당하게 됩니다…이제 언론인 여러분은 민주화와 자유언론을 위해 언론개혁에 나서야 할 때입니다. 방송언론인들이 시민사회단체와 함께 방송개혁과 민주방송법 제정을 위한 운동에 나서고 있고 신문언론인들도 신문개혁 등 언론개혁에 나설 조짐을 보이고 있는 것은 참으로 반가운 일입니다.

그동안 동아투위는 민주화와 자유언론 쟁취를 위해 싸워왔습니다. 이제 2000년을 앞두고 후배 여러분에게 이 과제를 물려주고자 합니다. 여러분이 우리의 자유언론 정신을 더욱 발전시켜 나갈 때 우리는 지지와 성원을 아끼지 않을 것이며 그 언론민주화 대열의 후

미에서나마 여러분과 함께 할 것입니다.

마지막으로 동아일보사와 정부당국에 요구하고자 합니다. 새 천년을 맞기 전에 동아일보 사주는 지난 시절의 역사적 과오를 청산해야 합니다. 아울러 지난 75년의 언론인 해직 사건이 권위주의적 정권하에서 벌어진 언론탄압 사태임을 직시하여 정부당국도 해결에 나서줄 것을 요구하는 바입니다.…

현직 기자들의 성명으로 언론계 안팎의 기대를 모았지만 결국 아무런 결실도 맺지 못했다. "새 천년을 맞기 전에 지난 시절의 역사적 과오를 청산"하라는 동아투위의 성명에 사주는 적극적 의지를 보이지 않았다. 21세기를 앞두고 사주가 가장 역점을 둔 것은 동아투위와의 화해가 아니라 앞서 사사에서 살펴보았듯이 새 사옥 완공이었다.

언론 자본이 편집국 민주주의를 압도할 때 어떤 결과가 빚어지는가를 여실히 보여준 '보도 참사'가 있다. "대구 부산엔 추석이 없다" 제하의 1면 머리기사(2000년 9월 9일자)가 그것이다. 문제의 기사는 '부도직격탄 피해지역 현지르포'라는 부제를 달았다. 르포는 "추석 분위기가 썰렁하다. 전국 어디를 둘러봐도 마찬가지다. 천고마비, 청명해야 할 가을하늘이 잿빛처럼 느껴진다. 소원을 빌 둥근 보름달을 보는 것만으로 만족해야 할까"라고 사뭇 감성적으로 시작한다. 기사는 이어 신발과 건설업체들의 부도로 대구와 부산 경제가 어렵다고 썼다.

그런데 기사 자체에 치명적 오류가 드러났다. 전국 도별 부도율표가 그것이다. 정작 표를 읽어보면 광주지역 부도율이 가장 높게

나타나 있다. 사실관계의 앞뒤가 맞지 않아 '기사가 안 되는 기사'
였음이 드러난 셈이다.

오후 6시 안팎에 발행되는 1판에서 1면 머리기사를 읽은 편집국
기자들은 당연히 이의를 제기했다. 하지만 동아일보는 사실과 다
른 주장에 지나지 않는 기사를 수도권에 배달되는 최종판까지 1면
머리 그대로 편집했다. 기사의 모순을 드러낸 '부도율 표'만 삭제했
을 뿐이다. 아니 숨겼을 뿐이다. 아울러 대구지역 부도 기업에 대한
내용을 추가했다. 사실을 생명으로 삼아야 할 신문사가 1면 머리기
사의 핵심 내용이 진실이 아님을 확인한 뒤에도 '분식'을 해서 그
대로 내보낸 지면은 한국 신문의 '사실 확인'이 얼마나 자의적인가
를 상징적으로 보여준 사례다.

그렇다면 왜 동아일보는 '기사가 안 되는 기사'를 1면 머리로 최
종판까지―그것도 진실을 은폐하면서까지―고집했을까.

동아일보가 문제의 기사를 내보내기 한 달 전에 자체 조사한 구
독률과 관련이 있다. 조사 결과 그는 조선일보와 중앙일보에 견주
어 영남지역에서 열세로 나타났다. 사주를 비롯한 경영진은 영남
지역에서 독자를 늘리기 위해 호남 출신 대통령인 김대중 정부를
비판해야 한다고 의견을 모았다. 언론비평 전문지 미디어오늘에 따
르면, 사주인 김병관은 추석 직전에 고위 간부들에게 보낸 '편지'에
서 영남지역에 '신경을 쓰라'고 지시했다.

그로부터 1년 뒤 현직 논설위원의 토론회 발언에서 진실은 확인
되었다. 2001년 10월 '언론개혁과 뉴미디어 정책토론회'에 토론자
로 나선 동아일보 논설위원은 "(김대중) 정부의 언론탄압 조치가 영
남시장 확보를 위해 DJ 비판기사를 브레이크 없이 경쟁적으로 과

장·확대·왜곡해서 써온 3개사(동아·조선·중앙)에 '괘씸죄'를 적용"한 결과라고 주장했다. '대구 부산에 추석이 없다'는 기사가 실리게 된 배경을 설명하면서 그 발언을 했다. 얼결에 자신들의 의도를 실토한 셈이다.

신문들이 영남의 독자를 확보하기 위해 사실까지 왜곡하며 김대중 정권을 비판했다는 '실토'는 곰곰 짚어볼 사안이다. 신문사가 망국적 현상인 지역감정 해소에 나서기는커녕 되레 자신의 경영 이익을 위해 증폭시켰다는 사실을 뜻하기 때문이다.

더구나 "DJ 비판기사를 브레이크 없이 경쟁적으로 과장·확대·왜곡해서 써온 3개사"의 목적은 단순히 '영남시장 확보'가 아니었다. 자신들의 이해관계와 정치적 의도가 깔려 있기 때문이다. 어떤 '이해관계'와 '정치적 의도'가 담겨 있는지 자세히 톺아보자.

우리가 생생하게 경험했듯이 신문시장을 독과점한 그와 조선일보·중앙일보는 영남지역에 기반한 특정 정당과 깊은 연관을 맺고 있다. 심지어 보수적인 언론학자들조차 노무현 '대통령 탄핵 관련 TV 방송 내용분석 보고서'에서 세 신문과 특정 정당의 연관성을 적시할 정도였다. 보고서는 "언론 매체들은 그들이 대리하는 권력과의 공조 관계를 지속적으로 유지하면서 정파적 성향을 더욱 노골적으로 드러내기 시작했다"며 "이른바 빅3으로 불리는 동아, 조선, 중앙일보는 한나라당의 후원자"로 활동하며 "권력 투쟁의 대리인 역할을 수행하였다"고 적었다.

여기서 '대구 부산엔 추석이 없다'는 기사를 다시 읽어보자. 기사는 추석 연휴를 앞두고 대구의 재래시장인 서문시장 상인들이 이구동성으로 "아이들 옷 이외에 팔리는 것이 없을 정도"라고 말했다

고 전했다. 이어 260여개의 의류점포를 비롯해 1,400여개의 점포
가 밀집한 부산의 대표적인 재래시장인 남포동 국제시장도 '추석
대목'은 실종됐다며 다음과 같이 썼다.

액세서리 가게를 기웃거리는 손님 외에는 썰렁한 모습. 이른 저
녁 셔터를 내려버리는 가게도 적지 않다. 옷가게를 하는 김모씨(여).
몇 년 전만 해도 이때쯤이면 다른 사람의 어깨와 부딪히는 게 다반
사였다며 "추석 경기예, 요즘 부산에 그런 것이 어디 있어예"라며 강
한 사투리로 반문했다. 대표적 번화가인 광복동. 사람이 북적거리기
는커녕 한산한 느낌이고 부산역 앞엔 빈 택시만 붐비고 있다. 택시
기사들은 손님이 없어 아예 차밖에 나와 삼삼오오 모여 신세 타령
이다. 한 기사는 "경기가 좋을 때는 손님도 가려 태우고 합승도 했
다. 요즘은 사납금을 벌기도 어렵다"고 푸념했다. '한국 신발산업의
메카'로 불렸던 부산 사상공단에서 과거의 영화를 찾는 것은 불가능
했다. 문을 닫은 공장이 많고 어쩌다 만난 근로자들의 표정에도 그
림자가 짙게 드리워져 있다.

2000년 기사라고 믿기에는 오늘의 풍경과 너무나 닮은꼴이다.
그가 김대중 정부 시절에 영남에서 독자를 늘리려고 의도적으로
쓴, 그것도 대구·부산이 광주보다 부도율이 적었다는 엄연한 사실
을 은폐하며 쓴 기사였지만, 그 뒤 이명박 정부와 박근혜 정부는 물
론, 문재인 정부가 들어섰음에도 그 기사가 전하는 풍경은 여전히
현실감 있다. 경제생활의 어두운 '그림자'도 내내 짙은 사실은 무엇
을 의미할까? 민중들의 경제적 어려움이 지역의 문제는 결코 아님

을, 지역에 기반을 둔 정권의 문제는 더욱 아님을 일러준다.

사주가 자의적으로 언론자유를 유린한 결과는 동아일보의 몰락으로 나타났다. '김중배 노선'을 색깔까지 칠해 몰아낸 뒤 '조선일보처럼 만든 성과'는 객관적 수치로 나왔다. 광고주협회가 1994년 가을에 실시한 열독률 조사를 보면 조선일보 24%, 동아일보 21%, 중앙일보 10% 순이었다. 91년 사태 이후 결국 '발행부수 부동의 1위' 자리를 잃은 셈이다. 더 충격적인 수치가 있다. 90년대의 외형적 성장을 부각하며 새 사옥을 과시하고 "대구 부산엔 추석이 없다"는 기사를 진실까지 은폐해 1면 머리기사로 올렸음에도 2001년 3월 조사에서 조선일보 16.2%, 중앙일보 16.0%, 동아일보 12.4%로 2·3위 순위마저 바뀌었다.

하나 더 유의할 지점은 '김중배식 독자 확보'와 '김병관식 독자 확보'의 차이다. 신문이 더 많은 독자를 바라는 것은 당연한 이치다. 그런데 김중배식 독자 확보 전략이 '대기업의 페놀 방류' 사건처럼 그 지역에서 살아가는 민중의 고통을 의제로 설정하고 해결책을 제시하는 방법이라면, '김병관식 독자 확보'는 진실을 은폐하면서까지 지역감정을 조장하며 독자를 확보하려는 방법이다. 전자는 동아일보가 시대 변화와 함께 더 많은 민주주의를 담아가자는 전략이고 후자는 "국민의 위화감 조성에 지면을 할애함은 용납할 수가 없"으며 조선일보처럼 만들어야 한다는 전략이다. 한 사람은 동아일보의 지가를 올린 언론인이고 한 사람은 신문사 사주의 3세였다. 그 힘의 차이가 동아일보의 운명을 갈랐다.

언론개혁 여론이 높아가고 언론 현업인 단체들의 거센 요구와 집회가 이어지자, 대통령 김대중은 2001년 1월 11일 새해 연두 기자회견에서 '투명하고 공정한 언론개혁의 필요성'을 거론하고 나섰다. 이어 국세청은 1월 31일에 언론사 세무조사 실시를 발표했고, 2월 8일 조사에 착수했다. 같은 시기 공정거래위원회도 '불공정거래행위와 부당 내부거래 실태 등에 대한 조사' 실시를 공표하고 2월 12일부터 조사에 나섰다.

조사 결과는 놀라웠다. 68일에 걸쳐 조사를 한 공정위는 13개 언론사에 시정 명령과 함께 242억 원의 과징금을 부과했다. 과징금 규모는 조선일보 34억 원, 중앙일보 25억 원, 문화일보 29억 원이었다. 그가 62억 원으로 가장 많았다. 그를 비롯한 언론사들이 불공정 거래를 일삼고 대기업들의 부당한 내부거래와 다를 바 없는 짓을 저질러온 사실이 드러난 셈이다.

2001년 6월 20일 발표된 국세청의 23개 언론사에 대한 언론사 세무조사 결과는 더 충격적이다. 국세청은 23개 중앙언론사와 그 계열기업 및 대주주 등에 대한 세무조사 결과 "총 탈루소득 1조 3,594억 원과 탈루법인세 5,056억 원을 적출했다"고 발표했다.

기실 언론사 세무조사를 김대중 정부가 처음 실시한 것은 아니다. 앞서 김영삼 정부는 1999년 14개 언론사를 상대로 세무조사를 전격 실시했지만 결과를 공표하지 않았다. 김영삼은 대통령 퇴임 뒤 자신이 세무조사를 공개하지 않은 이유를 "국민들이 충격을 받을까 우려해서였다"며 신문사의 탈세 규모를 대폭 축소해줬다고 밝혔다. 반면에 김대중 정부는 세무조사 결과를 공개했으며, 언론사에 거액의 추징금을 부과했다.

조사결과가 나온 뒤 국세청은 그와 조선일보를 비롯한 6개 언론사와 동아일보 사주 김병관, 조선일보 사주 방상훈을 탈세와 횡령 혐의로 고발했다. 국세청이 밝힌 영장청구대상자의 포탈세액은 김병관 48억 원, 김병건 47억 원, 방상훈 사장 46억 원이었다.

언론사 사주들은 '언론 탄압'을 주장하며 '사법 투쟁'을 벌였지만, 대법원은 최종적으로 유죄를 확정했다. 김병관은 세무조사 결과 43억여 원의 세금을 포탈하고 회사자금 18억여 원을 횡령한 혐의로 2001년 8월 구속기소 됐다. 건강상의 이유로 10월 구속집행정지 결정을 받고 풀려났다. 2002년 2월 1심에서 징역 3년 6월 및 벌금 45억 원을 선고한 재판부는 '횡령 금액을 모두 채웠고, 수사가 시작되기 전에 법인 회계를 정상화한 점, 고령의 나이에 이 사건과 관련해 아내의 자살로 아픔을 겪은 점'을 내세워 법정구속은 하지 않았다. 김병관은 항소심에서 징역 3년에 집행유예 5년, 벌금 30억 원이 선고됐고 상고심에서 원심이 확정됐다. 동아일보사는 그 뒤 김병관 맏아들인 김재호로 세습 절차를 밟았다.

김대중 정부는 언론자본의 불법적 행태와 부도덕한 황제식 경영을 드러내는데 그쳤을 뿐 언론운동 단체들이 요구해온 소유구조 개혁과 '편집권 독립' 입법으로 이어가지 못했다. 처음부터 그럴 정책 목표를 세우지 못했고, 그러다보니 정략적이라는 탈세언론의 공세에 제대로 대응하지도 못했다. 결국 세무조사를 통해 언론사 경영의 투명성을 높이는 전환점을 마련했다는 의미 외에는 아무런 결실을 맺지 못했다. 더구나 언론사 사주들은 모두 사면을 받았다.

언론운동 단체들은 김대중을 이은 노무현 정부에게 언론사 소유구조 개혁과 편집권 독립의 법제화를 요구했다. 김대중 못지않게 노무현도 대통령에 당선되는 과정 자체가 언론과의 갈등 속에 이뤄졌다. 노무현은 대통령 후보가 되는 과정이나 선거 과정에서 언론개혁을 적극 제기함으로써 적지 않은 기대를 모았다. 대통령이 되기 전에 노무현은 조선일보와 인터뷰를 거부했고 선거 기간 내내 정치개혁이나 경제개혁 못지않게 언론개혁을 거론했다. 대통령 탄핵의 무리수로 반사이익을 얻은 열린우리당이 2004년 총선에서 제1당으로 등장했기에 언론개혁 입법요구는 커져 갔다. 언론연대가 중심이 되어 2004년 9월 21일, 신문법안이 입법 청원되자 열린우리당, 한나라당, 민주노동당의 법안이 제출되었다.

이윽고 2005년 1월 1일 '신문 등의 자유와 기능보장에 관한 법률'(신문법)이 국회를 통과했다. 언론연대가 정기간행물법 개정안을 청원한 뒤 줄기차게 전개한 신문개혁 입법운동의 열매였다. 하지만 열린우리당과 한나라당만의 야합으로 신문법이 입법화되었다. 언론연대가 처음부터 강조했던 언론개혁 입법의 고갱이인 편집권 독립, 곧 편집의 자율성 보장은 실종되었다. 신문사 안에서 황제처럼 언행을 일삼는 신문 사주로부터 언론인들의 자유언론을 보장하기 위한 장치가 아예 두 당의 야합으로 제대로 논의조차 되지 못한 것이다. 그 결과 2005년 1월에 제정된 신문법은 신문사 소유 지분 분산 조항이 삭제되고 편집위원회(편집규약)는 아무런 의미가 없는 임의기구로 떨어지고 말았다.

김대중-노무현 정권 10년 동안 언론개혁 운동은 정치권을 움직여 언론사 세무조사와 신문법 제정을 이뤘지만 언론자유를 언제든 위협할 수 있는 사주의 권력은 조금도 제한받지 않았다. 한나라당의 방해는 물론 김대중-노무현 정부와 집권당도 언론개혁의 철학이 얕았고 그에 따라 입법 전략과 의지가 부족한 결과였다.

언론개혁은 언론자본의 전폭적 지지를 받은 이명박 정부가 등장하면서 되레 후퇴했다. 이명박은 이미 후보 시절에 언론을 산업으로 바라보는 시각을 드러냈다. '미디어산업 선진화 포럼' 창립식 (2007년 1월 22일)에 참석한 이명박은 문화콘텐츠 산업이 10~20년 후에도 계속 발전할 수 있는 분야라고 축사를 했다. 이명박은 문화콘텐츠 산업을 "국가적, 전략적, 체계적으로 잘 지원한다면 우리나라가 빠른 시간 안에 전 세계적으로 크게 성장할 수 있을 것"이라고 전망했다. 미디어를 산업으로 보는 전형적인 논리였다. 미디어선진화포럼은 취지문에서 "미디어는 고부가가치 산업으로 우리나라 경제에 새로운 성장 동력으로 기대되고 있다"며 미디어산업 정책에 대한 건설적 비판과 올바른 정책 제안·홍보에 주력하겠다고 활동 방향을 제시했다.

이명박은 대통령에 당선 된 뒤 미디어 산업 선진화의 명분을 내걸고 그와 조선일보 중앙일보에 각각 종합편성채널을 주는 미디어법을 날치기로 국회에서 통과시켰다. 세 신문사의 종합편성채널은 2011년 12월 1일 일제히 방송을 시작했다. 동아일보는 신문사와 함께 텔레비전을 소유한 '종합미디어그룹'을 자부하고 나섰다.

9

사주의 권력과
사돈의 영향력

2000년은 새 천년의 첫해이자 동아일보 창간 80주년이 되는 해이기도 하다. 동아일보는 이 역사적인 시점을 계기로 21세기를 선도할 신문으로 거듭나겠다는 각오와 함께 새 밀레니엄을 맞았다…인간의 가치를 높이고 고품격 정보를 제공하는 종합 미디어, 이것이 바로 21세기 동아일보가 지향하는 목표다. 인간의 존엄성을 추구하고 삶의 질을 높이며 정론지의 전통을 강화하면서도 빠르고 정확한 정보, 폭넓고 깊이 있는 정보, 유익하고 흥미 있는 정보를 추구하고 제공하기 위해 동아일보는 최선을 다할 것이다.

동아일보 사사가 2000년에 의미를 부여하며 서술한 대목이다. 사사처럼 그는 21세기를 선도할 신문으로 거듭나고, 인간의 가치를 높이고, 인간의 존엄성을 추구하고 삶의 질을 높이며 정론지의 전통을 강화했을까. 2000년 이후 그가 걸어온 길에 비춰보면 공허하게 읽힐 수밖에 없다.

기실 그는 한국 경제의 외형이 성장하면서 오래전부터 기업화의 길을 걸어왔다. 그 과정에서 흔히 사주라 불려온 언론자본은 1975년 동아사태처럼 정치권력과 손잡고 민주 언론인들을 대량 해고했고 91년 사태에 이르러선 스스로 언론자유를 유린하고 나섰다.

물론 그만은 아니다. 언론 자체가 기업으로 성장하면서 대기업들과 이해관계를 같이하며 유착하는 양상은 보편화했다. 언론자본과 대기업들은 광고를 매개로 이어져 있다. 가장 큰 광고주인 대기업과 언론기업의 이해관계가 맞아 떨어지면서 광고를 매개로 사실상 언론이 자본의 한 부문으로 편입하는 현상이 나타났다. 그 결과 언론에서 자본의 영향력은 갈수록 커져 가고 있다. 미디어가 늘어날수록 광고수주 경쟁이 높아질 수밖에 없기 때문이다.

오랫동안 '야당지'였고 자타가 '대한민국 대표 권위지'로 공인했던 그도 언론과 자본의 융합 현상의 거센 물결을 벗어나지 못했다. 2000년에 영남 독자를 확보하기 위해 비상식적인 기사를 1면 머리로 고집한 것은 기업의 논리, 자본의 논리가 얼마나 지면에 깊숙이 침투했는가를 상징적으로 보여준 사건이었다. 그 뒤 갈수록 기득권 세력을 옹호하며 조선일보와 전혀 차이가 없는 신문으로 변질되었다.

통상 2000년대 들어 본격화 한 그의 '조선일보화' 배경에는 김대중 정부의 세무조사가 자리잡고 있다고 풀이한다. 하지만 안이한 분석이다. '대구와 부산엔 추석이 없다' 따위의 기사는 세무조사 이전에 1면으로 올라갔다.

그가 조선일보나 중앙일보와 아무런 차별성이 없는 '조중동'의 하나, 그것도 맨 끝자락에 놓일 만큼 전락한 배경에는 역설이지만 사주의 권력이 자리 잡고 있다. 3세 경영자 김병관이 사장으로 취임한 1989년부터 2008년까지 '언론 명가'로서 동아일보는 마치 '뜨거운 물속의 개구리'처럼 침몰해갔다.

눈여겨 볼 지점은 그 과정에서 김병관이 맺은 혼맥이다. 김병관의 장남은 이한동의 사위다. 이한동은 전두환의 측근으로 정치를 시작해 1980년대 이후 줄곧 정관계 고위직을 옮겨 다니며 김대중 정부 시절에도 자민련 몫으로 국무총리를 지냈다.

언론노조 위원장을 역임하며 신문사 사주들의 혼맥을 파헤쳐온 신학림은 "조중동의 무소불위한 힘의 원천과 배경"을 "권력power과 영향력influence을 독점한 네트워크network"에서 찾았다. 대한민국이 헌법상으로는 3권 분립을 표방하고 있지만 "이미 입법, 사법, 행정에 종사하는 고위층들, 즉 상당수 국회의원, 대통령, 장관, 고위관료, 검사, 판사, 변호사 등이 혼맥으로 밀접하게 얽혀" 위험 수준을 넘어섰다는 경고는 예사롭지 않다. 신학림은 김병관이 2008년에 세상을 뜨고 4세 경영에 나선 김재호의 장인이 이명박 후보 시절 선거고문이던 이한동이라는 사실을 중시했다. 다음은 신학림이 서술한 동아일보 사주 김재호의 혼맥이다.

김재호 사장의 증조부가 동아를 설립한 인촌 김성수(1891~1955) 부통령이다. 김 사장의 장인은 이한동(1934년생) 전 국무총리이고 손윗동서가 허태수(1957년생) GS홈쇼핑 대표이사 사장이다. 허 사장의 큰형이 허창수 전경련 회장이자 GS그룹 회장이다.

허창수 전경련 회장이 최근 이명박 대통령의 대 재벌 감정을 모르지 않을 텐데 정부의 경제정책에 대해 보기에 따라서는 노골적인 불만을 터뜨리는 배짱(?)도 그냥 생기는 것이 아니다. 그들이 가지고 있는 부와 혼맥(네트워크)을 보면 정치권력을 두려워할 이유가 전혀 없어 보인다.

허창수 전경련 회장의 사돈이 바로 김앤장 법률사무소의 김영무 대표 변호사다. 김영무 대표의 장남 김현주(1972년생)씨가 바로 허창

동아 평전

수 회장의 사위다. 김영무 대표의 장녀 김선희(1974년생) 씨의 남편이 정몽구 현대기아차그룹 회장의 둘째동생 정몽우(1945~1990) 전 현대알루미늄 대표의 차남 정문선 비앤지스틸 상무다. 노현정 전 KBS 아나운서가 김선희 씨의 아랫동서다. 손윗동서는 구자엽(1950년생) LS산전 회장의 장녀 구은희(1976년생) 씨다. 구자엽 회장의 부친이 구태회(1923년생) 전 국회 부의장이고 큰아버지가 구인회(1907~1969) LG그룹 창업주다.

마흔네 살에 동아일보 사주가 된 김재호의 혼맥이 전경련 회장을 역임한 대기업 회장과도 촘촘히 이어져 있음을 발견할 수 있다. 더구나 2000년에는 동아일보사의 혼맥에 더 큰 변동이 생긴다. 김병관의 차남 김재열이 이건희 삼성전자 회장의 사위가 됨으로써 김성수 가문과 삼성의 이병철 가문이 사돈 관계가 되었다.

톺아보면 김성수 자신이 호남의 최대 지주 집안 출신으로 경성방직을 창업한 기업인이었다. 근현대사를 거치며 김성수의 후손들은 대기업(돈), 권력(영향력), 사립대학(명예)을 한 손에 거머쥔 핵심 주류세력이 됐다. 어쩌면 그들에게 '대한민국 대표권위지'의 몰락은 부차적인 문제일 수 있다. 기자들만큼 아프지도 않을 성싶다,

김병관과 이건희가 혼맥으로 이어진 2000년 이후 그의 지면은 자본에 한결 우호적으로 변했다. 삼성을 재벌로 규정하고 비판적인 보도와 논평을 종종 내보냈던 시절은 말 그대로 '희미한 옛 추억'이 되었다.

2000년대 초기에 김병관은 국무총리와 삼성그룹 회장을 사돈으로 둔 사주였다. 고려대 이사장까지 겸하고 있던 김병관은 사돈인

이건희에게 명예철학박사 학위를 수여하겠다고 나섰다. 그런데 2005년 5월 2일 오후 5시로 예정된 학위수여식이 뜻밖의 상황을 맞았다. 수여식이 열릴 인촌기념관 앞에서 고대 총학생회와 '다함께' 대학생 100여 명이 오후 3시 30분부터 시위에 나선 것이다. 대학생들은 "노동운동 탄압하는 삼성 회장에 철학 박사가 웬 말이냐"고 외쳤다. 이건희는 예정 시간보다 20분 늦은 오후 5시 20분 식장에 도착했지만 대학생들이 입장을 막았다. 어윤대 총장과 고려대 관계자들, 수행원들의 보호를 받으며 행사장에 가까스로 들어갔다. 학교 쪽은 시위학생 일부가 식장으로 들어오려고 하자 인촌기념관 정문 셔터를 내려 학생들을 차단했다. 시위가 계속되자 김병관 이사장과 어윤대 총장은 이건희 회장을 재단 이사장실로 안내해 학위수여식을 진행했다.

김병관 이사장은 축사를 통해 삼성이 400억 원을 기부해 고려대 100주년을 기념해 삼성관을 지었다고 강조했다. 김병관은 반대하는 학생들을 의식한 듯 "고려대가 이건희 회장에게 박사학위를 수여하게 된 것은 영광"이라며 "이 회장에게 박사학위를 수여한 사실은 고려대의 새 역사 속에 중요한 기록으로 남게 될 것"이라고 주장했다.

그로부터 일주일 뒤다. 5월 10일자 신문 2면에 동아일보는 느닷없이 "삼성의 조직문화 들여다보니" 제목의 기사를 부각해 편집했다. 삽화까지 곁들인 기사는 삼성의 조직문화를 찬양하면서 여섯 가지를 표제로 구성했다. 그 첫 번째가 "도덕성 먼저 본다"이다. 기사는 "글로벌 기업 삼성그룹에서는 부하의 공을 가로채거나 회사에서 '우월적 지위'를 이용해 부하직원을 괴롭히는 임직원은 견뎌

내기 어렵다. 이건희 회장은 임원 발탁 시 업무 성과와 윤리성이 부딪칠 때는 후자에 더 비중을 둔다고 한다"면서 작은 표제 "비도덕성은 공공의 적" 아래 다음과 같이 썼다.

> 삼성 구조조정본부 감사팀은 최근 한 간부사원의 사내 불륜 사실을 제보 받고 은밀하게 뒷조사를 시작했다. 신용카드 지출 및 휴대전화 사용 내용, 사내 전자통신망까지 샅샅이 뒤져 증거를 잡아내 '자백'을 받았다. 결국 이 간부는 '자의반 타의반'으로 사표를 제출했다. 삼성 구조조정본부의 감사팀은 계열사 임직원들에게 '저승사자'로 불린다.

사주의 사돈 이건희의 '학위수여식 소란'을 의식한 '서비스'였는지는 모르겠지만 이 또한 동아일보의 저널리즘 수준을 극명하게 보여준 보도가 아닐 수 없다. 삼성 구조조정본부의 '저승사자' 행보가 과연 도덕성의 증거일까 자문해보면 그 답이 자명하다. 기사에 네티즌들이 보인 반응만 보더라도 분명하다. 기사를 서비스한 포털사이트에서는 비판 댓글이 줄을 이었다. 인터넷신문 프레시안이 이를 기사화하며 소개한 대표적인 댓글 두 개만 보자.

> "통화내역 및 통신망까지 개인의 것을 뒤진 것은 지탄받을 대상입니다. 인권을 무시한 불법적 처사입니다. 개인의 외도는 업무에 영향을 미치지 않는 한 가정의 문제이지 그걸 밝혀내서 가정 파탄으로 이끄는게 온정의 문화인가요?" (네이버, 아이디 : lifedoom)
> "삼성 구조조정본부가 정부냐? 감사팀이 검찰이고? 어떻게 남의

카드사용 내역하고 핸드폰 통신내역을 뽑아 볼 수 있지? 사내 메일
이야 사내 지적자산이라 쳐도... 금융정보와 통신정보는 법으로 금
지하고 있는 거 모르는가…진정 삼성공화국이로고…" (네이버, 아이디
: bumguy)

참으로 기사대로라면 중대한 문제가 아닐 수 없다. 자본이 노동
인들을 대상으로 신용카드 지출 및 휴대전화 사용 내용에 대한 뒷
조사는 물론, 사내 전자통신망까지 뒤지고 있기 때문이다. 더 큰 문
제는 비판적 보도는커녕 기업 내부에서 버젓이 저질러지고 있는
불법적인 인권 유린을 일러 '도덕적 문화'의 증거로 찬양하는 기사
가 그의 지면에 돋보이게 편집되었다는 사실이다.

이건희에게 학위수여를 반대한 고려대 총학생회장 유병문은 미
디어오늘과의 인터뷰(2005년 5월 9일)에서 "우리가 토론해야 할 부분
은 이건희 회장이 명예철학박사 학위를 받는 게 맞는지, 틀리는지
에 관한 것이 돼야 하는데 언론은 몸싸움은 옳지 않다는 것만 부각
시켜 보도했다"며 언론의 보도태도를 비판했다. 더구나 유 회장은
"충돌이 발생한 것은 유감이지만 원래부터 계획했던 것은 아니고
우발적으로 일어난 상황"이라며 "그렇게 심한 것도 아니고 가벼운
몸싸움 정도였다"고 말했다. 동아일보의 의제 설정이 엉뚱한 방향
으로 이뤄지면서 정작 짚어야 할 문제가 실종된 셈이다. "당연히 보
장해야 할 노동조합 결성 권리를 방해하는 행위는 세계적인 기업
으로서 부끄러운 모습"이라는 대학생들의 목소리는 지면에 부각되
지 않았다.

전국언론노동조합연맹의 민주언론실천위원회는 언론 감시 보고

서에서 "항상 정론직필, 사회를 밝힌다, 민주주의 지지, 젊고 강한 등을 표방하면서 매일 발행되는 신문들이 결국 삼성이라는 '자본' 앞에서 힘없이 무너져 버렸"다며 "삼성에 엎드린 보도에 깊이 사과" 했다. 보고서가 강조했듯이 그를 비롯한 한국 저널리즘은 "그 동안 삼성의 무노조 경영 속에서 희생된 수많은 노동자들의 목소리가 분명하고 명확히 들려왔음에도 강도 높게 비판하지 못했던 사례를 되풀이"하고 말았다.

비단 삼성만이 아니다. 자본의 논리에 편향된 동아일보의 보도와 논평은 신자유주의를 개혁 이념이나 바람직한 가치로 추켜세우기에 이르렀다. 대표적인 사례들을 살펴보자.

동아일보는 2008년 3월 서울대 교수의 "유권자 두려워하지 않는 오만"(3월 21일) 제목의 칼럼을 실었다. 칼럼은 "요즘 한국 정치를 보며 묘하게도 일본의 고이즈미 준이치로 전 총리를 떠올린다"면서 "자신이 추진한 신자유주의 개혁이 국민의 희생을 요구한다는 것을 알면서도 '고통 없는 성장은 없다'며 국민을 설득해 나갔다"는 것이다. 신자유주의를 '개혁', 더 나아가 '기득권 구조' 타파와 연결짓고 있다. 독자들은 신자유주의를 참 좋은 정책으로 받아들이기 십상이다.

논설위원이 쓴 '대문호 연암' 제하의 칼럼(2007년 7월 25일자)은 연암 박지원의 '허생전'을 소개한다. "남산골에 사는 허생은 변 씨한테서 빌린 금 10만 냥으로 장사를 해 거금을 모은다. 그는 이 돈을 백성에게 다 나눠 주고 20만 냥을 변 씨에게 갚은 뒤 변 씨 등과 함께 경세치국을 논한다"고 내용을 간추린 데 이어 "오늘날의 용어로 '매점매석'인 허생의 치부술과 부국이민의 근대 경제관에 무릎을

칠 수밖에 없다"고 썼다. 칼럼을 쓴 논설위원은 바로 다음에 연암을 "우리나라 최초의 신자유주의자라고 하면 과한 표현일까?"라고 묻는다. 아무리 논평에 주관적 시각이 개입한다고 치더라도 당시 지배체제를 신랄하게 비판한 실학자 박지원을 '우리나라 최초의 신자유주의자'로 언급하는 것은 "과한 표현"을 넘어 역사적 맥락과 전혀 동떨어진 억측에 지나지 않는다. 무엇보다 독자들에게 신자유주의에 호감을 갖게 할 수 있다.

　두루 알다시피 신자유주의는 전후 자본주의를 이끌어온 미국 중심의 세계 시장에 변화가 일어나면서 등장했다. 전쟁으로 생산 시설이 거의 파괴되었던 독일과 프랑스, 일본이 세계 시장에서 다시 경쟁력을 확보하자 미국과 영국 자본의 이윤율이 시나브로 낮아져 갔다.

　그러자 복지 정책이 '경제 침체'를 불러왔다는 담론이 영국과 미국에서 나타났다. 신자유주의자들은 시장과 자본의 논리에 국가가 인위적으로 개입해 온 탓에 경제적 위기—실은 자본의 이윤율 하락—를 맞았다고 주장하며 모든 걸 '자유 시장'에 맡기자고 목소리 높였다. 영국 대처 정부와 미국 레이건 정부는 경제 위기를 명분으로 모든 걸 자본의 자유, 시장의 자유에 맡겨야 경제가 살아난다는 주장을 국가정책으로 구현해갔다.

　미국 워싱턴시의 백악관 주변에 몰려 있는 미 재무부와 국제통화기금, 세계은행은 한 나라가 외환위기를 맞으면 기다렸다는 듯이 그것을 기회로 자본 시장 자유화, 외환 시장 개방, 관세 인하, 국가 기간산업 민영화, 외국 자본의 국내 우량 기업 합병·매수 허용,

정부 규제 축소를 강제했다. 1990년에 마련한 그 합의가 '워싱턴 컨센서스^{Washington Consensus}'이다.

대한민국에서 신자유주의의 기점을 언제로 설정할 것인가는 학자에 따라 다르다. 더러는 전두환 정부가 '공급 중심의 경제'를 적극 강조한 1980년대 초반까지 거슬러 올라간다. 하지만 아무래도 '신자유주의 시대'라 규정할 시점은 국제통화기금^{IMF}의 구제 금융을 받은 1997년 이후로 보는 게 타당하다.

동아일보를 비롯해 광고주인 자본의 이해관계를 대변하는 언론들은 신자유주의를 적극 여론화해갔다. 자본에 대한 탈규제, 법인세 감세, 초국적 기업들에 시장 전면 개방, 민영화라는 이름의 사영화, 노동 시장 유연화라는 미명 아래 비정규직과 해고의 일상화 그 다섯 가지가 신자유주의의 특성이다. 대다수 신문과 방송에서 글로벌 스탠더드는 곧 세계화이고, 세계화의 핵심은 신자유주의였다. 그 결과 우리 일상생활에서도 '신자유주의=세계화=글로벌 스탠더드'가 통용되어 왔다.

동아일보의 신자유주의 예찬은 다른 언론보다 더 나갔다. 이를테면 편집국 부국장이 2007년 대통령선거를 한 달 앞두고 "5년 뒤 우리 아이들이 살 나라"(2007년 11월 9일 35면) 제하에 쓴 칼럼을 보자.

다음 주 대학 수학능력시험을 보는 고3 학생들은 대한민국의 첫 초등학생이었다. 일제의 잔재라는 '국민' 대신 '초등'을 새로 붙인 교문을 들어서면서 희망찬 정규 교육을 시작했다. 그들이 지금은 **유별난 대통령의 평등교육 이념 때문에 첫 '죽음의 트라이앵글' 세대가 됐다.**

5년 뒤 이들이 맞을 나라가 이번 대선에 달려 있다. 각자가 원하는 세상은 가치관에 따라 다를지 모른다. 하지만 한가지는 분명하다. 아무리 드높은 이상을 품었더라도 일자리를 못 구해 방바닥만 긁을 형편이라면 마음의 평화는 없다는 사실이다. 세계화로 통합된 세상에서 일자리가 나올 수 있는 정책은 이미 세계적으로 통하고 있다. 대선주자들이 각자의 이념과 가치관, 수준에 따라 다양한 공약을 내놓는 건 자유다. 하지만 입은 비뚤어져도 말은 바로 하랬다. 집권욕에 남의 인생을 놓고 장난치면 벌 받는다…. **신자유주의를 공산주의보다 사악한 이데올로기로 몰아붙이는 것 역시 자유다. 그러나 탈규제, 민영화 없는 나라에 내외국인 투자는 일어나지 않는다.** 큰 정부든 작은 정부든 정부의 역할은 시장 주도에서 시장에 대한 친절한 지원으로 바뀐 지 오래다.

신자유주의와 공산주의를 비교해 반공주의 정서를 자극하는 논리 전개다. 신자유주의 아니면 공산주의라는 양자택일의 오류를 범하면서 신자유주의의 대안과 관련한 논의를 가로막는 논법이다.

흑백논리를 편 부국장의 소망대로 이명박 후보가 당선되었다. 하지만 대통령에 취임한 직후부터 '부자 내각'을 비롯한 편향 인사에 비판 여론이 거세게 일었다. 그러자 "개구리를 기억하세요" 제목의 글(2008년 2월 29일 31면)에서 이명박 정부를 적극 비호했다.

이명박 정부가 인사는 망쳤어도 정책 방향은 제대로 잡았다는 점에선 천만다행이다. 작은 정부, 큰 시장 등 새 정부가 추구하는 경제 정책은 1978년 덩샤오핑이, 1979년 마거릿 대처가, 1980년 로널

동아 평전

드 레이건이 앞장선 이래 세계적으로 성공이 확인된 정책이다. 신자유주의 정책이 빈부 차를 확대시켰을 뿐이라며 주체사상보다 사악하게 보는 사람들을 위해… 세계는 경쟁을 통해 개개인과 기업의 경쟁력을 키우고 있고, 파괴의 불안이 있기에 끊임없는 창조와 발전 역시 가능하다. 그래서 '창조적 파괴' 아니던가. 새 정부가 스마트하게 정책을 집행해 나가면 참 좋겠지만 안 그래도 다음 선거까진 어쩔 수 없다. 대통령 탓할 시간에 내 경쟁력부터 키우는 게 남는 장사다.

여기서도 신자유주의와 '주체사상'을 느닷없이 대비시킨다. 신자유주의에 대한 비판을 원천봉쇄한 데 이어 독자에게 대통령을 비판할 시간에 "내 경쟁력부터 키우는 게 남는 장사"라고 권한다. 저널리즘의 가치를 나름대로 지켜왔던 전통은 아예 흔적조차 보이지 않는다. 신자유주의 아니면 주체사상이라는 양자택일로 다른 선택지들을 원천적으로 배제하고 있다.

신자유주의에 대한 편집국의 신념은 특집 지면으로도 나타났다. 2008년 9월 1일, 그는 3면 전면을 털어 "신자유주의 70년… 세계경제 빛과 그늘은" 문패 아래 커다란 제목으로 "작은 정부 큰 시장 지향… 결국 세상을 바꿨다"를 달았다. 기사는 다음과 같이 시작한다.

신자유주의neoliberalism가 지난달 30일로 세상에 등장한 지 70년이 됐다. 신자유주의는 시간의 흐름에 따라 명멸하는 '학계의 조류潮流'에 그치지 않고 미국, 영국 등을 중심으로 현실 경제정책에 실제로 접목되면서 20세기 세계사를 바꾼 이론으로도 평가받는다.

독일 일간 프랑크푸르터 알게마이네 차이퉁은 이날 "프리드리히 하이에크와 그의 신자유주의 동료들은 처음에는 공산주의 창시자인 19세기의 카를 마르크스처럼 조롱을 받았지만 결국 세상을 변화시켰다"고 평가했다.

신자유주의는 1938년 8월 30일 프랑스 파리에서 결성된 '월터 리프먼 콜로키움'에서 출발했다. 당시 많은 국가가 대공황을 전후한 경제 혼란의 책임을 시장경제에 돌리고 계획경제로 향하면서, 자유주의는 수세에 몰린 상황이었다. 이 모임은 쇠퇴하던 자유주의의 이념을 되살리기 위한 것으로 그 이름을 전체주의 비판에 앞장선 미국 언론인 리프먼에게서 따왔다. 그때까지만 해도 유럽 학계에 잘 알려지지 않았던 오스트리아 출신의 자유주의 경제학자 프리드리히 하이에크가 그 모임에 참석했다.…

신자유주의에 대한 시각 차이는 얼마든지 가능할 수 있다. 그런데 동아일보가 자신만만하게 1938년까지 거슬러 올라가 '신자유주의 70년'이라는 특집을 내건 이념은 이미 그 시점에 미국의 서브프라임 모기지 사태로 적잖은 국내외 전문가들로부터 한계에 이르렀다는 지적을 받고 있었다.

그럼에도 실학자 연암 박지원이 '최초의 신자유주의자'라거나 '대통령 탓할 시간에 신자유주의에 맞춰 경쟁력 갖추는 게 살 길'이라고 부르대 온 그로서는 표면화하기 시작한 위기가 위기로 다가오지 않았을 게 틀림없다. 문제의 특집기사를 마저 읽어보자.

최근 들어 신자유주의에 대한 비판의 목소리가 나온다. 신자유주

동아 평전

의가 미국 주도 경제의 패권을 정당화하는 이론이라는 주장도 있다. 또 지난해 이후 미국에서도 서브프라임 모기지(비우량 주택담보대출) 사태 이후 신용경색이 확산되면서 규제를 강화해야 한다는 목소리도 커지고 있다. 그러나 신자유주의 이념이 개인의 자유가 경제의 기반이 돼야 한다는 인식을 확산시켜 시장에 비해 '능력이 떨어질 수밖에 없는' 정부의 개입을 최소화한 것은 두고두고 평가를 받을 대목이라는 일반적인 평가다.

동아일보는 문제의 기사와 맞물려 상자기사로 "신자유주의 산실 시카고학파는 노벨상 산실"이란 제목 아래 "역대 경제학상 수상 24명"을 부제로 부각했다. 기사는 "프리드먼이 기반을 닦은 시카고학파의 성공은 잇단 노벨상 수상이라는 성과로 이어졌다. 지난해까지 역대 노벨경제학상 수상자 61명 가운데 3분의 1이 넘는 24명이 시카고대학 경제학과 교수이거나 졸업생 등 인연을 맺은 사람"이라고 썼다. 이 특집 기사를 읽은 독자는 신자유주의의 '권위'를 감히 의심하기 어려울 듯하다.

그는 특집 기사에 이어 민경국(강원대 교수·경제학 한국하이에크소사이어티 회장)이 쓴 "세상을 바꾼 신자유주의" 제하의 시론을 편집했다 (2008년 9월 3일자). 민경국은 "20세기 역사를 통해 우리가 얻은 소중한 경험이 하나 있다. 세상을 바꾸는 것은 실용이 아니라 이념이고, 그래서 이념이 중요하다는 점"이라며 다음과 같이 썼다.

이를 입증하는 사례가 20세기 지독한 전체주의와 집단주의의 질곡에서 인류를 구원해 개인의 자유와 번영을 확립하는 세상을 만든 신자유주의이다.

교수 민경국은 이어 "얼마나 철저하게 확신과 신념을 갖고 신자유주의 이념과 시장경제 원칙을 따랐는가가 개혁의 성패를 좌우한다"면서 "신자유주의는 미국의 세계적 패권을 정당화하는 이론이라는 터무니없는 음모론에서부터 빈곤과 실업 등 모든 사회악을 야기하는 이데올로기라는 극단적인 지적 등 신자유주의에 대한 근거 없는 비판의 목소리도 다양하다"고 주장했다. 그는 마지막 문장에서도 신자유주의의 역사적 위업이 "정부의 개입은 될 수 있는 대로 줄여야 한다는 점을 또렷하게 보여줬다"고 강조했다.

하지만 '신자유주의＝세계화＝글로벌스탠더드'임을 확신한 동아일보가 종합면인 3면 전면에 걸쳐 나팔을 불어댄 바로 그 순간에 신자유주의 종주국 미국에서 신자유주의는 곪아터져 가고 있었다. 신자유주의 예찬 특집기사가 나온 바로 그 달에 미국의 금융 위기가 폭발한 것이다.

미국 금융위기 이전에도 신자유주의 문제점은 일방적인 예찬 보도가 뜬금없을 만큼 드러나고 있었다. 보수적 시사 주간지 〈타임〉의 보도(2008년 5월 26일)조차 2002~2006년 미국 소득 증가분의 75%가 최고 1% 부자들의 손에 들어간 사실을 우려할 정도였다. 신자유주의가 진행된 1980년대 이후 부자들은 미국 역사상 가장 많은 돈을 챙겨 상위 20%와 하위 20% 소득 차이가 빠르게 벌어졌다. 미국의 유력 신문들이 공공연하게 '두 개의 미국'을 거론할 정도로 양극화가 커진 것이다.

한국도 마찬가지였다. 외환위기 때 구제 금융의 조건으로 IMF가

제시한 신자유주의식 구조조정으로 비정규직 노동인의 비율이 가파르게 올라가고 부익부빈익빈이 늘어났으며 자살이 급증했다. 신자유주의는 가장 냉혹한 자본주의 논리의 부활이라는 사실이 확연히 드러나고 있었음에도 과도한 예찬에 골몰한 셈이다.

노골적인 자본 편향은 마침내 노동현장에서 성토의 대상이 되기도 했다. 그는 2009년 3월 20일자 4면에 통단 제목으로 전면에 걸쳐 "정치파업-잇단 비리에 신물… 노동운동 '제3의 길' 모색" 제하의 기사에서 민주노총의 위기를 다루며 다음과 같이 썼다.

> 한국노총과 민주노총으로 양분된 국내 노동계의 판도가 뿌리째 흔들리고 있다. 18일 울산의 폐기물 처리업체인 NCC의 민주노총 탈퇴에 이어 19일에는 민주노총 산하 화학섬유노조 영진약품지회가 민주노총에 공문을 보내 탈퇴를 공식 통보했다. 영진약품 홍승고 지회장은 "노동현장의 어려운 사정은 모르고 원칙과 지침만 내세우는 민주노총과 더는 함께할 수 없다"고 말했다. 서울지하철 등 공기업과 공무원 노조를 중심으로 새로운 노동조합총연맹(제3노총)이 세워지면 한국노동조합총연맹(한국노총)과 전국민주노동조합총연맹(민주노총) 소속 노조의 이탈 움직임은 가속화될 것으로 전망된다.
>
> 제3노총은 한국노총과 민주노총을 모두 거부한다. 민주노총이 지나치게 정치에 참여하고 과격한 투쟁, 비타협, 계파싸움 등을 일삼는 게 실제 근로자에게 필요한 노동운동은 아니라는 것이다. 최근 NCC, 영진약품 등 일부 노조가 경제위기로 조합원의 일자리 유지 차원에서 노사화합선언을 하자 민주노총은 징계 등의 조치로 압박을 가했다. NCC노조 김주석 위원장은 "노동 현장에선 해직에 대한

공포를 겪으며 경제위기를 돌파하기 위해 노사 상생을 고민하고 있다"며 "민주노총은 '정권과의 한판 싸움'만을 주장해 다른 길을 갈 수밖에 없다"고 말했다. 그렇다고 해서 민주노총을 리모델링해서 내부 혁신을 꾀할 수 있는 시기는 이미 지났다….

취재기자가 의도했든 아니든 명백히 노동운동의 분열을 부추기는 기사다. 기사를 읽는 독자들에게 민주노총 탈퇴가 잇따르고 있다는 '판단'을 주기 십상이다.

전국현장노동자회 의장 박유기는 일터에서 문제의 기사를 본 조합원들 사이에 오간 이야기를 인터넷에 올렸다.

> "박 전위원장님, 울산에 NCC노조라는 데가 어딨는 노조인기요? 이것 보소, NCC노조가 민주노총 탈퇴를 선언했다고 신문에 대문짝만하게 나왔다 아인기요."
>
> "아~ 예, NCC노조는 민주노총 화학섬유연맹 사업장인데, 조합원 35명이라고 합디다."
>
> "머라꼬요, 화섬연맹, 35명? 35명 조합원이 민주노총 탈퇴한다는데 이 신문에 와 이래 대문짝만하게 나왔능기요? 참, X팔."

박 의장은 "신문이나 방송에서 대대적으로 떠벌리는 '줄줄이 탈퇴'의 사례는 영진약품, NCC노조가 전부"라고 반박했다. 인천지하철은 탈퇴를 추진했으나 총회에서 부결되었다. 상급단체인 전국화섬노조는 성명을 통해 "노사화합 선언에 이은 민주노총 탈퇴로 파장을 일으켰던 영진약품노조와 NCC노조의 경우, 정권과 뉴라이트 관계자들이 압력을 넣거나 관련 행사에 참여했다"면서 "경제 위기의 책임을 전가하기 위해 노동자들에게 굴욕적인 선택을 강요하고 있다"고 주장했다.

박 의장은 "이명박 정권의 친자본, 친재벌 정책의 입법 과정에서 가장 걸림돌은 누구일까? 야당? 천만에 말씀이다. 직접적인 피해 당사자인 노동자들이 강력한 저항을 전사회적으로 벌이는 것일 것이다. 조직되지 못한 노동자들에 앞서 조직된 노동자가 최소한의 단결된 힘을 발휘하는 것 말이다. 민주노총은 우리가 마음에 들든 들지 않든 이렇게 조직 노동자들의 분명한 상징인 셈이다. 따라서 저들이 민주노총을 개떼처럼 달려들어 물어뜯는 것은 당연한 임무 (?)"라고 말했다.

그런데 당시 대통령 이명박이 제3노총 출범을 지시했고 이를 위해 국가정보원 특수활동비 1억 7천 700만 원이 들어간 사실이 드러났다. 이명박 정부 시절 국정원의 노조 와해 공작 의혹을 조사하던 검찰은 2018년 6월 노동부를 압수수색했다. 수사결과를 담은 공소장에 따르면 당시 이채필 고용노동부 장관은 '국민노총' 설립이 추진 중이던 2011년 2월 24일과 3월 21일 노동부를 출입하는 국정원 직원에게 "최근 대통령께서 민노총을 뛰어넘는 제3노총 출범을 지시하신 바 있다"며 "국민노총은 민노총 제압 등 새로운 노동질서 형성을 위해 반드시 필요하고 대통령께서도 관심을 갖고 계신 사업인데 홍보전문가 영입, 정책 연구, 활동비, 사무실 임차 등 총 4억 1천 400만원의 예산이 소요된다"며 재정 지원을 요구했다.

이 장관은 국민노총 설립이 이명박 대통령의 뜻임을 거듭 강조했다. "노동부의 노동계 지원 예산에서 전용하는 것을 검토했으나 한국노총·민노총의 강한 반발과 추후 어용 시비가 예상돼 포기했다"며 "국정원의 경우 대통령께서 국민노총 설립에 관심을 갖고 계신 데다 보안상 문제될 것도 전혀 없기 때문에 국정원에서 예산 사정이 허락된다면 3억 원을 지원해 달라"고 요구했다.

원세훈 국정원장은 같은 해 3월 11일 국정원 정보처장 회의에서 "민노총 와해를 서두르고 제3 노총 설립지원을 통해 중간지대를 확장시키면서 기존 민노총 등 종북좌파 세력의 입지 축소를 꾀해야 한다"며 국민노총 설립지원에 특활비를 사용하라고 지시했다. 당시 노동부장관 정책보좌관이 정부 과천종합청사 주차장에서 국정원 특활비를 전달받았다. 2011년 4월부터 2012년 3월까지 11회에 걸쳐 국민노총 설립자금으로 1억 7천 700만원이 지원됐다.

검찰은 원세훈 전 원장과 이채필 전 장관, 이동걸 전 장관 정책보좌관 등 5명을 특정범죄 가중처벌 등에 관한 법률(특정범죄가중법)상 국고 등 손실 혐의로 불구속 기소했다.

동아일보의 '제3 노총' 기사와 이명박 정부의 국정원 특활비는 약간의 시차가 있다. 하지만 문제의 기사 또한 이명박 정부가 들어선 뒤 나왔다.

'민주노총 죽이기'와 함께 삼성에 친화적 보도와 논평도 이어졌다. 2010년 2월 5일, 삼성그룹이 23년 전에 죽은 이병철의 100번째 생일을 기념한다며 서울 호암아트홀에서 대대적 행사를 열었을 때다. 동아일보는 '이병철 탄신 100주년 기념식' 홍보에 팔 걷고 나섰다. 행사 보름 전인 1월 21일에 "내달 12일 호암 이병철 탄생 100주년… 삼성, 대대적 기념행사 마련" 기사를 내보냈다. 다시 2월 1

일에는 "호암 탄생 100년… 삼성 공채 1기가 말하는 이병철" 기사를 2면에 편집했다.

호암 이병철 삼성그룹 창업주(사진)는 어떤 사람이었을까. 1957년 삼성은 국내 기업 사상 처음으로 공개채용 방식을 통해 27명을 뽑았다. 삼성 공채 1기인 손상모 전 삼성물산 사장을 만나 가까이에서 본 호암의 면모에 대해 들어봤다. 호암이 1938년 당시 자본금 3만 원으로 설립한 삼성상회는 호암 탄생 100주년을 맞은 올해 기업가치가 총 200조 원이 넘는 규모의 대기업군으로 성장했다.

이어 관련 기사도 경제섹션에 편집했다. "호암, 아랫사람 전적으로 신뢰… 결재 직접 안해" 제목의 기사에선 이병철이 '내가 사업을 시작한 뒤 한 번도 결재를 해본 적이 없다'며 자기 과시삼아 던진 말을 그대로 담았다. "그만큼 사람을 믿고 일을 맡긴다는 것"이 기사의 핵심이지만, 보기에 따라서는 책임질 일은 하지 않는 리더십으로 읽힐 수 있다.

다음 날(2월 6일)에는 "싸우면 경제도약 절대 못해" 제목으로 이건희의 말을 기사화했고, 8일에는 '단독'이라는 이름을 붙여 "호암 탄생 100돌 행사장의 패션 코드는…"을 보도했다. 11일에는 "기술 지배하는 자가 세계 지배…정상 올랐을 때 변신 모색하라" 제목 아래 "호암 탄생 100주년인 12일을 맞아 호암의 경영철학을 그가 남긴 말들에서 되새겨 봤다"며 기사화했다.

삼성과 이병철에 대한 동아일보의 찬가에는 '사카린 밀수' 사건이나 '무노조 경영'에 대한 문제의식이 전혀 보이지 않는다. 적어도 기업인 이병철을 객관적으로 평가하려면, 대량 밀수를 저질러 대한민국에 큰 물의를 빚은 사건을 외면할 수 없다는 상식은 그의 지면에서 찾을 수 없다. 이병철의 잘잘못을 있는 그대로 새겨야 함에도 '큰 인물'이요 '역사적 인물'이요, '영웅'이라고 부추기는 신문이 과연 얼마나 저널리즘의 본령인 진실에 충실한가를 냉철하게 짚어볼 필요가 있다. 그나마 사카린 밀수 사건 때는 이병철이 기업 경영에서 손을 떼는—물론 소나기는 피하고 보려는 의도였고 실제로 잠깐 물러나 있었지만—책임을 졌다. 하지만 무노조 경영은 '경영 철학'으로 칭송받았다.

언론은 삼성의 '무노조 경영'을 어쩌다 언급하더라도 독특한 경영 문화 정도로 보도해왔다. 하지만 그것은 헌법과 노동법에 보장된 노동기본권에 대한 중대한 침해이다. 미디어가 단순히 현실을 재생산하는 것이 아니라 의미화 작업을 수행함으로써 '사회현실의 규정자' 구실을 한다는 점에서 어떤 현상을 '무노조 경영'으로 보도하는 것과 '전투적 노동통제'로 규정하는 것은 큰 차이가 있다.

보수와 진보를 떠나 삼성의 무노조 경영은 헌법에 보장된 기본권을 유린한다는 점에서 전투적 노동통제라고 명명해야 옳은 말이다. 삼성그룹의 무노조경영 이면에는 회유와 해고, 심지어 납치까지 서슴지 않는 극렬한 노동통제가 똬리 틀고 있었다. 그를 비롯한 언론이 보도에 소홀했을 따름이다.

무노조 경영에 대한 동아일보의 문제의식 부재는 엉뚱한 의제 설정으로 이어졌다. 가령 삼성경제연구소는 김대중 정부 시절인 2001년에 '강소국론'을 제기한 바 있다. 그룹 차원을 넘어서서 국가적 의제를 설정하겠다는 삼성경제연구소의 의지가 드러나는 대목이다. 강소국론은 "우리나라는 네덜란드, 핀란드, 스위스 등 이른바 작지만 강한 나라의 발전 모델을 따라 첨단기업 육성 등 선택과 집중 전략을 펴야 한다"고 주장했다. 연구소는 강소국론을 담은 보고서 발표와 함께 여러 언론 매체의 현지 취재 후원을 통해 강소국론을 대대적으로 확산시켰다.

그러나 강소국론으로 예를 든 나라들과 한국 사이에는 결정적 차이가 있다. 노동조합이 강력한 힘을 지녔거나 복지국가라는 사실이다. 그 말은 무노조 경영이라는 전투적 노사관계를 고집하는 삼성그룹이 있는 한 '강소국 담론'은 무의미하다는 뜻이다.

삼성의 무노조 경영과 관련된 또 다른 왜곡은 한국의 노동운동이 강성이고 전투적이라는 보도와 논평이다. 과연 그럴까. 노조조직률이 민주노총과 한국노총 모두 합쳐보아야 겨우 12%선인 한국의 노동운동은 전혀 강력하지 못하다. 더구나 노동운동이 지지하는 정당이 집권은커녕 원내교섭단체도 확보한 경험이 없다. 오히려 전투적인 것은 헌법적 권리인 노동기본권을 아예 부정하는 경영을 내놓고 '실천'해온 삼성그룹이다.

노동운동에 대한 언론의 마녀사냥은 그대로 삼성의 전투적 경영 방침과 일치한다. 그 과정에서 기본적인 사실 관계 왜곡도 서슴지 않았다. 대표적 사례가 2003년 11월 26일자 그의 지면에 실린 제프리 존스 주한 미상공회의소 명예회장 보도다. 미국 상공인의 입을 빌려 마치 우리나라에 정리해고제가 도입돼 있지 않은 것처럼 사실을 왜곡했다. 기사를 살펴보면 단순한 '따옴표 저널리즘'의 문제로 보기 어렵다.

제프리 존스 주한 미상공회의소 명예회장은 25일 "노조의 파업이라는 수단에 한국 경영자들은 대응할 방법이 없다"면서 "노사 문제의 진정한 해결을 위해서는 정리해고제가 도입돼야 한다"고 주장했다. 존스씨는 이날 서울 롯데호텔에서 신한은행이 주최한 조찬강연에서 이같이 말하고 "정리해고제 도입은 비정규직 문제를 해결할 수 있는 방법인 동시에 외국인의 한국 내 투자도 다시 촉발시킬 수 있는 계기가 될 것"이라고 강조했다. 그는 "한국 경제는 수출시장의 회복에 비해 내수가 부진한 상황"이라고 진단하고 그 이유로 정치적 혼란과 북한 문제, 노사관계, 그리고 투명성과 법 준수가 결여된 문화의 네 가지를 지적했다.

한국에 머무는 미국 상공인이 "한국의 경영자들은 노조 파업에 대응할 방법이 없다"고 던진 말을 그대로 담은 기사다. 노동조합을 겨냥한 엄청난 규모의 손해배상소송과 가압류에 더해 무시로 자행된 정리해고가 제프리 존스의 눈에는 보이지 않았다. 더 큰 문제는 기자의 눈도 감겼다는 사실이다.

딴은 그를 비롯해 조선일보와 중앙일보가 노사관계 보도에서 일방적으로 노동인들을 비난한 것은 어제오늘의 일이 아니다. 보도와 논평을 보면 동아일보가 과연 노조의 존재 의미를 이해하고 있는지조차 의심스러운 대목이 많다. 삼성의 전투적 경영과 노사관계에 대한 전투적 편집은 닮은꼴이다.

죽은 삼성 창업자의 100회 생일까지도 알뜰히 챙기는 언론 보도는 숱한 비극을 낳았다. 가령 삼성전자서비스가 노조를 설립한 에어컨 수리 기사들의 일감을 빼돌리던 2013년에 서른두 살의 에어

컨 수리기사 최종범이 유서를 남기고 스스로 목숨을 끊었다.

저 최종범이 그 동안 삼성서비스 다니며 너무 힘들었어요. 배고 파 못 살았고 다들 너무 힘들어서 옆에서 보는 것도 힘들었어요. 그 래서 전 전태일님처럼 그러진 못해도 전 선택했어요. 부디 도움이 되길 바라겠습니다.

세계적 기업인 삼성의 이름 아래 일하던 수리기사가 "배고파서 못 살겠다"는 유서를 남긴 사실은 충격적이다. 그로부터 겨우 6달 이 지났을 때 노동조합 지역 분회장을 맡고 있던 서른네 살 염호석 도 목숨을 끊었다. 강원도 정동진 언덕에 주차한 차 안에서 소주와 타다만 번개탄, 유서와 함께 시신으로 발견됐다. 삼성전자서비스 노조에 남긴 유서부터 읽어보자.

삼성서비스지회 여러분께. 저는 지금 정동진에 있습니다. 해가 뜨 는 곳이기도 하죠. 이곳을 선택한 이유는 우리 지회가 빛을 잃지 않 고 내일도 뜨는 해처럼 이 싸움 꼭 승리하리라 생각해서입니다. 저 를 친동생처럼 걱정해주고 아껴주신 부양지부 여러분 또 전국의 동 지 여러분께 감사드립니다. 아무것도 아닌 제가 여러분 곁에 있었던 것만으로도 기쁨이었습니다. 더 이상 누구의 희생도 아픔도 보질 못 하겠으며 조합원들의 힘든 모습도 보지 못하겠기에 절 바칩니다. 저 하나로 인해 지회의 승리를 기원합니다. 저의 시신을 찾게 되면 우 리 지회가 승리할 때까지 안치해 주십시오. 지회가 승리하는 그날 화장하여 이곳에 뿌려주세요. 마지막으로 저희 ○○○ 조합원의 아버지가 아직 병원에 계십니다. 병원비가 산더미처럼 쌓여 있습니다. 협상이 완료되면 꼭 병원비 마련 부탁드립니다. 저는 언제나 여러분 곁에 있겠습니다. 승리의 그 날까지 투쟁! 양산분회 분회장 염호석.

부모에게도 유서를 남겼다. 노동조합 분회장은 "항상 아버지, 어머니께 자랑스런 아들이 되고팠는데 평생 속만 썩이고 또 이렇게 두 분 가슴에 못을 박습니다. 아버지 아들 어려운 결정을 내리지만 결코 나쁜 행동은 아닙니다. 저의 희생으로 인해 대한민국의 노동자들이 더 좋아진다면 더 나은 삶을 살 수 있다면 이 선택이 맞다 생각합니다"라며 용서를 구했다. "두 분을 사랑하는 아들 석이가"로 마침표를 찍은 유서를 읽은 부모의 심경은 어땠을까.

고 염호석은 노조 활동을 했다는 이유로 수리 일감을 뺏겨 자살 당시 한 달 소득이 41만원이었다. 노조원들이 분회장의 자살에 자극받아 노동조합을 중심으로 단결할까봐 삼성은 유족에게 거액의 돈을 건네며 서둘러 '가족장'으로 장례를 치르라고 종용했다.

삼성이 고인의 아버지로부터 가족장 약속을 받아내자 경찰은 곧장 빈소가 차려진 장례식장에 몰려가 조합원들의 항의도 아랑곳없이 시신을 빼돌렸다. 한국을 대표하는 브랜드에서 일어난 야만이라고는 도저히 믿기 어려운 일들이었다. 그럼에도 삼성으로부터 각각 연간 수백억 원의 광고를 받는 언론사들은 짐짓 모르쇠를 놓거나 축소 보도했다. 삼성의 사돈인 그가 고 최종범과 염호석의 '항의 자살'을 어떻게 보도했는지 스스로 돌아볼 일이다.

두 노동인이 하나뿐인 목숨을 던졌음에도 삼성의 '무노조 경영'은 6년이 더 지나서야 법의 심판을 받았다. 그나마 노동조합은 물

동아 평전

론 사회운동 단체들이 곰비임비 힘을 모은 결과다.

물론, 모든 책임을 언론에 돌리는 것은 옳지 않을 터다. 비상식적일뿐더러 명백한 위헌인 무노조 경영이 삼성에서 그토록 오래 지속될 수 있었던 배경에는 자살이 잇따랐음에도 분노하지 않았던 대다수 사회구성원들의 둔감도 작용했다. 하지만 다름 아닌 언론이 그 둔감의 뿌리였다. 삼성과 사돈이 된 이후 찬가만 읊어온 동아일보가 성찰해야 할 지점이다.

2019년 12월이 되어서야 사법부는 삼성의 노동조합 와해 공작에 가담한 전·현직 고위 임원들에게 실형을 선고하고 법정 구속했다. 이재용의 최측근으로 꼽히는 이상훈 삼성전자 이사회 의장과 노동 통제 전략을 세우고 실행한 미래전략실(미전실) 소속의 강경훈 부사장 모두 징역 1년 6개월씩 선고받았다. 삼성전자 전무, 삼성전자서비스의 대표와 전무는 각각 징역 1년, 1년 6개월, 1년 2개월을 받았다. 외부에서 삼성그룹 노조 와해에 가담한 전직 정보경찰과 노무사도 징역형을 선고받았다.

삼성전자서비스에서 일어난 조직적인 노조 와해 행위에 2013년 검찰이 수사를 시작하고 6년 만에 나온 법원 판단이다. 삼성에서 이사회 의장까지 올라간 경영인이 '노동조합 와해공작'에 연루되어 징역형을 받은 것은 부끄러운 일이다. 기업의 사회적 책임에 대한 국제 표준(ISO26000)에 비춰보기도 몹시 민망한 일이다. 삼성은 '삼성전자·삼성물산' 명의로 다음과 같은 '입장문'을 냈다.

노사 문제로 인해 많은 분들께 걱정과 실망을 끼쳐 드려 대단히 죄송합니다. 다시는 이런 일이 발생하지 않도록 하겠습니다. 과거

회사 내에서 노조를 바라보는 시각과 인식이 국민의 눈높이와 사회의 기대에 미치지 못했음을 겸허히 받아들입니다. 앞으로는 임직원 존중의 정신을 바탕으로 미래지향적이고 건강한 노사문화를 정립해 나가겠습니다.

2020년 5월 6일 이재용 삼성전자 부회장도 대국민 사과문을 발표하며 "제 아이들에게 회사 경영권을 물려주지 않을 생각"이고 이제 더 이상 삼성에서는 '무노조 경영'이라는 말이 나오지 않도록 하겠다고 약속했다.

하지만 이재용 또한 재판을 앞두고 있던 상황이었기에 그 약속이 얼마나 진정성 있는지 의문을 제기하는 사람이 적지 않다. 그것이 실현될지 여부는 동아일보를 비롯한 언론의 '권력 감시'가 얼마나 온전히 작동하는지에 달려 있다.

과거 언론 자유를 억압하고 탄압했던 정치권력 아래서 민중이 고통 받았듯이 경제 권력인 자본이 언론 자유를 위협하는 21세 한국 사회에서 대다수 민중은 부익부빈익빈으로 고통받고 있다.

결국 권력—정치권력은 물론 경제 권력—에 맞서 국민 대다수인 민중의 언론 자유를 구현하는 일은 여전히 우리 앞에 미완의 숙제로 남아 있다. 한국 민주주의가 성숙하기 위해서도 언론 민주화는 시대적 과제다. 자유언론의 기나긴 투쟁을 멈추어서는 안 되고 멈출 수도 없는 이유가 바로 여기 있다.

기실 자본의 언론 통제는 한국 자본주의가 뿌리내려 가며 일어나는 자연스런 현상이었다. 자본주의 사회에서 권력의 원천은 자본에 있기 때문이다. 일찍이 1995년에 학술단체협의회는 연합심포지엄을 열고 군부의 폭압적 정치권력이 지배했던 시대와 달리 1990년대 이후의 지배구조를 재벌과 언론으로 규정했다. '문민정부'를 내세운 김영삼 정부의 등장 이후 자본은 산업과 금융의 경제 영역을 넘어 의회와 정당, 행정 관료와 검찰 등 국가기구, 문화와 예술, 학술과 스포츠에 이르기까지 우리 사회 모든 부문에 걸쳐 지배력을 강화했다. 언론 또한 예외는 아니다. 다만 언론 스스로 적극 가담해 자본권력과 유착함으로써 '언론권력'으로 행세했을 따름이다.

그와 조선일보, 중앙일보는 제호만 가리면 어떤 신문인지 알 수 없을 만큼 어금버금하다는 조롱이 듬뿍 담긴 '조중동'이라는 신조어에 많은 한국인들이 공감한데는 그만한 이유가 있다.

동아일보의 3세 사주 김병관의 무능한 권력에 더해 사돈 이건희의 막강한 영향력이 1990년대와 2000년대에 걸쳐 기자들의 꼭뒤를 누르며 신문의 몰락을 불러왔다면, 그 사주에 이어 사돈까지 세상을 뜬 2020년대는 최소한 그 굴레에서 벗어나야 옳지 않을까.

10

청년의 꿈,
민주주의

청년의 꿈. 2020년 창간 100돌을 맞은 그가 기념사설에서 힘주어 강조한 말이다. 사설 제목 그대로 '100년 전 청년의 꿈으로 다시 젊은 100년 열어가겠다'는 다짐은 사뭇 신선했다. 사설은 100년 전 창간의 주역이었던 청년들을 생각한다며 "창립자이자 발기인 대표였던 인촌 김성수는 당시 29세"였음을 부각했다. 인촌과 함께한 창간의 주역들 모두 신학문을 배운 청년들이었다는 것이다.

사설은 이어 100년 전부터 동아가 "진정한 민주주의"를 추구해왔다고 단언했다. 다만 그 '진정한 민주주의'의 함의가 무엇인가를 서술하지는 않았다. 창간 100돌 특집 1면 머리기사에서 동아일보가 염두에 둔 민주주의를 헤아려 볼 수는 있다. "청년 일자리가 민심입니다" 제하의 기사를 읽어보자.

현재 한국 사회가 가장 시급하게 해소해야 할 문제는 청년 일자리, 저출산과 인구 고령화로 나타났다. 동아일보 창간 100주년을 맞아 리서치앤리서치에 의뢰해 지난달 28, 29일 실시한 국민의식 여론조사에 따르면 '우리 사회가 가장 시급하게 해소해야 할 문제'로 청년 일자리(23.1%)가 1위였다. 이어 저출산과 인구 고령화(22.7%), 빈부 격차(20.0%)가 뒤를 이었다.

청년 일자리 문제 해결을 위한 가장 시급한 대책으로는 '기업 규제 완화를 통한 경제 활성화'라는 응답이 37.6%로 가장 많았다. 재

정지출 확대를 통한 공공 일자리 확대를 넘어 4차 산업혁명 대응을
위한 신산업 육성 등을 통해 지속 가능한 일자리를 창출해야 한다
는 요구가 커진 것. 향후 경제정책의 중점 방향으로 성장(54.7%)이
분배(42.8%)보다 11.9%포인트 높고, 경제 발전을 위한 정부의 중점
역할로 일자리 확충(29.6%)이 가장 많이 꼽힌 것도 같은 맥락으로
풀이된다.

다음 세대를 위해 '우리 사회가 추구해야 할 가장 중요한 가치'는
'공정사회'와 '경제성장'이라는 응답이 각각 30.2%로 같았다. 이어
분배와 복지 강화(16.9%), 국민 통합(12.5%)이 뒤를 이었다. '조국 사
태'를 거치며 분출한 사회 개혁에 대한 목소리가 여전한 가운데 **일
자리 부족 해소를 위한 경제성장을 요구**하는 목소리가 동시에 터져
나오고 있는 것으로 해석된다. 더 나은 대한민국 사회를 위한 언론
의 역할로는 **공정 보도(58.9%)를 꼽은 응답자가 가장 많았으며** 가짜
뉴스 확산 방지(18.3%), 권력 견제(8.6%)가 뒤를 이었다.

1면 머리기사에 이어 '국민의식 여론조사'를 자세히 분석해 3면
전면에 실었다. "경제발전 정부 역할, 일자리 확충-규제 혁신-노
동시장 개혁順"이라고 통단 제목을 달았다.

기사는 "경제 발전을 위해 정부가 해야 할 1순위 역할로 '일자리
확충'이 꼽혔다"며 "규제를 혁파하고 노동시장을 개혁해야 한다는
의견이 뒤를 이었다"고 서술했다. 정책 운용 방향으로는 분배보다
성장에 무게를 둬야 한다는 시각이 많았으며, 청년 일자리 문제 해
결을 위한 가장 시급한 대책으로는 '기업 규제 완화를 통한 경제 활
성화'라는 응답이 37.6%로 가장 많았다고 강조했다.

결국 1면과 3면에 걸친 100돌 기념 특집기사를 통해 그가 의제로 설정한 것은 "청년 일자리 부족 해소를 위한 기업규제 완화"와 "분배보다 성장"이었다. 그런데 보도된 국민의식조사를 찬찬히 들여다보면 "청년 일자리가 민심"이라는 그의 100돌 기념 다짐의 허구성이 드러난다.

먼저 경제정책의 중점적 방향으로 분배보다 성장을 택한 국민들이 더 많았다는 기사를 짚어보자. 기사처럼 "분배보다 성장에 더 중점을 둬야 한다는 의견은 54.7%, 분배에 더 중점을 둬야 한다는 답변은 42.8%였다." 그런데 바로 다음 설명을 눈여겨보자.

성장에 중점을 둬야 한다는 의견은 60세 이상 연령층과 자영업자, 가정주부, 보수 이념층에서 높게 나타났다. 분배를 중요시하는 의견은 18~49세 연령층, 급여생활자, 학생, 진보 이념층에서 많이 나왔다.

국민의식 조사에서 18~49세 연령층과 학생들은 분배를 중요시했다는 것이다. 그렇다면 창간 100돌의 주제어를 '청년의 꿈'으로 잡고 1면 머리도 "청년 일자리가 민심"임을 부각한 그가 '청년들은 분배를 중시했다'는 분석 기사를 쓰거나 최소한 '분배보다 성장'이 민심이라는 식의 기사는 쓰지 말아야 옳지 않았을까.

청년 일자리 문제 해결방안도 마찬가지다. 응답자의 37.6%가 청년 일자리 문제를 해결하기 위한 가장 시급한 대책으로 '기업 규제 완화를 통한 경제 활성화'를 꼽았고, 벤처 및 신산업 육성(22.9%), 청년 채용 기업 지원 확대(22.3%), 청년 일자리 할당제 시행(9.7%) 순이었다. 이 조사를 놓고 동아일보는 "청년들이 희망하는 양질의 일자리 창출을 위해선 정부가 민간경제 활성화로 일자리를 늘려야 한다고 보는 국민이 가장 많은 셈"이라고 썼다. 과연 그렇게 분석해도 좋은가.

기사에 따르면 "20대 이하는 벤처 및 신산업 육성 지원(29.7%)이 가장 시급하다고 답했"다. 더구나 벤처 및 신산업 육성(22.9%)과 청년 채용기업 지원 확대(22.3%), 청년 일자리할당제 시행(9.7%)은 모두 국가의 지원정책이다. 54.9%에 이른다. 그럼에도 정부가 민간경제 활성화로 일자리를 늘려야 한다고 보는 국민이 가장 많았다고 기사를 써도 좋은가. 과연 '민간경제'가 벤처 및 신산업 육성이나 청년 채용기업 지원 확대, 청년 일자리 할당을 스스로 할 수 있는가.

동아일보는 또 "정부가 공공기관에서 시행 중인 청년 일자리 할당제 확대의 경우 9.7%가 가장 시급하다고 했고, 특히 20대 이하는 평균보다 낮은 8.4%만이 가장 시급하다고 했다. 정부는 각 공공기관이 매년 정원의 3% 이상을 34세 이하 청년들로 채용하도록 의무화하고 있지만 정작 당사자인 청년들은 일자리 할당제가 일자리 문제 해결에 중요하지 않다고 보고 있는 셈"이라고 썼다. 앞에서 설명한 분석과 연관지어 설명하면 청년들은 일자리 할당제도만으로는 해결이 안 된다고 볼 뿐이다. 그래서 청년 채용기업 지원을 확대해달라고 요구하고, 벤처 및 신산업 육성을 바라는 것이다. 만일 문항을 달리 해서 "청년 일자리 할당제는 중요하지 않으니(또는 효과가 없으니) 없애는 것이 좋다"라고 물어보면 "그렇다"라고 답할 청년이 과연 얼마나 있겠는가.

무엇보다 국민의식 조사의 심각한 왜곡은 다음 대목이다.

동아일보 창간 100주년 국민의식 여론조사에 따르면 기초연금 등 현금성 복지제도를 전 계층으로 확대해야 한다고 응답한 비율은 29.0%에 그쳤다. 현 수준을 유지해야 한다는 의견은 44.2%, 축소해야 한다는 응답은 24.2%였다. 응답자의 68.4%가 현금성 복지제도를 현 수준으로 유지하거나 줄여야 한다고 답한 것이다.

이 기사의 필자와 데스크, 편집국장의 상식을 의심케 하는 지점이다. "대구 부산에 추석이 없다"는 가짜뉴스와 전혀 다를 바 없다. 그만큼 지금 그의 편집국에 기자정신이 살아 숨 쉬지 않고 있다는 뜻이다. 아직도 의아할지 모르는 기자들을 위해 덧붙인다.

창간 100돌 특집 기사는 "기초연금 등 현금성 복지제도를 전 계층으로 축소해야 한다고 응답한 비율" 24.2%와 현 수준을 유지해야 한다는 의견 44.2%를 더해 응답자의 68.4%가 현금성 복지제도를 현 수준으로 유지하거나 줄여야 한다고 답한 것이라 썼다.

하지만 같은 기준으로 "기초연금 등 현금성 복지제도를 전 계층으로 확대해야 한다고 응답한 비율" 29.0%와 현 수준을 유지해야 한다는 의견 44.2%를 더해보라. 73.2%다. 그렇다면 적어도 응답자의 73.2%가 현금성 복지제도를 현 수준으로 유지하거나 확대해야 한다고 답했다고 기사를 써야 옳다.

바로 그래서다. 100돌 기념 사설이 "100년 전부터 동아일보는 진정한 민주주의를 추구해왔다"고 주장할 때 그 '진정한 민주주의'가 무엇인지 누구보다 먼저 그 자신부터 성찰이 시급하다.

진정한 민주주의 이전에 민주주의 상식부터 확인하고 가자. 미국 링컨의 게티즈버그 연설을 우리는 잘 알고 있다. "government of the people, by the people, for the people"이다. 한국에선 흔히 '국민의, 국민에 의한, 국민을 위한 정부'라고 풀이하지만, 피플을 '국민'으로 옮겨서는 온전히 뜻이 살아나지 않는다. '국민'에 해당하는 영어는 'nation' 또는 'nationality'이다. 링컨이 어휘가 부족한 대통령이었을 리 없다.

영어 'people'은 '사람들'을 뜻한다. '남성, 여성, 어린이들men, women, and children'이다. 영영사전을 찾아보면 피플은 '정부나 상류계급과 대조되는 일반 남성과 여성ordinary men and women, in contrast to the government or the upper classes'의 뜻으로 사용된다. 정부나 상류계급과 대조되는 사람들에 의한 그들을 위한, 그들의 정치이어야 비로소 누가 주권자인가도 분명해질 뿐더러 민주주의 철학 또는 헌법정신을 온전히 이해할 수 있다.

그래서 링컨 말이 처음 번역될 때 일제 강점기였음에도 '인민의 인민에 의한 인민을 위한 정부'로 옮겼다. 분단으로 인해 우리 사회에서 '인민'이란 말이 금기어가 되었다고 해서 '국민'으로 옮길 문제는 아니다. 우리말에는 '민중'이라는 더 적실한 말이 있기 때문이다.

민중의 국어사전 뜻은 '국가나 사회를 구성하는 일반 국민'이다. 사전은 이어 '피지배 계급으로서의 일반 대중'을 이른다고 풀이했다. 두 풀이 모두 영영사전의 정의와 같다.

따라서 민중은 좌경화된 용어도, 낡은 개념도 아니다. 링컨을 누구도 좌파로 분류하지 않는다. 그는 지금도 역대 대통령 가운데 미국인들이 가장 존경하는 대통령이다. 워싱턴디시의 백악관 건물보다 가까운 곳에 있는 링컨기념관이 더 웅장하다.

군이 민중을 강조하는 까닭이 있다. 앞서 언급했듯이 동아일보가 몰락의 길로 걸어가기 직전에 노사 공동으로 기자윤리강령을 제정하는 과정에서 편집 상무는 '민중'이란 말은 '좌경화된 용어'이므로 강령에 들어갈 수 없다고 주장했다.

1991년 봄에 노사합의로 공표된 동아일보사 기자윤리강령은 전문에서 "우리의 자세"를 다음과 같이 선언했다.

1. 자유롭고 평등한 민주사회를 건설하려는 노력을 지지하며 반민주적인 세력을 배격한다.
2. 자주적이고 평화적인 남북통일을 위하여 최선을 다한다.
3. 인간의 존엄성과 생존권 보장을 위해 힘쓰며 참다운 민족공동체 문화의 창조를 옹호한다.
4. 권력 및 금력의 간섭을 거부하고 선정적인 보도를 지양하며 개인적 집단적 이해관계에서 벗어나 언론인으로서의 양심에 따라 오직 진실만을 추구한다.
5. 국민의 알 권리를 존중하고 다양한 정보를 편견 없이 전달하여 참된 여론의 형성에 기여한다.

노사 동수로 구성된 제정위원회 회의에서 기자 쪽 대표가 내놓은 초안은 3항 "인간의 존엄성과 생존권 보장을 위해 힘쓰며"에서 생존권 보장 앞에 민중을 넣은 "민중의 생존권 보장"이었다.

경영진 대표로 나온 편집국장 출신 상무이사가 "민중"이란 말을 빼야한다고 완강히 고집할 때, 노조 쪽은 "동아일보 창간 사설에 본보의 사시는 민중의 표현기관임을 자임"한다로 되어 있다고 반론을 폈다. 창간 정신을 상기시키자 편집 상무이사는 곧장 답했다.

"그 사설을 쓴 사람도 좌경화되어 그렇게 썼다. 그래서 나중에 사시를 바꿨다. 지금 사시는 '민족의 표현기관'이다."

편집 상무는 기자 대표들을 둘러보며 힘주어 말했다. "윤리 강령만이 아니라 앞으로 기사에서도 '민중'이란 말은 쓰지 말아야 한다." 실제로 동아일보 지면에서 '민중'이란 말은 시나브로 사라져갔다. '민중의 표현기관'임을 내세워 창간한 그가 마침내 '민중'이란 말조차 쓰지 못하게 금한 꼴이다.

당시 '대표적 권위지'가 그러할진대 조선일보와 중앙일보 지면은 더 말할 나위 없다. 특정 국가의 구성원이라는 뜻에서 체제 순응을 암암리에 요구하는 '국민'이란 말보다 주권자의 의미가 듬뿍 담긴 말이 '민중'임에도, 한국 언론이 '인민'은 물론, '민중'이란 말까지 '색깔'을 입히려 안간힘을 쓰는 까닭은 이 땅에서 언론이 아래로부터의 요구를 언제나 배제해온 사실과 맞닿아 있다. '민중'이란 말을 금기시하면서 동아일보의 보도와 논평은 점점 더 민중의 목소리를 담지 않았다.

결국 기자윤리강령도 '민중'을 삭제하고 초안에 없는 '국민'이란 말이 들어갔다. 대신 다른 초안은 최대한 살렸다. 기자윤리강령은 '우리의 자세'와 함께 '실천요강'으로 구성되어 있다. 실천요강은 다음과 같다.

1. 언론자유의 수호와 구현

언론의 자유를 위협하는 사태가 발생할 경우 동아일보사의 이름으로 이에 맞선다. 회사는 이와 관련하여 수사 또는 재판을 받게 된 기자에 대해 각종 지원에 최선을 다한다.

2. 보도의 정확성과 공정성

(1) 독자들이 진실을 파악하고 이에 기초해 건전한 의견을 형성할 수 있도록 정확한 보도와 공정한 논평을 한다.

(2) 보도내용의 진실성에 책임을 지며 잘못이 발견될 경우 신속하게 정정한다.

(3) 보도에 관련된 사람(또는 단체)에게 반론의 기회를 준다.

(4) 출처를 확인할 수 없는 소문만으로는 기사화하지 않는다.

3. 취재원의 보호

(1) 취재원의 공개로 그의 안전이 위협받지 않는 한 취재원을 밝히는 것을 원칙으로 한다.

(2) 다만 해당정보를 입수할 수 있는 다른 현실적인 방법이 없고 그 정보 또는 배경 설명이 신뢰할 수 있으며 뉴스 가치가 있다고 판단될 때에 한해 취재원을 익명으로 할 수 있다.

(3) 취재원을 공개하지 않기로 결정했을 때에는 동아일보사 밖의 어느 누구에게도 그의 신분을 밝히지 않으며 신분을 밝힐 수 없는 이유를 가능한 기사에 덧붙인다.

(4) 취재원과 엠바고, 오브 더 레코드 등 약속에 신중을 기한다.

4. 개인의 사생활 보호

공공의 이익을 위해 필요하다고 판단되지 않는 한 개인의 명예와 사생활을 침해할 우려가 있는 내용에 대해 보도를 자제한다. 현행범

의 경우 이외에는 피의자 및 피고인이 유죄 판결을 받을 때까지 무
죄의 추정을 받는다는 원칙에 따라 그의 명예를 존중한다.

5. 표절의 금지

다른 매체에 보도된 내용을 표절하지 않는다.

6. 기자의 품위

(1) 취재원으로부터 금품 및 기타 특권을 요청하지도 받아들이지
도 않는다.

(2) 공서양속에 반하는 방법으로 취재하지 않으며 국민정서에 유
해한 비속어의 사용을 자제한다.

(3) 기자 본연의 역할을 벗어나는 광고, 판매 및 각종 사업등의 활
동을 하지 않는다.

(4) 동아일보사 기자의 신분으로 얻은 정보를 지면제작등 본연의
업무이외의 목적에 이용하지 않는다.

(5) 언론인의 명예를 훼손할 우려가 있는 외부활동을 하지 않는다.

(6) 기자실은 취재보도를 위해 이용한다.

7. 취재비용

(1) 취재 등 보도활동에 필요한 일체의 비용을 회사가 부담한다.
단, 군사시설이나 체육경기장의 기자석 이용 등 취재비용을
산정하기 어려운 경우는 예외로 한다.

(2) 국내외 공공기관 및 단체의 비용부담에 의한 시찰과 연수는
회사가 회사의 명예와 업무와의 유관성 등을 종합적으로 고
려하여 허가할 수 있다.

8. 윤리위원회의 운영

이 윤리강령의 실천에 대한 심의, 판단 및 유권 해석 등을 위해 동

아일보사 윤리위원회를 설치, 운영한다. 이 위원회의 운영규정은 별도로 정한다.

9. 윤리강령의 개정

윤리강령의 개정은 윤리위원회의 발의에 따라 기자들의 의견수렴과 회사의 확인을 거쳐 확정한다.

노사합의로 대내외에 '기자 강령'을 선언하며 "국민의 알 권리를 존중하고 다양한 정보를 편견없이 전달하여 참된 여론의 형성에 기여"함을 다짐했지만, 창간 100돌 국민의식 조사를 분석한 기사에서 볼 수 있듯이 동아는 "인간의 존엄성과 생존권 보장"을 위한 복지에 대해 편견에 치우친 정보를 전달해왔다.

복지에 대한 동아의 편향적 보도는 하나둘이 아니다. 민주주의의 기초인 선거 보도에서도 또렷하게 드러났다. 대표적 사례로 복지국가의 '대명사'로 알려진 스웨덴과 관련된 기사를 들춰보자. 2006년 9월 17일 스웨덴 총선에서 우파야당연합인 중도당Moderate Party이 사민당의 중도좌파연합을 1.9퍼센트 차이로 누르고 25년 만에 집권했을 때다. 전체 의석이 349석임을 감안하면 7석 차이는 선거가 '살얼음 열전'이었음을 짐작케 했다.

스웨덴의 정치경제 체제에 줄곧 무관심해오던—그 시점에서 한국의 민주노동당과 비슷하거나 더 왼쪽의 정강을 지닌 스웨덴 사민당은 1930년대부터 74년 가운데 65년을 집권하며 복지국가 체제를 일궈왔다—동아는 총선 결과를 갑자기 대서특필했다.

9월 19일자 신문 1면 제호 바로 아래에 "스웨덴식 복지 일단 멈춤/ 유권자 '분배'보다 '성장'선택" 제목을 부각해 편집했다.

17일 실시된 스웨덴 총선에서 시장주의적 개혁을 내세운 우파 야당연합이 승리했다. 스웨덴 유권자들이 '분배'에 앞서 '성장'을 선택한 이번 선거 결과에 따라 스웨덴의 사회주의적 전통에 수정이 가해질 전망이다. 특히 세계에서 가장 성공적인 것으로 평가받던 스웨덴식 복지 모델에도 작지 않은 변화가 예상된다. 18일 개표 결과 보수당 자유당 중도당 기민당의 우파연합은 48.1%의 지지를 얻어 46.2%를 얻은 집권 중도좌파연합을 눌렀다. 프레드리크 레인펠트(41) 당수의 보수당은 1928년 이후 가장 높은 26.1%의 지지를 얻은 반면 예란 페르손(57) 총리가 지휘한 사민당은 역대 최저인 35.2%에 그쳤다.

레인펠트 당수는 승리가 확정된 후 기자회견에서 "이번 선거는 역사적 사건이다. 내일 우리는 새로운 스웨덴으로 거듭나게 될 것"이라고 말했다. 페르손 총리는 패배를 시인하고 이른 시일 내에 내각을 해산하겠다고 밝혔다.

동아는 1면 기사와 함께 "노 정권의 스웨덴 복지모델 숭배자들 꿈 깨야" 제하의 사설에서 노무현 정부가 "세계에서 버려지고 있는 모델을 흉내 내며 '시대정신' 운운해 온 사실을 부끄러워해야 한다"고 꾸짖었다. 또한 "하필이면 비대한 정부와 복지병을 애써 배우려 한 게 노 정권"이라고 몰아세웠다.

스웨덴 총선에서 우파 야당연합이 집권 좌파연합을 누르고 승리했다. 유권자들이 '대안 없는 복지'를 버리고 '효율과 온건한 개혁'을 택한 것이다. 독일에서 성장을 중시하는 친[親]기업 노선의 앙겔라

메르켈 내각이 작년 11월 출범해 경제에 활력을 불어넣고 있는 데 이은 유럽국가의 대변신이다. 이른바 스웨덴 복지모델을 숭배하다시피 해 온 노무현 정권 사람들은 세계에서 버려지고 있는 모델을 흉내 내며 '시대정신' 운운해 온 사실을 부끄러워해야 한다.

스웨덴은 복지국가의 대명사로 불려 왔지만 겉과 속은 달랐다. 1950년 이래 민간 부문에서 일자리가 거의 늘지 않았다. 넘쳐 나는 실업자에게 정부가 세금으로 일자리를 만들어 주다 보니 공공 부문 취업자가 전체의 30%나 됐다. 공식 실업률은 6%로 발표됐지만 통계에서 뺀 취업연수생, 조기퇴직자, 장기 병가자病暇者를 감안한 사실상의 실업률은 15~17%에 이른다고 한다.

지난 10년간 집권한 좌파연합의 예란 페르손 총리는 규제를 늘리고 기업에 무거운 세금을 매겼다. 실업자에게 3년간 재정에서 지원하는 실업수당은 취업 때 임금의 80%나 돼 일할 의지를 꺾었다. 이런 '큰 정부, 큰 복지'는 얼핏 좋아 보이지만 오래갈 수 없다. 좌파 사민당이 1932년 이후 9년을 빼고 65년간 집권하면서 시행한 복지정책 탓에 스웨덴은 '바퀴 빠진 볼보'라는 악명까지 얻었다. 이런 게 노 대통령부터 열린우리당 수뇌부까지 꽃피우려 한 모델이요, 만들고 싶어 한 나라였다…

여기서 그치지 않았다. 9월 20일자에서는 국제면 기사로 "스웨덴 우파연합 12년 만에 정권탈환…유럽 우향우 가속화"라는 파리 특파원의 기사를 실었다. 이 기사에서 "스웨덴 좌파가 무너졌다"고 보도했다. 9월 21일에는 "정부 '스웨덴 배우자' 목청 높이더니 '그게 아니고' 딴소리" 제하의 기사를 정치면에 담았다. 스웨덴 총선

동아 평전

전후로 노무현 정부 인사들의 발언을 정리하면서 '말 바꾸기를 했다'고 비판했다.

9월 22일자에서는 "받을 돈 못 받으면서 '빚내서라도 복지확대' 하려는 정부"라는 기사를 내고 국가 채무 상황과 복지 예산의 관계를 스웨덴 총선 결과를 빗대어 마구 꼬집었다. 스웨덴 복지체제 때리기는 끝이 없었다. 10월 4일자부터 "변화하는 스웨덴 모델"을 문패로 여러 기사를 내보냈다. "복지모델, 20세기 초 시장경제 덕분"이라거나 "웅성거리는 천국…스웨덴 복지병 현장을 가다", "일한 만큼 월급 더 가져가야"라고 기사 제목들을 달았다. 현장 칼럼 '기자의 눈'을 통해서는 "스웨덴 좌파정부의 오만"을 지적했다. 높아지는 실업률에 사민당은 대책이 없다고 적었다.

"달콤한 복지의 함정" 제하의 편집부국장 칼럼(9월 25일자)은 "스웨덴의 사례를 보면 달콤한 복지 확대가 결국은 일자리를 줄이고 민생을 어렵게 만드는 '함정'이었음을 깨닫게 된다. 비대한 복지 재정이 국민의 허리를 휘청거리게 만든 주범임을 확인하고 나서 고치기에는 실패의 비용이 너무 크다. 내년 대선을 앞두고 선심성 복지 정책은 확대될 게 분명하다"고 주장했다. 한국의 대선을 의식한 '집중 보도'임을 스스로 시인한 셈이다.

10월 16일에는 세계납세자연맹 총장인 스웨덴 출신 비에른 타라스팔베 인터뷰를 11면 종합면에 가장 큰 비중으로 편집했다. "소득세 60%, 스웨덴 좌파 패배 불러" 제하의 기사는 "한국, 스웨덴 따라하지 말라"를 강조했다. 세계납세자연맹은 1988년 나라별 증세 흐름에 맞서 만든 기구로 세계 41개국이 가입해 있다.

―최근 스웨덴 총선에서 우파가 승리한 원인이 무엇이라고 보십니까.

"많은 세금을 내야 하는 국민은 만족하지 못합니다. 서구 사회는 생산성은 높였지만 고용을 늘리지는 못했습니다. 세금이 많은 스웨덴도 실업률을 낮추지 못했습니다. 국민이 집에 있는 게 남는 것이라고 생각했기 때문이죠. 스웨덴은 한국에 좋은 모델이 절대 아닙니다."

―한국은 보유세율을 장기적으로 집값의 1%까지 높이려 하고 있습니다. 보유세에 대해 어떻게 생각하십니까.

"보유세는 매우 나쁜 세금입니다. 실현되지 않은 소득에 대한 세금이기 때문이지요. 세금을 내기 위해 집의 방이나 벽돌을 팔 수는 없지 않은가요? 사실 이번 스웨덴 총선에서 좌파가 패배한 이유 중 하나는 높은 보유세율이었습니다. 우파는 많은 보유세를 줄이겠다고 약속했습니다."

―보유세율이 높으면 어떤 문제가 생길 수 있나요.

"통상 부유층을 겨냥한 세금은 결국 서민의 부담으로 이어지기 쉽습니다. 특히 보유세는 렌트비(전세비) 등으로 전가할 부분이 있기 때문에 서민의 부담이 커질 가능성이 높습니다. 한국은 우선 집이 한 채밖에 없는 은퇴자를 배려해야 합니다."

―한국정부에 조언을 한다면….

"높은 세금은 경제성장을 더디게 만들기 때문에 한국은 세금을 줄여 복지보다 경제성장에 치중하는 것이 좋습니다. 먼저 경제성장으로 복지를 위한 환경을 만드는 것이 급선무입니다."

스웨덴 총선 결과를 동아일보가 갑자기 대대적으로 집중 보도하면서 설정한 의제는 두 가지로 간추려진다. 하나는 '스웨덴 복지모델이 파탄을 맞았다'이고, 다른 하나는 '스웨덴 모델을 추구해온 노무현 정권의 방향 설정이 잘못됐다'는 것이다. 그가 보도한 두 가지 '사실'은 과연 사실일까? 찬찬히 톺아볼 필요가 있다.

첫째, '스웨덴 모델의 파탄' 보도부터 살펴보자. 스웨덴의 자유당, 기민당, 중도당을 모두 연정의 주체로 끌어들여 집권에 성공한 중도당의 라인펠트 당수가 내건 주요 공약을 꼼꼼히 들춰 보면 사실과 전혀 다름을 확인할 수 있다.

선거 과정에서 중도당이 주장한 것은 복지모델의 '폐기'가 아니라 '미세 조정'이었다. 단적인 예를 들어보자. 가령 '월평균 임금의 80퍼센트에 달하는 실업수당을 70퍼센트로 축소'하는 공약을 어떻게 판단해야 옳은가. 실업자가 되면 생존권을 위협받는 대다수 한국 민중의 현실과 비교하면, 스웨덴의 이른바 '보수 정부'는 한국사회에서 '진보 정부'다. 아니, 그 이상이다. 가령 한국에서 모든 실업자들에게 월평균 임금의 70퍼센트를 수당으로 지급해야 옳다고 어떤 정치인이 주장한다면, 그 정치인을 동아는 어떻게 보도할까. '극좌파'로 몰아세우지 않을까. 스웨덴에선 이른바 '보수정당'이 추진하는 그 정책을 한국에선 선거공약으로 내거는 정당은 물론, 의제로 설정하는 언론사도 찾기 힘들다.

동아일보 보도는 다른 나라의 언론보도와 비교해보더라도 납득하기 어렵다. 결코 진보언론으로 분류할 수 없는 영국의 파이낸셜 타임스는 스웨덴 총선을 분석한 기사에서 "스웨덴의 사민당이 선거에서 질 때 '스웨덴 모델'이 운을 다했다는 결론을 내리고 싶은 유혹이 존재하는 것이 사실이고 이번에도 예외는 아니지만, 그것은 잘못된 결론일 뿐"이라고 보도했다. 이 신문은 총선에서 중도우파연합의 손을 들어준 스웨덴인들 가운데 스웨덴 모델의 해체를 원하는 사람은 아무도 없다고 강조했다.

미국의 뉴욕타임스와 워싱턴포스트도 중도우파가 스웨덴 모델의 미세 조정으로 고용을 늘리는 데 힘을 쏟겠다고 약속함으로써 승리할 수 있었다고 보도했다. 정확한 분석이다. 중도우파연합은 그 전 선거에서 스웨덴 모델의 폐기를 시사했다가 겨우 15퍼센트만 득표하며 참패를 당했던 교훈을 잊지 않았다. 2006년 선거에서는 정책 방향을 선회해 스웨덴 모델을 "더 잘 작동하게 조정하겠다"고 공약함으로써 비로소 '정권 교체'를 이룰 수 있었다. 무엇보다 중도우파는 선거유세에서 "스웨덴 모델은 훌륭한 모델이다. 다만 각 개인에게 보다 많은 선택을 할 수 있도록 하는 것이 필요하다"고 강조했다.

둘째, '스웨덴 모델을 추구해온 노무현 정권의 방향 설정이 잘못됐다'는 주장은 전제부터 사실과 다르다. 스웨덴 복지모델과 실제 노무현 정부의 정책이 달랐다는 사실은 굳이 논의의 필요성을 느끼지 않는다.

요컨대 동아일보는 대부분 말의 잔치에 그쳤던 노무현 정부의 '양극화 해소' 공언조차 막으려고 스웨덴 총선을 끌어온 셈이다. 세계납세자연맹 총장과의 인터뷰에서 기자가 "한국은 보유세율을 장기적으로 집값의 1%까지 높이려 하고 있다"며 보유세에 대한 생각을 물은 이유도 노무현 정부 시기에 쟁점으로 불거진 종합부동산세(종부세)를 염두에 둔 것임이 분명하다.

종부세는 지방자치단체가 부과하는 종합토지세 외에 일정 기준을 초과하는 토지와 주택 소유자에 대해서 국세청이 별도로 누진세율을 적용해 국세를 부과하는 제도다. 노무현 정부 시절 서울 강남 아파트를 중심으로 부동산이 폭등하면서 뒤늦게나마 투기를 근절하기 위한 목적으로 도입했다. 2005년 8월 31일 정부가 발표한 '8·31 부동산 종합대책'이 그 출발점이다. 바로 다음 날 동아일보는 "부동산 필패 장담할 수 있나" 제하의 사설에서 "초정밀 유도 세금폭탄을 때리는 것"이라고 주장했다. 이어 "부자와 가난한 자, 강남 거주자와 비강남 거주자 등으로 편가르기를 하고 가진 자의 부를 빼앗아 나눠준다는 개념을 노골적으로 반영한" 정책이라고 비난했다. 그가 규정한 '초정밀 유도 세금폭탄'은 며칠 뒤엔 '네이팜탄'으로 '진화'했다. 논설위원이 쓴 "2% 죽이기" 제목의 칼럼은 "8·31 부동산 종합대책은 서울 강남을 겨냥한 네이팜탄"으로, "투기 여부와는 관계없이 국민의 '2%'를 뚝 잘라서 타깃으로 삼은 정책"(2005년 9월 8일자 34면)으로 규정했다.

동아일보 스스로 인정했듯이 국민 가운데 2%만 부담할 종부세를 '세금폭탄'이니 '초정밀 유도 폭탄'이나 '네이팜탄'으로 비난했음에도, 부동산 투기를 막자는 여론 때문에 종부세는 입법되었다. 심지어 2007년 대선에서도 종부세를 원점으로 돌리겠다는 공약을 내놓은 후보는 아무도 없었다.

대선이 끝나고 이명박 정부가 들어선 뒤 상황은 바뀌었다. 동아를 비롯한 대다수 신문과 방송들은 종부세의 부당성을 끊임없이 여론화해갔다. 마침내 헌법재판소가 종부세의 근본 취지와 정당성은 인정하면서도 가구별 합산과세 규정에 '위헌' 결정을 내려 종부세의 근간을 흔들었다. 세금폭탄을 주장했던 동아가 환영하고 나선 것은 두말할 나위 없다.

결국 종부세는 무력화되었다. 종부세에 '일부 위헌' 결정을 내린 헌법재판소 재판관 9명 가운데 8명이 종부세 과세 대상자로, 그 가운데 7명이 위헌 결정에 손을 들었다는 사실은 상위 2%의 '계급의식'이라고 하지 않을 수 없다. 아니, 헌재 재판관만이 아니다. 당시 대통령 이명박은 물론, 청와대 수석들과 내각의 장차관들, 집권당이던 한나라당의 지도부에게도 종부세는 불편한 세금이었다. 딱히 그만이 아니라 종부세에 세금폭탄을 터트린 언론사의 고위 편집 간부들 다수가 서울 강남에 살고 있다. 전두환 정권이 언론인들을 대량 해직한 채찍과 함께 현직 기자들을 대상으로 서울 강남에 아파트를 특혜 분양하는 당근을 주었기에 더 그랬다. 동아일보 기자들 또한 상당수가 강남 아파트를 분양받았다.

동아를 비롯한 대다수 언론의 종부세 보도는 국민 2%의 이익을 지키는 정책이 어떻게 '모든 국민을 위한 정책'으로 여론화하고, 어렵게 제정한 법마저 무력화시키는가를 보여주는 상징적 보기다.

틈날 때마다 복지정책이나 복지국가를 편향적·부정적으로 보도해온 기자들에게 꼭 전하고 싶은 '뉴스'가 있다. 스웨덴 대학에서 지속가능한 발전을 연구하고 온 하수정은 『북유럽 비즈니스 산책』에서 자신이 받은 신선한 충격을 소개했다.

한국에서 함께 대학을 다닌 동창 한 명이 있다. 그녀는 디자인을 공부하러 핀란드로 떠나 그곳에서 핀란드 사람과 결혼했다. 어느 날 이 친구가 페이스북에 올린 글을 보고 한참을 웃었다. 친구의 일곱 살 된 딸의 꿈이 변호사인데 남편이 딸을 붙들고 제발 변호사가 되지 말라고 설득 반 애걸 반 하고 있더란다. 남편의 말은 변호사들은 다 '거짓말쟁이'라는 거였다. 진실을 알면서도 모르는 척해야 하고, 나쁜 사람 편을 들어야 될지도 모르는데 그 이유가 하찮은 돈이라는 말이었다. (오직 진실과 정의를 위해 숨 막히는 직업윤리를 지키며 일하시는 변호사들께는 죄송하다!) 세상에 돈과 바꿔서는 안 될 소중한 것이 얼마나 많은데 돈 때문에 거짓말하는 직업을 택하느냐면서 딸에게 진지하게 다시 생각해달라고 간곡히 청하고 있더란다. 한참 아빠 속을 태우던 딸이 인심이라도 쓰듯 알았다고, 대신 축구선수가 되겠다고 하니 남편이 그렇게 기뻐할 수가 없었단다.

이미 기득권을 두툼히 지닌 간부들이 아닌 젊은 기자들에게 묻고 싶다. 당신의 아이를 어디에서 키우고 싶은가.

스웨덴의 일곱 살 아이들에게 스케치북과 크레파스를 주고 어른이 되면 뭐가 되고 싶은지 그려보라고 했을 때 같은 꿈을 꾸는 아이가 드물었다. 만화가, 트랙터 운전사, 조련사, 가수, 30미터 거리에서 슛을 성공하는 축구선수 들로 직업군이 다채로웠다.

하지만 한국 아이들의 꿈은 "연예인과 부자가 압도적"이다. 의사, 판사가 뒤를 잇는다. 스웨덴 연구자는 "어떤 직업의 결과로 부자가 되고 싶다고 할 수는 있지만 어떻게 '그냥 부자'가 꿈일 수 있지? 일곱 살이 돈 쓸 일이 얼마나 많다고 부자가 되고 싶어 하는 걸까" 자문하고 그 이유를 "직업에 귀천이 없고 수입 편차가 크지 않은 사회와 그렇지 않은 사회의 차이"에서 찾았다.

동아를 비롯한 언론의 집요한 보도로 '복지'라는 말에 곧장 포퓰리즘을 떠올리는 사람들도 적지 않지만, 복지는 사전 뜻 그대로 '행복한 삶'이다. 우리 헌법은 전문에서 "국민 생활의 균등한 향상을 기하고 밖으로는 항구적인 세계 평화와 인류 공영에 이바지함으로써 우리들과 우리들의 자손의 안전과 자유와 행복을 영원히 확보할 것을 다짐"하고 있다.

복지가 '행복한 삶'이라는 국어사전 뜻이 바뀌지 않는 한, 복지국가는 대한민국의 헌법 정신이다. 보수와 진보를 떠난 가치임을 정색하며 강조하는 이유다. 엄연한 헌법적 가치로서 모든 국민의 권리이며, 헌법 34조에 명문화되어 있다. 그만이 아니라 모든 언론사의 기자, 모든 유권자들이 헌법 34조를 새겨야할 이유다.

① 모든 국민은 **인간다운 생활을 할 권리**를 가진다. ② 국가는 **사회보장·사회복지의 증진에 노력할 의무**를 진다. ③ 국가는 여자의 복지와 권익의 향상을 위하여 노력하여야 한다. ④ 국가는 **노인과 청소년의 복지향상**을 위한 정책을 실시할 의무를 진다. ⑤ **신체장애자 및 질병·노령 기타의 사유로 생활능력이 없는 국민**은 법률이 정하는 바에 의하여 국가의 보호를 받는다. ⑥ 국가는 재해를 예방하고 그 위험으로부터 국민을 보호하기 위하여 노력하여야 한다.

헌법은 바로 다음 제35조에서도 복지의 권리를 담고 있다.

① 모든 국민은 건강하고 **쾌적한 환경에서 생활할 권리**를 가지며, 국가와 국민은 환경보전을 위하여 노력하여야 한다. ② 환경권의 내용과 행사에 관하여는 법률로 정한다. ③ 국가는 주택개발 정책 등

동아 평전

을 통하여 모든 국민이 **쾌적한 주거생활을 할 수 있도록** 노력하여야 한다.

우리 헌법이 곳곳에서 강조하고 있듯이 행복한 삶, 곧 복지는 결코 진보의 정치적 과제일 수 없다. 진보든 보수든 헌법대로 정치를 하려면 복지국가 건설에 최선을 다해야 옳다. 기자들만이 아니라 독자들도 헌법이 보장한 권리인 '행복한 삶'을 실현하는 정책을 누가 공약하는지 짚어보아야 한다.

새삼스럽지만 명토박아둔다. '친 스웨덴 보도'를 주문하는 것이 아니다. 동아 기자들에게 '친 스웨덴파'가 되어야 옳다는 주문은 더욱 아니다. 북유럽과 한국의 사회경제적 현실은 다르다. 다만 동아일보가 기자윤리강령에서 스스로 약속한 "인간의 존엄성과 생존권 보장"을 위한 다양한 대안과 정책들을 독자들에게 있는 그대로 알려야 한다는 뜻이다. 동아일보 지면을 통해 스웨덴 총선을 앞장서서 '복지 파탄'으로 몰아간 기자는 5년 뒤에 대기업 홍보실로 갔고 상무, 전무로 승진해 커뮤니케이션실장을 맡았다.

동아가 창간 100돌을 맞아 공개적으로 다짐한 진정한 민주주의를 진정 추구하겠다면, '조선일보 따라가기'로 몰아세우는 노동운동에 대해서도 생각이 열려야 한다. 구체적 사례를 짚어보자.

미국에서 잘 나가는 변호사로 독일에서 일했던 게이건은 "노동조합은 사회 시스템이 엉망이 되는 것을 막는 가장 쉬운 길"이라는 말을 보수정당 정치인에게 듣고 깜짝 놀란 순간을 털어놓았다. 노사공동결정제도가 뿌리내린 독일 자본주의와 미국 자본주의를 비교한 책 『미국에서 태어난 게 잘못이야』에서 게이건은 규모는 작지만 떠오르는 글로벌 은행에서 일어난 실화를 소개한다. 은행 이사회에 정원사가 노동 쪽 이사로 선출되었다. 은행, 특히 글로벌 은행에서는 보통 영어를 사용하는데 그 사람은 영어를 못했다. 논의 끝에 글로벌 은행임에도 결국 이사회 회의에서는 모두 독일어를 사용하기로 결정했다. 어떤 내용이 논의되는지 노동 쪽 이사가 알아야 해서 그렇게 했단다.

알다시피 독일은 물론 스웨덴도 자본주의 국가다. 본디 자본주의는 단 하나의 모델만 있지 않다. 학계에서도 '자본주의 다양성Varieties of Capitalism, VOC' 이론은 '자유시장경제'와 '조정시장경제'를 구분한다. 자본주의가 신자유주의적 세계화로 단일화 하고 있다는 논리가 우리 언론계에선 지금도 지배적이지만, 미국식 자유시장경제와 유럽식 조정시장경제의 차이는 무시할 수 없을 만큼 뚜렷하다.

동아가 창간 100돌을 맞아 다짐했듯이 '청년의 꿈'을 정녕 의식한다면, '젊은 민주주의'를 추구한다면, 미국식 자본주의 모델을 유일한 선진 경제체제로—의식했든 안 했든—전제하는 고정관념에서 늦더라도 벗어나야 한다. 미국 중심으로 세상을 바라보고 연구하면서 한국 사회의 공론장은 물론, 대학의 학문적 공론장마저 '티나Tina식 사고There is no alternative'가 지배하고 있지만, 신자유주의식 노사관계 또한 보편적인 현상이 아니다.

자신이 신자유주의적 체제를 '글로벌 스탠더드'로 전제하고 있는 것은 아닌지, 자본주의와 시장경제에 다양한 체제가 운영되고 있는 사실을 수용자에게 적극 알려가고 있는지, 실질적 민주주의를 '노동 있는 민주주의'로 인식하고 보도와 논평을 해가는 비중은 얼마나 되는지 스스로 면밀하게 짚어보길 권한다. 창간 100주년에서 '진정한 민주주의'를 다짐하고 있기에 하는 말이다. 한국의 노사관계는 공론장 못지않게 기울어져 있기에 더욱 그렇다.

기실 동아는 노사관계를 의제로 설정해오는데 대단히 인색했고, 설령 보도와 논평을 하더라도 이미 살펴보았듯이 대부분 '자본 편향'이었다. 비정규직이 세계 최고 수준이고 노동시간이 가장 긴 자본주의 체제가 바로 대한민국이라는 사실에 유의한다면, 노사관게와 관련한 보도와 논평은 지금과는 견줄 수 없을 만큼 풍부해질 수 있다.

민주주의를 연구해온 정치학자 최장집이 강조했듯이 "노동은 한 사회 모든 구조물의 기반을 이루는 힘이다. 경제성장도, 시장도, 재벌대기업도, 그리고 민주정부도 모두 노동에 기반을 둔 사회공동체 위에 서 있는 것"이다. 따라서 '노동 없는 민주주의'는 노동의 위기는 물론이고 민주주의의 위기다.

그럼에도 동아일보 지면에는 '노동 없는 민주주의'의 문제점이 전혀 보이지 않는다. 되레 노동운동을 비난하는 행태는 창간 100돌을 맞아서도 여전하다. 2020년 12월 10일자 "민노총 뜻대로 개정된 노조 3법" 제목의 사설 전문을 읽어보자.

정기국회 마지막 날인 어제 국회는 고위공직자범죄수사처법 등 야당이 필리버스터를 신청한 3개 쟁점법안을 제외한 나머지 100개가 넘는 법안을 무더기로 본회의에서 처리했다. 실업자·해고자의 노조 가입 인정이 골자인 노동법 및 노동관계조정법(노조법), 공무원노조법, 교원노조법 등 '노조 3법'도 본회의를 통과했다.

앞서 더불어민주당 단독으로 열린 국회 환경노동위원회는 노조 3법을 심사하면서 정부안에 들어있던 '근로자 아닌 조합원의 사업장 출입 제한', '생산 주요 시설에서 쟁의행위 금지' 조항을 쏙 빼버렸다. 단체협약 유효기간을 2년에서 3년으로 늘려 노사 갈등요인을 줄이려던 정부안도 '최대 3년'으로 완화하면서 노사 합의로 결정하도록 했다. 민노총의 요구가 대부분 반영된 것이다. 반면 최소한의 '대항권' 차원에서 경제계가 요구한 사안들은 거론조차 되지 않았다. 경제협력개발기구OECD 회원국 대다수가 인정하는 '파업 시 대체근로', '직장폐쇄 기준 완화' 등의 요구는 철저히 무시됐다. 여당은 탄력근로 단위기간을 3개월에서 6개월로 늘린 걸로 "경영계 요구도 수용했다"고 생색을 낸다. 하지만 탄력근로 단위기간을 3개월로 하면 현실적으로 지키기가 거의 어렵기 때문에 주 52시간제 도입 초기에 바로 손질했어야 할 내용이다. 뒤늦게 현실을 반영하면서 생색을 낼 일이 아니다.

적대적 노사관계는 한국의 국가경쟁력을 깎아내리는 고질병이다. 세계경제포럼WEF이 평가한 한국의 노사협력 수준은 141개국 중 130위, 노동생산성은 OECD 36개 회원국 중 28위로 바닥권이다. **정부, 여당은 이미 노조 쪽으로 기울어진 노사 간 힘의 균형을 고려치 않고 더욱 노조 쪽에 치우친 입법을 추진해 노동계의 '촛불 청구서'에 과도한 보상을 해줬다는 비판을 피하기 어렵다.**

그제 경제 3법이 법사위를 통과한 뒤 경제계에선 "이럴 거면 공청회는 왜 했나" "이 법 때문에 기업 경영에 문제가 생기면 의결한 분들이 전적으로 책임져야 한다"는 분노의 목소리가 터져 나왔다. 개정된 노조법은 한국의 후진적 노사관계를 더욱 후퇴시켜 경제 3

동아 평전

법보다도 더 오래, 더 광범위하게 기업과 나라의 경쟁력을 훼손할
수 있다.

사설의 문제점은 하나둘이 아니다. 첫째, 동아일보는 입법에 경
영계의 요구를 수용한 것은 "뒤늦게 현실을 반영"한 것이라고 넘
겨버린다. 하지만 국제노동기구ILO의 오래된 권고에 근거한 노동
인들의 요구를 부분적으로 수용한 것이야말로 뒤늦은 현실 반영
이었다.

둘째, 사설은 "노조 쪽에 치우친 입법을 추진해 노동계의 '촛불
청구서'에 과도한 보상을 해줬다는 비판을 피하기 어렵다"고 주장
했다. 과연 그러한가. 만일 그렇다면 민주노총이 두 손 들어 환호할
일이다. 하지만 그가 사설을 낸 같은 날 민주노총은 성명을 내고
"ILO 핵심협약 비준을 핑계로 노조법 개정에 나선다 얘기하지만
결과적으로 ILO 핵심협약 비준은 온데간데 없고 여전히 일부 독소
조항을 남긴 노조법 개악만 남은 상황"이라고 비판했다.

셋째, 사설은 "적대적 노사관계는 한국의 국가 경쟁력을 깎아내
리는 고질병"이라며, 마치 자신의 주장이 객관적이라도 되는 듯이
세계경제포럼WEF이 평가한 한국의 노사협력 수준을 예로 든다.
141개국 중 130위, 노동생산성은 OECD 36개 회원국 중 28위로
바닥권이다. 그런데 냉철하게 성찰해볼 일이다. 왜 노사협력이 잘
안 되는 현상의 모든 책임을 노동조합에만 돌리는가? 노사 협력에,
노사관계 문제가 있다면 최소한 그 책임을 두 당사자인 노사 모두
에 물어야 옳지 않은가. 하지만 노사관계 악화의 책임을 '사용자'나
자본에 조금이라도 묻는 보도와 논평을 동아일보 지면에선 찾아보

기 어렵다.

현실을 깊이 들여다보면 그 책임이 노동조합보다 자본 쪽에 있음을 보여준다. 유럽, 미국, 일본의 기업인들이 실행하고 있는 '기업의 사회적 책임' 수준에 견주어 한국 기업인들과 기업들의 그것은 지나치게 낮다.

넷째, 사설에서 가장 이해하기 어려운 대목은 "정부, 여당은 이미 노조 쪽으로 기울어진 노사 간 힘의 균형을 고려치 않고"라는 문장이다. 정말 한국 사회는 노사관계, 또는 노자관계에서 노조 쪽으로 힘의 균형이 기울어져 있는가? 에두르지 않고 묻는다. 동아일보사안에서 사주와 노동조합 사이에 힘의 균형은 어떤가? 아니, 힘의 균형이라는 말을 쓰기조차 어렵지 않은가. 동아일보가 조선일보를 좇아 노상 비난하는 대기업 노동조합을 보자. 대한항공을 비롯해 대기업들에서 잇따라 불거진 갑질은 도대체 무엇이란 말인가.

중소기업으로 가면 갑질의 문제는 더 커진다. 대부분 노동조합이 없기 때문이다. 한국 사회에서 노동의 위상은 열악하다. 민주화이후에도 노동은 시장 상황에 무력하게 휘둘리는 종속적인 지위로 빠져들었다는 것이 객관적이고 학문적 분석이다.

국제노총ITUC이 세계 144개국 노동권 현황을 조사해 발표한 2020년 보고서에 따르면 한국은 7년 연속 노동 권리를 제대로 보장하지 않는 나라로 꼽혔다. ITUC가 발표한 세계 노동권리 지수 GRI에서 한국은 '노동권이 지켜질 보장이 없는No guarantee of right' 나라에 들어갔다. 사실상 최하위인 5등급으로 경제개발협력기구 OECD 회원국 중 노동권이 가장 낮다. 1등급 국가는 덴마크·핀란드·스웨덴·독일을 포함한 12개국이다. 한국인들이 '경제동물'로 비하하는 일본은 2등급이다.

한국과 함께 5등급 나라는 중국·아프가니스탄·알제리·캄보디아·인도·과테말라 등 32개국이다. 5등급보다 낮은 5+등급이 있긴 하지만 5+등급은 '내전 등의 특수한 상황으로 노동권이 보장될 수 없는 나라'이다.

실질적 민주주의나 '노동 없는 민주주의'는 보수나 진보의 이념 문제가 아니다. 민주주의 성숙의 문제다. 민주주의와 노동의 상관성은 지구촌 곳곳에서 민주주의 위기가 자본주의 체제의 신자유주의적 정치, 시장급진주의의 경쟁 지향성, 사회적 양극화와 같은 정치경제적 요인에서 비롯하고 있는 현실에서도 확인할 수 있다.

여기서 창간 100돌의 무게를 담아 독자에게 '진정한 민주주의'를 다짐한 그에게 묻는다. 자신의 주된 광고주인 수출대기업은 세계 시장에서 대한민국의 국력을 상징하는 주체로 보도하고, 노동은 그 대기업의 발목을 잡는 어둠의 세력으로 몰아가는 보도나 논평이 '진정한 민주주의'의 길인가?

진정한 민주주의를 추구하고 청년 일자리를 걱정한다는 동아일보가 최소한의 진정성을 보여주려면 복지와 노동에 대한 편향과 왜곡 보도에서 벗어나야 한다. 거듭 강조하지만, 복지와 노동은 결코 진보와 보수 사이의 문제가 아니다. 인권의 문제다.

한국 언론계 안팎에선 인권이라면 정치적으로 억압받지 않을 권리만 떠올린다. 하지만 그것은 자유권으로 인권의 한 기둥일 따름이다. 국제적으로 보편화된 인권 개념은 자유권과 사회권을 두 기둥으로 한다.

자유권이 국가의 불법적이고 부당한 행위에 대해 개인의 생명·재산·자유를 요구하는 소극적 권리라면, 사회권은 실질적 평등과 분배 정의를 고갱이로 하며 국가에 그 이행을 요구하는 적극적 권리다. 사회권 규약 전문은 "국제연합 헌장에 선언된 원칙에 따라 인류 사회의 모든 구성원 고유의 존엄성 및 평등하고 양도할 수 없는 권리를 인정하는 것이 세계의 자유, 정의 및 평화의 기초가 됨"을, 또 "이러한 권리는 인간의 고유한 존엄성으로부터 유래함"을 밝힌다. 이어 자유로운 인간의 이상은 "모든 사람이 자신의 시민적, 정치적 권리뿐만 아니라 경제적, 사회적 및 문화적 권리를 향유할 수 있는 여건이 조성되는 경우에만 성취될 수 있음"을 선언한다.

사회권 규약은 제1조에서 "모든 민중people은 자결권을 가진다. 이 권리에 기초하여 모든 민중은 그들의 정치적 지위를 자유로이 결정하고, 또한 그들의 경제적, 사회적 및 문화적 발전을 자유로이 추구한다"고 공언한다. 7조와 8조에선 노동권을 강조한데 이어 사회권을 구체적으로 명시한다. 9조에서 "이 규약의 당사국은 모든 사람이 사회 보험을 포함한 사회 보장에 대한 권리를 가지는 것을 인정"한다. 사회권 규약은 모든 사람이 적당한 식량, 의복 및 주택을 포함하여 자기 자신과 가정을 위한 적당한 생활수준을 누릴 권리와 생활 조건을 지속적으로 개선할 권리를 명시하고 있다. 모든 인간은 기본적인 식의주의 생활을 보장받을 권리가 있다는 것이다.

요컨대 사회권은 일(노동)할 수 있는 권리, 실업으로부터 보호받을 권리, 휴식과 여유를 가질 권리, 건강 및 행복에 필요한 생활 수준을 누릴 권리, 교육을 받을 권리들을 이른다. 대한민국은 사회권, 그러니까 '경제적·사회적·문화적 권리에 관한 국제 규약'에 서명했고 6월 항쟁 이후인 1990년에 비준했다. 따라서 국내적으로도 법적 효력을 갖는 사회권 규약이 명문화한 권리를 모두가 누려야 마땅하다.

무엇보다 노동3권을 보장한 대한민국 헌법은 제34조 1항과 2항에서 "모든 국민은 인간다운 생활을 할 권리를 가진다"며 "국가는 사회 보장·사회 복지의 증진에 노력할 의무를 진다"고 선언하고 있다. 그 법들이 지켜지는지 여부를 감시해야 하는 일이 바로 저널리즘이다.

그것을 감시하는 과정에 '진정한 민주주의'를 꼭 추구하지 않아도 된다. 민주주의만 추구해도 충분하다. 미국의 저널리즘 이론이나 유럽의 공론장 이론에 비춰볼 때 한국 언론과 한국 민주주의는 가야 할 길이 멀다. 민주주의의 보편적 정의인 '민에 의한 통치'를 구현하려면, "사람들이 자유로워지고 스스로 다스리기"에 필요한 정보를 알아야 한다. 무릇 민주주의는 '지적인 민중informed people'의 존재가 필수적인데, 그러려면 언론이 제 소임을 다해야 한다.

우리가 동아일보 100년을 평가하는 목적도 분명히 밝히고 갈 필요가 있다. 언론의 궁극적 주권자는 독자이다. '민에 의한 통치'라는 민주주의 정신을 구현해갈 때, 가장 중요한 것은 민의 역량 강화empowerment다.

민의 역량 강화를 위해, 청년의 꿈을 위해 자신이 "다양한 정보를 편견 없이 전달하여 참된 여론의 형성에 기여"하겠다는 다짐에 얼마나 성실해왔는가 솔직히 톺아볼 일이다. 다름 아닌 동아일보 사시가 '민주주의 지지'를 공언하고 있기에 더욱 그렇다.

나가는 말　　**동아일보에는 기념비가 있다**

　　그는 세상에 처음 나올 때 민중의 기대를 모았다. 일본제국주의
는 3·1혁명으로 끓어오른 조선 민중의 분노에 '굴뚝'을 만들자는
전략으로 창간을 허용했지만, 독립만세운동의 성과라는 측면도 분
명히 있었다. 함께 창간된 3개 신문 가운데 그나마 친일 색채가 옅
었기에 수많은 조선청년들이 동아일보 기자로 일하기를 열망했다.

　　1960년 40돌을 맞았을 때 그는 민중의 사랑을 듬뿍 받았다. 이
승만 독재에 맞선 시위대가 그의 취재차량을 발견하면 길을 터주
고 박수를 쳤다. 1974년 10·24 자유언론실천선언에 나서 백지광고
사태를 맞자 민중들은 돌반지와 결혼반지까지 팔아 '격려광고'를
냈다.

　　1987년 6월대항쟁 때도 독자들은 다시 그를 찾았다. '6·29선언'
이 발표된 날, 서울시내 가판에서만 40만 2,800부라는 놀라운 판매

부수를 기록했다.

그랬다. 그는 100년에 걸쳐 민중의 사랑을 받았다. 그 점에서 확실히 조선일보와 다르다. 그의 지면에는, 그의 삶에는 한국 언론사의 기념비들이 있다.

하지만 그는 민중의 사랑과 신뢰를 배반하고 배신해왔다. 스스로 '대일본제국의 보도기관'을 자부하는 추태를 보였고, 대학생들로부터 화형식을 당했고, 군부독재에 굴복하다가 오늘날은 존재감조차 희미해졌다. 그 과정에 언제나 사주가 있었다는 사실도 기억할 필요가 있다. 창업자 김성수는 항일정신에 투철한 기자들을 해직했고, 2세 김상만은 독재와 싸우는 기자들의 뒤통수를 치며 대량해직 했고, 3세 김병관은 실질적 민주주의를 추구하던 편집국장을 내치더니 삼성 이건희 집안과 사돈을 맺었다.

아직도 그가 과거의 명성 또는 추억에 잠겨 있다면 4세 사주에게 들려주고 싶다. 창간 100돌을 맞은 해에 나온 기자협회 조사결과를 다시 들춰보라. '가장 영향력 있는 언론사'로 조선일보가 꼽힌반면에 그의 이름은 10위 권 순위에서 아예 보이지 않았다.

집회와 시위 현장에서 그의 취재차량에 길을 터주고 박수를 치던 민중들이 왜 야유와 욕설을 퍼붓는지, 심지어 동아닷컴 동영상촬영기자를 어떻게 '경찰 프락치'로 오인하는지 진지한 성찰이 필요하다. 삼성은 3세 김병관 사주의 사돈일 뿐이지 4세 김재호 사주의 사돈은 아니라는 사실을 보도와 논평으로 보여주지 않는 한 그와 채널A의 미래는 어두울 수밖에 없다.

창간 100돌이 다짐했듯이 '진정한 민주주의'를 추구하려면, 창간사시가 약속했듯이 민주주의를 지지하려면 4세 사주와 현직 기자들은 동아일보 100년의 역사 안에 숨어있는 기념비의 비문들을 겸손하게 읽어보기 바란다. 10·24 자유언론실천선언(1974)은 한국 언론사에 굵은 획을 그은 기념비다. 기자윤리강령과 '자본으로부터의 언론자유 선언'은 1991년 같은 해에 나왔다. 창간사(1920)의 다짐도 여전히 울림이 있다.

100주년 사설은 창간의 주역이었던 청년들을 생각한다며 "창립자이자 발기인 대표였던 인촌 김성수는 당시 29세"였음을 부각했다. 하지만 20대 김성수는 호남 최대지주의 아들로 '금수저 가운데 금수저'였다. 그가 손쉽게 일본제국의 보도기관으로 전락해간 까닭이기도 했다. 진정 청년 신문, 젊은 신문을 추구하겠다면 자신이 딛고 서 있는 곳을 냉철히 파악해야 한다. 과거에 "지주들의 표현기관"이었듯이 지금은 "기득권의 표현기관"이 아닌지 짚어볼 일이다. 10·24 자유언론실천선언과 함께 3·1혁명의 열망이 스며들어 '민중의 표현기관'임을 자임한 창간사를 새겨 읽어야 할 까닭이다.

'동아일보 기자윤리강령'은 노사가 공동으로 마련해서 신문사 안팎에 다짐하고 약속한 보도와 논평의 '나침반'이다. 비록 '민중의 표현기관'을 자임한 신문에서 '민중'이란 말이 빠졌지만, 동아일보가 기자윤리강령을 만들면 반드시 지켜야하기에 신중해야 한다는 중견기자들의 주장으로 발표가 두 달 늦춰졌지만, 바로 그만큼 노사가 합의하고 거듭 중론을 모아 공표했으므로 '반드시' 실천해야 옳다. 사주 또한 강령을 실천하려는 기자들의 자세를 존중할 의무가 있다. 돌아보면, 91년 동아사태는 노사합의로 마련한 독자와의 약속을 사주가 일방적으로 깼기에 일어났다.

기자 강령의 '우리의 자세'대로만 편집국이 신문을 만든다면, "자유롭고 평등한 민주사회를 건설하려는 노력을 지지하며 반민주적인 세력을 배격한다"면, "자주적이고 평화적인 남북통일을 위하여 최선을 다한다"면, "인간의 존엄성과 생존권 보장을 위해 힘쓰며 참다운 민족공동체 문화의 창조를 옹호한다"면, "권력 및 금력의 간섭을 거부하고 선정적인 보도를 지양하며 개인적 집단적 이해관계에서 벗어나 언론인으로서의 양심에 따라 오직 진실만을 추구한다"면, "국민의 알 권리를 존중하고 다양한 정보를 편견 없이 전달하여 참된 여론의 형성에 기여한다"면, 그의 위상은 빠르게 회복될 수 있다. 창간 100년을 넘어 새로운 100년을 다짐하는 그에게 건네는 전직 기자의 충정이다.

평전을 마치며 그가 품었던 숱한 언론인들을 대표해 기자 송건호가 남긴 말을 꾹꾹 눌러 적는다. "우리 아이들이 더 나은 세상에서 살기"를 소망하며 쓴다. 젊은 기자들이 가슴에 새겨두면 좋을 '선배의 충고'다.

"나는 글을 쓸 때마다 30년, 40년 뒤에 과연 이 글이 어떤 평가를 받을 것인가라는 생각과 먼 훗날 욕을 먹지 않는 글을 쓰겠다고 다짐하곤 한다. 크게는 이 민족을 위해, 작게는 내 자식들을 위해 어찌 더러운 이름을 남길 수 있겠는가."